U0937013

美好生活建设丛书

主编 吴必虎 高炽海

谁的小镇
被旅游照亮

——旅游特色小镇综合开发的COD模式

杨朝睿 黄 滔 编著

中国建筑工业出版社

图书在版编目（CIP）数据

谁的小镇被旅游照亮——旅游特色小镇综合开发的COD 模式 / 杨朝睿，黄滔编著. —北京：中国建筑工业出版社，2018.12
（美好生活建设丛书 / 吴必虎，高炽海主编）
ISBN 978-7-112-22874-4

Ⅰ. ① 谁… Ⅱ. ① 杨… ② 黄…Ⅲ. ① 小城镇－旅游业发展－研究－中国 Ⅳ. ① F592.3

中国版本图书馆CIP数据核字（2018）第245790号

责任编辑：王晓迪　郑淮兵
书籍设计：锋尚设计
责任校对：王　瑞

美好生活建设丛书
主编：吴必虎　高炽海
谁的小镇被旅游照亮——旅游特色小镇综合开发的COD模式
杨朝睿　黄　滔　编著
*
中国建筑工业出版社出版、发行（北京海淀三里河路9号）
各地新华书店、建筑书店经销
北京锋尚制版有限公司制版
北京富诚彩色印刷有限公司印刷
*
开本：889×1194毫米　1/24　印张：$13^{1}/_{3}$　字数：336千字
2019年1月第一版　2019年1月第一次印刷
定价：78.00元
ISBN 978-7-112-22874-4
（32771）

（邮政编码 100037）

编委会

策　划

大地风景文旅研究院

主　编

吴必虎　高炽海

编　委（按姓氏首字母排序）

邓　冰	黄　滔	黄晓辉	季辉英
鞠　丹	李　霞	黎筱筱	李作双
刘玉恒	刘原原	马晓龙	邵云辉
王　冬	王立生	王茂霖	王小莉
王亚博	王　珏	文　艺	吴朝阳
杨朝睿	姚　瑛	冶　青	张孟华
张　时	赵永忠		

编著人员

杨朝睿	黄　滔	吴天颖	郭　潇
薛　涛			

美好生活建设丛书序

2018 年，是改革开放 40 周年。

40 年前，中国还用着各类票证——粮票、油票、肉票、布票、糖票、鸡蛋票、火柴票。自行车、手表、收音机、缝纫机是奢侈品，更是要凭票。人们穿着简单粗陋的衣服，色彩灰暗，住在拥挤的单位宿舍中，没有多少人听说过电视，马路上除了公交车，很少看见其他汽车。

在一个国民经济处于崩溃边缘的时代，谈文化，谈旅游，是奢谈。人们还在八个样板戏的帷幕之下，绝大多数人没有离开过他所生活的城市，没有介绍信无法远足。

1978 年，从“文革”的阴霾中刚刚走出来的中国人，没有谁能够想到，这一年是一个起点。

年底，十一届三中全会召开，建设现代化国家的序幕拉开。

然而，这一年，绝不仅仅是政治转折之年。

这一年的 9 月，时任巴黎市长的希拉克走进了刚刚建成的兵马俑博物馆，留下了这样一句话：“世界上有七大奇迹，秦俑的发现，可以说是第八大奇迹了。”这是一个标志，从此，在这个走出封闭、越来越对外开放的国家，文化旅游肩负起了在不同民族间沟通、交流的重要角色。

这一年，有一首歌在酝酿，来年，邓丽君把它唱了出来，它就是《甜蜜蜜》。在随后开启的80年代，随着卡带出现在人们的视野中，邓丽君成为华人的女神，陪伴着睁眼看世界的国人走过80、90年代。

这一年，徐迟在《人民文学》上发表以数学家陈景润为主人公的报告文学《哥德巴赫猜想》。这一年，《文汇报》刊登了卢新华的小说《伤痕》，“伤痕文学”跃上历史舞台。

1978年，究竟是怎样的起点？

它是这样一个起点：一个民族从巨大的桎梏中解放出来，心中的希望突然被唤醒，看到了无穷的可能性，追求美好生活的可能性！

40年过去，中国的GDP达到了世界第二，成为世界工厂，汽车保有量世界第二，全球前15位的高楼有8座在中国，全球最大城市前10名中国占据了3席，在最新的世界500强榜单中，中国企业有120家上榜。高铁遍布中国大地，手机普及率95%，移动支付全球第一……

1978年开启的这个时代，结出了这样的硕果：中国人的物质生活空前繁荣。然而，跑得飞快的中国人，蓦然发现，缺了什么。

我们看见国人蜂拥着走出家门，走出国门，在世界留下足迹，迅速成为全球第一大旅游消费国；

我们看见国人纷纷走进电影院，中国的电影票房跃居全球第二；

我们看见从青年到中老年，“跑马”人群如火如荼；

我们看见民宿成为文艺青年的情怀寄托，势如燎原……

40年后的中国人，似乎全民在忙着一件事：把失落的精神世界找回来！

于是，1978 年开启的中国人追求美好生活的时代，在今天有了新的定义：从物质走向精神，找到美好生活的真谛。

文化旅游行业的从业者，无论是学术研究者，还是规划者、设计师、投资人、建设者，都只有一个使命：服务于中国人对美好生活的新追求，为这个“精神生活产业”添砖加瓦。

《美好生活建设丛书》正是发端于我们对时代变化的认识，发端于我们对自身使命的认知。

这套丛书首期包含《文旅振兴乡村——后乡土时代的理论与实践》《文旅融合——以诗照亮远方》《谁的小镇被旅游照亮——旅游特色小镇综合开发的 COD 模式》《全域旅游规划与示范区创建指导——区域发展规划与公共目的地建设》《文旅大数据——理论与实践》5 本，对这个行业时下重要的热点问题，如乡村振兴、文旅融合、旅游特色小镇建设、全域旅游、文旅大数据，提出了我们的一些粗浅思考和回答。它或多或少有一些理论模式总结，但更多的是大量实践产生的方法感悟。希望与同侪交流，更希望以绵薄之力贡献于这个蓬勃的时代。

1978 年，罗大佑、刘文正合作了一首歌——《闪亮的日子》，有一段歌词，适合作本序的结语：

“是否你还记得，过去的梦想，

那充满希望灿烂的岁月。”

吴必虎　高炽海

2018 年仲夏

如果离开生产和生活，切勿奢谈特色小镇

代序

最近一个时期，起源于江浙一带发达地区的特色小镇不知从哪一天起突然风靡全国了。尤其是经过政府有关主管部门的相关文件支持，各地建设更是风起云涌。我跟很多人的感受一样，在土地财政的政治经济学结构之下，特色小镇一不小心就会变成房地产。炒地皮、赚快钱，如果是个人或企业这么想，倒也是情有可原。如果是地方政府也这么想、这么干，就会走向曾经经历过的千城一面、死城（镇）一片的不良局面。

特色小镇要推进其实也没有什么神秘的地方，切勿听信一些“忽悠型”专家所谓懂什么绝技妙计，能够帮助地方政府或开发商一个早上就策划出来一个特色小镇。在我看来，无非就是生产和生活两个基本的要素。当然，不仅是特色小镇，任何一个人口集中的大大小小的城市、集镇，都以生产与生活两大要素为基础。无非在一般的生产与生活之上，某个小镇的生产与生活方式更有特色罢了。

一般的小镇，普普通通，当地居民在那里从事某些行业的经济活动，也在那里谈情说爱、生老病死，过着他们自己的日常生活。

特色小镇呢？因为有特色，就会引起更多外部世界的关注，就会有更多的访客，就会衍生出一系列的衍生配套设施与服务。所以说，一切特色小镇都具有旅游吸引物特征，甚至具有成长为旅游休闲目的地的潜力。因此我有一个判断，90% 以上的特色小镇“姓旅游”。特色小镇一般成长于城市之外，其土地基本上属于法律界定的农民集体所有，不是国家所有，所以我对“国家农业公园”这样的名称常常会意地一笑了之。大多数人进城了，进城的人需要到乡村地区购置“第二住宅”，看看山、望望水、找找乡愁。但是现有的土地制度却不允许耕地进入非农产业，不允许农村宅基地进入城市居民乡居市场。所以特色小镇遇到的最大问题是土地制度创新。有了农村地区的土地制度适应性改变，特色小镇能够搞清楚自己的定位，接下来的事情就是让本地居民和外来访客都能住得下来，有许多新的生活方式的供给，当地的人口结构和社会组织也发生了融合变化，这就需要特色小镇的内容建设。

下面，我分别从特色小镇大多数“姓旅游”、特色小镇需要制度创新，以及目的地小镇的内容建设三个方面讲几点意见，供亲爱的读者，你们可能是地方政府官员，可能是从事投资开发的企业管理人员，或者是准备从事规划设计的院校师生和咨询公司的规划设计人员，当然也可能是某个准备发展特色小镇的当地居民，加以选择参考。

一、特色小镇大多数“姓旅游”

中共“十九大”报告明确提出，今后几十年中国的政治、经济、社会发展将会围绕国民不断增长的美好生活的需求与不充分、不平衡的发展之间的矛盾，进行一系列制度创新和工作推进。人工智能的快速发展将会进一步解放或者说夺走很大一部分职业圈的劳动强度或就业机会。70% 左右的人口迁移到城市特别是沿海地区的城市，他们将会在 2030 年前后形成高达 5 亿人的中等收入群体。这一规模巨大、消费能力强劲的人群，将会彻底改变目前的中国城市化与产业结构模式。

大众旅游需求倒逼特色小镇旅游化。旅游导向型是未来特色小镇的主流，特色小镇大多数“姓旅游”。除了少数如靠近杭州的一些大数据或者是电子商务类型的小镇（比如云栖小镇），以及少数的东部沿海地区或者因特殊原因形成的某些产业类型的小镇以外，大部分特色小镇是靠山水风景或者历史文化这两大基础发展成旅游小镇的，因此所谓的特色小镇可能有 90% 以上会是旅游特色小镇。同时，产业转型和现代农业的发展也不断扩充着旅游与休闲功能。随着大众旅游时代的到来，越来越多的城市居民会选择到一个小镇去度假几天甚至是一两个月。原来以山水或者遗产为核心的观光旅游景区逐步向观光休闲功能方向发展，加大休闲度假功能的建设。

未来的旅游特色小镇能为来访客提供一个星期、一个月，甚至各类时间段内的所有生活内容，为游客提供多元的活动菜单和娱乐方式；并建有多元化的产品体系，规划供给要确保公共、半公共和私人产品共存的产品体系，从而实现居游共享的生活方式，将本地的生活方式转化为旅游者的异地生活方式，将社会沉默资本转化为社会消费产品。这些，将会成为特色小镇能否成立、能否赢得竞争的关键因素和重大挑战。

二、特色小镇的发展需要进行制度创新

很大程度上，或者说很多地区已经进入结构性过剩经济时代。

东北地区的工业过剩或产品过时导致人口净流出；山西的能源产业衰退，河北的钢铁产能过剩，导致当地经济发展失去后劲；高产量、高仓储、高价格、高进口的粮食市场状况，导致许多农村的耕地被农民弃耕。但是目前我们的各种法律、制度、管理模式，却还停留在短缺经济时期：农村的土地似乎只被允许用来耕种粮食而不允许改变使用方向。比如说，不少村庄的农民宅基地几近荒弃但却不可以转让出售给城市居民建设“独栋别墅”，休闲度假地需要的高尔夫设施仍然被规定为建设禁区。

改变目前经济下行最有效的方法是进行制度改革。中国到现在，特色小镇也好，城镇化也好，还是产业转型也好，最有效的办法就是降低制度成本。也就是说，我们过去制定的那些法律、制度已经不适应新的社会和经济发展状况，如果严格执行过去的法律的话，中国的经济还可能会进一步下滑，或者说社会矛盾可能会更进一步增加。因此要改变中国经济上的挑战和社会矛盾不断激化所带来的问题，就要从制度改革入手。

《土地管理法》《农村土地承包法》《物权法》都讲“农地农民有”，从物权上来讲，理论上应该是排他的，但是农村集体拥有的土地物权，实际上是由政府牢牢控制的，农民实际上是没有多少物权的行使途经的。农村土地不能进入市场，不可以直接越过国家征收这一环节直接进入市场，加大了社会成本，限制了农民的发展权利和发展机会，也限制了特色小镇的健康发展。2015、2016 和 2017 连续三年，中共中央一号文件都讲农村要“一、二、三产业融合发展”，这就要求农村土地也要一、二、三产业同时配置，但是“农地农业用”的法律却不允许农业用地不可用于农业之外的第二、第三产业。所以我们的制度需要改革，怎么改革，这个问题需要进行认真的、系统的研究。

三、做好内容才是特色小镇的王道

现在有很多地方正在进行特色小镇的申报或者建设工作。首先，我想对国家主管部门建议，要防止过度支持已经发展得很不错的小镇，而忽略了其他发展相对落后的小镇；国家的产业政策不能过度地支持某一个特色小镇，否则有失公平。其次，我想对地方政府建议，不要盲目跟风申报特色小镇，而是要研究自己的特色是什么。地方政府都很积极地去申报特色小镇，其中一个原因就在于有资金支持。有些地方政府没有考虑本身的发展特点、历史背景、消费者市场以及自然条件等，所以要提醒大家注意的是，不要跟着上级政府的政策走得太紧，还是要研究一下自己的特色旅游产品，这是非常重要的。那些没被列为特色小镇的地方根本不用沮丧，而是应抓紧时间打造属于自身的目的地内容。最近流行“IP”（知识产权）这个词，只要抓紧对准正确的市场，提供正确的产品，也就是要有内容，有没有上级政府发的牌子，有没有政策支持，根本挡不住小镇对中等收入群体的吸引力，也会最终获得成功，而那些跟风跟政策的小镇反而可能流于一般，出现过剩、走向失败。所以第三点就是给那些没被评为特色小镇的打气，你还是有很多机会，问题是你有没有自己的内容，因为内容才是王道。

北京大学城市与环境学院教授　国际旅游研究院院士

2017 年 12 月 20 日　于北京风林绿洲

前言

走进旅游小镇

我们所说的小镇，其实本就是一张照片、一个环境、一种情节。在当下的中国，特色小镇一词被提到了前所未有的热度——也许是因为各大部委的频繁出文，也许是因为各大投资商的热钱涌入，又或是因为各地政府的不断关注。但就使用者而言，特色小镇一词更多地代表了生活在城市的人们对美好自然与理想生活的一种向往。也正因如此，我们经常提到的特色小镇其实是个能够提供与城市环境不同空间的载体，这一载体没有明确的边界，没有特定的规格，更没有具体的指标，更多的是一种存在于人们心中的理想与感受。它既非行政编制镇，也非固定园区，而是一个集合了生活功能、旅游乐趣、生态环境的具有某种特点或者特色的聚落集群。

因此，就实际情况而言，我们更愿意将特色小镇与特色小城镇分开来谈，这样能够更好地理解构建一个特色小镇所需要的核心内容与灵魂，而本书更多的思考与遐想则是集中于特色小镇的概念之下。

从政府引导与城市发展的角度而言，特色小城镇的建立更有益于中国在整体经济进程中解决乡村与大城市以外区域的经济发展。

然而一个小镇的发展离不开人群，离不开市场，更离不开区域经济发展与社会认可度。因此，如何有针对性地建立良好的小镇构建模式，形成区域经济拉升与投资者的盈利才是真正打造特色小镇的核心诉求。这一诉求更多来源于消费者的需求与市场的认可度，并不因开发者的意念或理想而发生改变。当然，现实中有许多特色小镇已经取得了辉煌的成绩与市场影响力，但这一结果的产生更多是由于其自身更好地顺应了市场规律，更好地提供了消费者所需要的产品，更加健全地提供了特色小镇从建立到运营的生长环境。也正因如此，要打造好特色小镇更应该站在使用者的角度去关注和思考未来的路径与愿景。

目录

附录

第 1 章

特色小镇

2016年，三部委联合发出的《住房城乡建设部　国家发展改革委　财政部关于开展特色小镇培育工作的通知》（建村［2016］47号）（以下简称《通知》），《通知》提出，在全国范围内开展特色小城镇培育工作，到2020年争取培育1000个左右各具特色、富有活力的休闲旅游、商贸物流、现代制造、教育科技、传统文化、美丽宜居等特色小镇，引领带动全国小城镇建设，不断提高建设水平和发展质量。由此掀起了全国上下建设特色小镇的热潮。

本章从特色小镇的产生缘起开始深入剖析，对特色小镇相关的政策文件进行系统解读，以及对具有代表性的第一批国家级特色小镇进行深入分析，以求进一步理清特色小镇的一般特征与发展规律。

1.1 特色小镇的缘起与发展

1.1.1 特色小镇的缘起

特色小镇的起源来自于人们对小城镇的关注，其诞生要比“特色小城镇”的概念晚了二十多年。最初，“特色”与“小城镇”研究挂钩始于20世纪80年代初。在1983年，费孝通先生对吴江、苏南、苏北以及苏中的小城镇建设进行了调研，并根据调研成果创作出四篇文章，分别是《小城镇，大问题》《小城镇再探索》《小城镇苏北初探》和《小城镇新开拓》，发表在新华社周刊《瞭望》上，受到了社会层面的广泛关注，之后，这四篇文章被联合编成了著名的《小城镇四记》。这是中国关于中国小城镇建设，乃至中国城市化进程所做的思考中较早有影响力的研究，且该研究也同时探讨了小城镇地方特色、文化特色、民族特色、古镇特色、产业特色和空间特色等内容。从某种程度而言，这一探索代表了社会对小城镇行政范围的关注已经开始逐渐转向对特色小城镇的关注。

随后，1996年，中共昆山市委、市政府发表了《加快新型城镇建设　促进经济社会发展》一文，文中提到：“近年来，我们坚持因地制宜、分类指导、确定特色、各展所长的发展要求，从各镇实际出发，积极探索小城镇建设上规模、上档次、健康发展的有效途径，逐步形成了一批功能独特、风格各异的特色小镇。”此次是我国首次在政府层面上正式将小城镇的提法转向特色小镇。

十年后，2015年，浙江省公布了首批37个特色小镇名单，并出台了《浙江省人民政府关于加快特色小镇规划建设的指导意见》，对特色小镇的创建程序、政策措施等做出了规划。根据规划，浙江省将在未来三年重点培育100个特色小镇，在产业上聚焦信息、环保、健康、旅游、时尚、金融、高端装备制造七大产业，兼顾茶叶、丝绸、黄酒、中药、青瓷、木雕、根雕、石雕、文房等历史经典产业，进而，浙江全省各地对打造特色小镇已蓄势待发。这时的特色小镇已经与我们现在谈的特色小镇属于同一概念范畴，并且也对其自身提出了内容上的诉求和思考。

但是，真正引爆特色小镇话题的还是2016年住房城乡建设部　国家发展改革委　财政部联合发出的《关于开展特色小镇培育工作的通知》(建村[2016]47号)(以下简称《通知》),《通知》提出，在全国范围内开展特色小城镇培育工作，到2020年争取培育1000个左右各具特色、富有活力的休闲旅游、商贸物流、现代制造、教育科技、传统文化、美丽宜居等特色小镇，引领带动全国小城镇建设，不断提高建设水平和发展质量。至此，三部委已经将特色小镇的空间概念与小城镇的行政概念进行了进一步的划分。尤其《通知》中提到要以特色小镇来引领带动全国小城镇建设，也说明了各部委已经明晰了小城镇对特色小镇的诉求与需要。

特色小镇因此呈现井喷式的发展趋势。它之所以受宠于众，主要是由于其特点与职能恰好符合了当今时代的发展诉求——无论是国家建设用地资源的供给逐渐缩减，还是中国经济的L形转型所引发的供给侧改革，或是人们对城市污染与完全的后工业化高节奏生活的逃离欲，又或是地方政府在依托多年土地财政后寻求新的政企合作路径等诸多社会因素，特色小镇这一时代产物都从各个方面顺应并延伸了我国现有经济发展过程中诸多层面的需求。因此，一个符合国家政策、人民需求、企业诉求的特色小镇就当之无愧地成了企业寻求资源、政府寻求发展、国家寻求改革的重要通道与途径(图1-1、图1-2)。

供给侧改革

供给侧改革要解决产业同质化、产能过剩、有效供给不足的问题。而特色小镇从一问世，就带着“一镇一业”的基因，定位于做具有行业竞争力的单打冠军，在产业的选择上，通常是面向高端产业或历史文化产业；同时，特色小镇因其地理空间小的特点，常常作为改革创新的先行试点。

城乡一体化

随着城镇化的快速推进，很多大城市已不堪重负，交通拥堵、空气污染、高房价、资源紧张等问题日益突出，强调生产、生活、生态“三生融合”的特色小镇具有分布面广、离农村近，能够就地吸纳大量农村人口就业，带动农村经济发展与公共服务改善的功能，成为统筹城乡发展的重要抓手。

政治合作

经济新常态下政府可动员和配置的资源有限，特色小镇要求“政府引导、企业主体、市场化运作”，一方面缓解了政府的财政压力，更一方面为社会资本进入、政企合作提供了更多可能性，目前PPP模式在特色小镇建设中的应用也得到广泛的探讨。

图 1-1　特色小镇建“镇”背景

为了更好地理解特色小镇，我们将其内容与功能与市场上其他普遍存在又具有相对明晰概念的其他产物进行了比较（图1-2）。

特色小城镇	VS	特色小镇
住房和城乡建设部 国家发展改革委 财政部三部委	**发布单位**	国家发展改革委
建制镇	**创建形态**	非镇非区非园 聚落空间 / 集聚区
面向政府	**项目主体**	面向企业
就地城镇化 辐射带动乡村	**创建目标**	产业转型升级 盘活存量用地

图 1-2　特色小城镇与特色小镇比较

建制镇辖区面积	◀ **创建范围** ▶	一般不大于10 平方公里
商贸物流型小镇 现代制造型小镇 教育科技型小镇 传统文化型小镇 美丽宜居型小镇 休闲旅游型小镇	◀ **常见类型** ▶	基金小镇 丝绸小镇 互联网小镇 航空小镇 黄酒小镇 旅游小镇

图 1-2　特色小城镇与特色小镇比较（续）

1.1.2 特色小镇的时代背景

（1）特色小镇是社会经济发展到一定阶段的产物

近现代以来，随着现代城市的兴起，乡村资源大量往城市输入。但是近两三年以来，城乡关系发生了很大变化，城市资源也开始走向乡村，可以这样说，出现了城乡资源双向流动的趋势。主要是由于：

一是技术的突破拉近了城乡之间的距离。高铁、高速公路和航空大众化，汽车日益普及，交通的巨大变革以及互联网生活的影响给城乡之间的流动带来了巨大便利，基本消除了乡村的区位劣势。

二是过剩经济的出现促进了乡村价值的再发现。以能源、原材料、重化工为主的传统产业，包括煤炭、钢铁、风力发电、水泥、光伏等产业产能的严重过剩，导致传统的资源价值下降。与此同时，我们赖以生存的空气、水等生态资源被严重污染和破坏，由此，乡村的青山绿水、蓝天白云、传统村落、区域特色文化以及传统的乡村生活方式吸引着都市人前往。

三是“大城市病”的困扰。最近几年，城市的高房价、交通拥堵、雾霾的长期化等问题严重影响着都市人的生活。高房价让许多人无法在城市生存，雾霾的长期化，则有可能迫使都市人到乡村去度假，这也是推动近几年乡村旅游热的重要原因。短暂性或者长期性地逃离大城市，已经发展成一种潮流，实际上这是一种新的、巨大的消费力量，乡村将是一个非常大的消费市场。

（2）特色小镇符合地方政府提升城镇化水平的政策导向

特色小镇是经济新常态下供给侧结构性改革的战略选择，是加快产业转型升级和推动经济发展的重要举措。特色小镇的培育不仅可以满足地方居民生活、休闲、康养和娱乐的需求，也是带动地方经济发展的新增长点，是促进当地居民就业和吸引外来人口聚集的支撑点，是提升地方城镇化水平的引擎点。

通过特色小镇的培育，可以聚焦特色产业和新兴产业，集聚发展要素，充分吸纳周边劳动力就业；通过带动小镇周边基础设施和公共服务设施的发展，营造宜业宜居的优美生态环境，进而吸引外来人才、技术和资金的聚集。特色小镇的培育符合地方政府促进新型城镇化发展进程、提升城市建设水平的政策导向和政策要求，其本身也将成为地方经济的新增长点。

（3）传统产业的转型升级需求激发了特色小镇

特色小镇可以看作是一个平台或者契机，以此来激活、推动产业转型升级，甚至推动新的经济形式发展。现在出现的互联网小镇、基金小镇、梦想小镇等都是源于这个因素。

1.1.3 特色小镇的概念

（1）定义

特色小镇是指依赖某一特色产业和特色环境因素（如地域特色、生态特色、文化特色等），打造的具有明确产业定位、文化内涵、旅游特征和一定社区功能的综合开发项目。是旅游景区、消费产业聚集区、新型城镇化发展区三区合一、产城乡一体化的新型城镇化模式。

（2）关键词

“特色”不是小镇的形容词，而是小镇的关键词，是小镇的核心元素（图1–3）。

此“镇”非彼“镇”	“小”与“特”的完美结合
特色小镇并非传统意义上简单的行政区划概念，也非园区的概念。 一个具有明确产业定位和旅游功能项目结合的概念，可能包含一个镇，也可能覆盖多个镇。	“小”指的是一种空间形态，总体面积一般在3平方公里以内，聚集人口1万至3万，且不受原有行政区划局限的“小”地方。 “特”主要是产业、历史、环境等诸多因素融合而成的独特之处，应具有某种文化特质，呈现某种价值追求，从而成为某种产业集中、相应就业者云集的“特色”工作生活区域。

图 1-3　特色小镇关键词

（3）概念特征

特色小镇概念特征见图1-4。

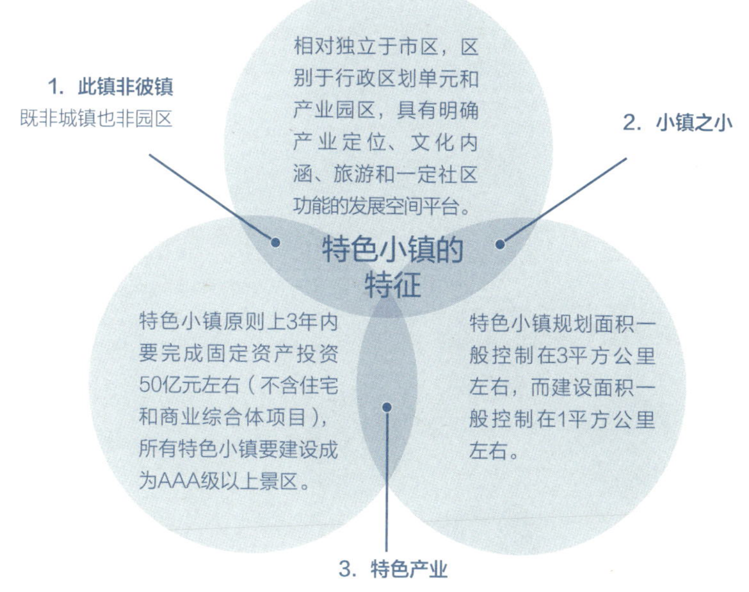

图 1-4　特色小镇概念特征

（4）核心外延

“特”即特色小镇的特别之处，是支撑特色小镇内涵的核心外延特征（图1-5、图1-6）。

1

产业“特”

特色小镇的产业应具有一定的创新性和特色性，并且能和周边产业或者自身形成一定长度的产业链，发展绿色低碳型产业，产业的经济开放性和生产效率较高。

2

功能“特”

特色小镇的功能应具有一定的集聚度及和谐度，经济、社会和生态等各功能之间协调发展，功能结构合理，公共服务功能均等化程度较高。

3

形态“特”

特色小镇就是要全面体现“特色”，除了特色产业以外，在空间上也能体现明显的特色，建筑、开放空间、街道、绿化景观和整体环境都要体现相应的特色，具有较为统一和鲜明的风貌特征，城乡空间形态和环境质量协调发展，投资的空间环境品质较好。

4

机制“特”

特色小镇在一定意义上也是一个特殊政策区，应围绕特色小镇的发展目标，建立与其发展相适应，设计能激励相应产业、资金和人才进驻的制度，以及保障特色小镇可持续发展的环境治理和收益共享的机制。

图1-5　特色小镇之“特”（一）

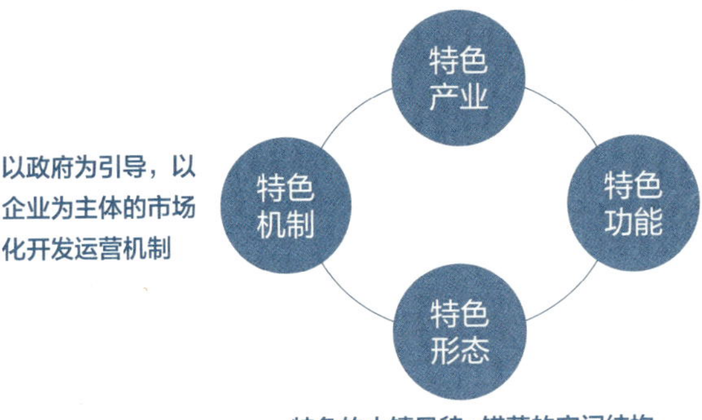

图1-6　特色小镇之“特”（二）

（5）概念区分

与特色小镇相关的概念包括建制镇、工业园、经济开发区、旅游区、旅游小镇等，以下将从行政机制、产业结构、管理运行主体、开发建设模式和功能方面进行比较（表1-1）。

特色小镇相关概念比较　　表 1-1

特色小镇、建制镇、工业园、经济开发区、旅游小镇、旅游区的比较					
类别	行政机制	产业结构	管理运行主体	开发建设模式	功能
特色小镇	非行政区划，可跨行政区域，面积较小	集聚七大产业及一批历史经典产业，工业与服务业紧密融合	企业	企业主体	兼具生产、生活、生态功能
建制镇	行政区划概念，面积不大	除功能区外的镇域范围内，以服务生活的第三产业为主	政府	政府主导	生活功能为主
工业园区	单一行政区域范围内，面积可大可小	以工业制造业为主	园区管委会	政府主导	生活功能为主
经济开发区	半行政区划概念，具有政府职能部门性质，面积较大	以工业、服务业为主，一般是高新技术及其他各类产业工业园集聚地	管理委员会、投资公司	政府主导	生产功能为主，兼具生活功能
旅游区	非行政区划，可跨行政区域，面积可大可小	以旅游业及餐饮、休闲等相关服务业为主	旅游公司或政府	企业或政府主导	生态、生活功能为主
旅游小镇	特色小镇的一种，同属非行政区划	旅游产业是小镇的核心产业、主导产业或最具潜力、特色产业	企业	企业主导	旅游功能是旅游小镇的必备功能，小镇或可兼有文化、人居、生产、商业、服务等其他功能，多功能融合共存

1.2 特色小镇的政策解读

2016年，随着推动新型城镇化建设的高潮出现，特色小镇越来越多地步入了人们的视野。从陌生到熟悉，从个例到常态，这个概念越来越成为中央乃至地方各级政府，地产、旅游等行业所关注的焦点。不仅如此，各级各部门的推动也让特色小镇一步步由概念走向实践，由想法逐步落地。在对其内涵做过深入了解之后，再从中央和各省政策的出台线索入手，简要梳理一下这个概念走入“关键词”名单的历史。

1.2.1 国家层面

（1）国家关于推进特色小镇建设政策的演变

国家有关特色小镇的政策大致经历了三个阶段，这主要源于国情的政策推动，是国家新农村建设、新型城镇化在新时期、新常态下的新举措、新模式。那么，国家对于特色小镇的政策走向如何？让我们在时间纵坐标上来寻找答案（图1-7～图1-9）。

①特色小镇溯源：新农村建设

2005年 10月11日　十六届五中全会通过《中共中央关于制定国民经济和社会发展第十一个五年规划的建议》，**首次提出了“建设社会主义新农村”的重大历史任务。**

2006年 3月　《中共中央国务院关于推进社会主义新农村建设的若干意见》（中发［2006］1号）出台，**提出协调推进新农村建设。**

2012年 12月　十八大提出**“深入推进新农村建设”。**

图1-7　特色小镇国家政策的发展历程（一）

2013年

十八大提出建设美丽中国的方针后，中央1号文件提出了加强农村生态建设、环境保护和综合整治，**努力建设美丽乡村的任务。**

图1-7 特色小镇国家政策的发展历程(一)(续)

②特色小镇发起：新型城镇化

2014年 3月

中共中央、国务院《关于印发〈国家新型城镇化规划（2014—2020年）〉的通知》(中发［2014］4号)，**提出城镇化是现代化的必由之路**，是解决农业农村农民问题的重要途径，是推动区域协调发展的有力支撑，是扩大内需和促进产业升级的重要抓手，**要有重点地发展小城镇。**

2015年 11月

国务院发布《关于积极发挥新消费引领作用 加快培育形成新供给新动力的指导意见》(国发［2015］66号)，提出发挥小城镇连接城乡、辐射农村的作用，提升产业、文化、旅游和社区服务功能，**鼓励有条件的地区规划建设特色小镇。**

2015年 12月

习近平总书记对浙江特色小镇建设做出重要批示：“抓特色小镇，小城镇建设大有可为，对经济转型升级、新型城镇化建设，都具有重要意义。”

《中共中央 国务院关于落实发展新理念加快农业现代化 实现全面小康目标的若干意见》，**提出加强乡村生态环境和文化遗存保护. 发展具有历史记忆、地域特点、民族风情的特色小镇，建设一村一品、一村一景、一村一韵的魅力村庄。**

2016年 2月

《国务院关于深入推进新型城镇化建设的若干意见》中**提出“加快特色镇发展”。发展具有特色优势的休闲旅游、商贸物流、信息产业、先进制造、民俗文化传承、科技教育等魅力小镇。将建设“休闲旅游”旅游小镇放在了首位。**

2016年 3月

《中华人民共和国国民经济和社会发展第十三个五年规划纲要》中**提出“因地制宜发展特色鲜明、产城融合、充满魅力的小城镇”。**

图1-8 特色小镇国家政策的发展历程（二）

③ 特色小镇大发展：三部委一锤定音，各地政策频发

2016年 7月

三部委一锤定音，正式提出建设特色小镇。《住房城乡建设部　国家发展改革委　财政部关于开展特色小镇培育工作的通知》（建村［2016］147号），**提出到2020年，培育1000个左右各具特色、富有活力的休闲旅游、商贸物流、现代制造、教育科技、传统文化、美丽宜居等特色小镇。**

2016年 8月

住房城乡建设部发布了《关于做好2016年特色小镇推荐工作的通知》（建村建函［2016］71号），**提出了特色小镇申报条件，**要求各省（区、市）候选近5年无重大安全生产事故、重大环境污染、重大生态破坏、重大群体性社会事件、历史文化遗存破坏现象的优秀特色小镇。

2016年 9月

住房城乡建设部办公厅发布《关于开展2016年美丽宜居小镇、美丽宜居村庄示范工作的通知》（建办村函［2016］827号），**提出特色村镇示范标准：**自然景观和田园风光美丽宜人、村镇风貌和基本格局特色鲜明、居住环境和公共设施配套完善、传统文化和乡村要素保护良好、经济发展水平较高且当地居民（村民）安居乐业的庄和镇。

2016年 10月

国家发展改革委发布《关于加快美丽特色小（城）镇建设的指导意见》（发改规划［2016］2125号），**第一次明确了特色小（城）镇包括特色小镇、小城镇两种形态，**提出了五条总体要求、九条具体措施。**提出特色小镇建设标准**：绿色引领，建设美丽宜居新城镇，鼓励**有条件的小城镇按照不低于AAA级景区的标准规划建设特色旅游景区**，将美丽资源转化为“美丽经济”。

《住房城乡建设部关于公布第一批中国特色小镇名单的通知》（建村［2016］221号）中**公布第一批中国特色小镇名单，共127个。**

《国家发展改革委关于印发〈全国农村经济发展“十三五”规划〉的通知》（发改农经［2016］2257号），**提出建设特色小镇的要求：坚持走中国特色新型城镇化道路，加快发展中小城市，有重点、有特色地发展小城镇，积极培育一批特色鲜明、产业发展、绿色生态、美丽宜居的特色小镇。**

图 1-9　特色小镇国家政策的发展历程（三）

（2）特色小镇的资金扶持政策

中央财政资金首次系统地对小城镇建设给予资金扶持。自2016年7月至2017年5月，连续颁布六大对特色小镇资金扶持方面的政策（图1–10）。

改革开放以来，中央相关部委虽然出台了一系列小城镇方面的政策文件，但除了“十二五”期间财政部和住房城乡建设部资金上支持过一批绿色低碳小城镇外，很少有资金支持。

2016年7月，《住房城乡建设部 国家发展改革委 财政部关于开展特色小镇培育工作的通知》（建村［2016］147号）在组织领导和支持政策中提出两条支持渠道：一是国家发展改革委等有关部门支持符合条件的特色小镇建设项目申请专项建设基金；二是中央财政对工作开展较好的特色小镇给予适当奖励。应当说这是中央财政资金第一次比较系统地对小城镇建设给予支持，具有十分强烈的导向意义，说明中央相关部门确实把特色小镇放到了新型城镇化工作的重要地位（图1–10）。

2016.10

国家发改委《关于加快美丽特色小（城）镇建设的指导意见》

- **提出创新特色小（城）镇建设投融资机制，**大力推进政府和社会资本合作，鼓励利用财政资金撬动社会资金，共同发起设立美丽特色小（城）镇建设基金。
- **提出研究设立国家新型城镇化建设基金，**倾斜支持美丽特色小（城）镇开发建设。鼓励开发银行、农业发展银行、农业银行和其他金融机构加大金融支持力度。鼓励有条件的小城镇通过发行债券等多种方式拓宽融资渠道。

住建部、中国农业发展银行《关于推进政策性金融支持小城镇建设的通知》

- **明确支持范围：**中国农业发展银行要将小城镇建设作为信贷支持的重点领域，**以贫困地区小城镇建设作为优先支持对象，**统筹调配信贷规模，保障融资需求。
- **建立贷款项目库：**申请政策性金融支持的小城镇需要编制小城镇近期建设规划和建设项目实施方案，经县级人民政府批准后，向中国农业发展银行相应分支机构提出建设项目和资金需求。

2016.12

国家发展改革委、国家开发银行、中国光大银行、中国企业联合会、中国企业家协会、中国城镇化促进会联合发布《关于实施“千企千镇工程”推进美丽特色小（城）镇建设的通知》

提出要搭建小（城）镇与企业主体有效对接平台，引导社会资本参与美丽特色小（城）镇建设，促进镇企融合发展、共同成长。

图1–10 特色小镇资金扶持政策

2017.2

开发性金融支持是推动小城镇建设的重要手段

住建部、国开行《关于推进开发性金融支持小城镇建设的通知》

支持内容：重点支持以农村人口就地城镇化、提升小城镇公共服务水平和提高承载能力为目的的设施建设；支持促进小城镇产业发展的配套设施建设；支持促进小城镇宜居环境塑造和传统文化传承的工程建设。

建立项目储备制度：建立项目储备库，推荐备选项目；

加大开发性金融支持力度的三个要点：做好融资规划；加强信贷支持，在符合贷款条件的情况下，**优先提供中长期信贷支持；创新融资模式，提供综合性金融服务。**

针对经济相对落后的贫困地区的特色小镇建设

国家发改委、国家开发银行《关于开发性金融支持特色小（城）镇建设促进脱贫攻坚的意见》

将发挥资本市场在脱贫攻坚中的积极作用，**盘活贫困地区特色资产资源，为特色小（城）镇建设提供多元化金融支持。**特别是通过多种类型的PPP模式，引入大型企业参与投资，引导社会资本广泛参与。

2017.4

住建部、建设银行《关于推进商业金融支持小城镇建设的通知》

建设银行公司业务部相关人士表示，**建设银行将推出至少1000亿元左右意向融资额度。**

支持范围：支持特色小镇、重点镇和一般镇建设。优先支持住房城乡建设部公布的第一批127个特色小镇和各省（区、市）人民政府认定的特色小镇。

支持内容：支持改善小城镇功能、提升发展质量的基础设施建设；支持促进小城镇特色发展的工程建设；支持小城镇运营管理融资。

实施项目储备制度：建立项目储备库，推荐备选项目；

发挥中国建设银行综合金融服务优势：加大信贷支持力度，对纳入全国小城镇建设项目储备库的推荐项目，予以优先受理、优先评审和优先投放贷款：做好综合融资服务（★），创新金融服务模式。

图 1-10　特色小镇资金扶持政策（续）

1.2.2 地方层面

国家政策的发布助推了特色小镇热浪来袭，全国各地也随之掀起一股特色小镇“热”，尤其是在2017年7月，三部委发文“一锤定音”之后，各省政策进入爆发期。下面将比较一下各省市（自治区、直辖市）在特色小镇方面的政策有哪些不同。

（1）20个省市（自治区、直辖市）特色小镇政策探索（不完全统计）

二十个省市（自治区，直辖市）特色小镇政策探索列表 表1-2

省市（自治区，直辖市）	政策条例	颁布时间	行政区划	发展目标
贵州	《贵州关于做好100个示范小城镇建设的通知》	2013年3月	建制镇	100个各具特色的示范小城镇
重庆	《重庆市人民政府办公厅关于培育发展特色小镇的指导意见》	2013年6月	建制镇	“十三五”期间建成30个
西藏自治区	《关于印发西藏自治区特色小城镇示范点建设工作实施方案的通知》	2015年5月	建制镇	3年内20个特色小镇示范点
浙江	《浙江省人民政府关于加快特色小镇规划建设的指导意见》	2015年9月	非镇非区	3年内100个
海南	《海南省百个特色产业小镇建设工作方案》	2015年10月	非镇非区	100个
福建	《福建省人民政府关于开展特色小镇规划建设的指导意见》	2016年6月	非镇非区	无具体规模目标
北京	《北京市“十三五”时期城乡一体化发展规划》	2016年6月	建制镇	建设一批功能性特色小城镇
陕西	《陕西省关于加快发展特色小镇的实施意见》	2016年6月	建制镇	100个
辽宁	《辽宁省人民政府关于推进特色乡镇建设的指导意见》	2016年7月	非镇非区	50个
甘肃	《甘肃省人民政府关于推进特色小镇建设的指导意见》	2016年8月	建制镇+产业园区	无具体规模目标
安徽	《安徽省关于开展特色小镇培育工作的指导意见》	2016年8月	建制镇	分批建设80个
天津	《天津市关于加快特色小镇规划建设指导意见》	2016年8月	建制镇+产业园区	10个市级镇、20个特色镇
河北	《关于建设特色小镇的指导意见》	2016年8月	非镇非区	100个

续表

省市（自治区，直辖市）	政策条例	颁布时间	行政区划	发展目标
山东	《山东省创建特色小镇实施方案》	2016 年 9 月	非镇非区	100 个
内蒙古自治区	《内蒙古关于特色小镇建设工作的指导意见》	2016 年 9 月	建制镇	8 ～ 12 个
湖北	《湖北省人民政府关于加快特色小（城）镇规划建设的指导意见》	2016 年 12 月	非镇非区	50 个特色小（城）镇
江西	《江西省人民政府关于印发江西省特色小镇建设工作方案的通知》	2016 年 12 月	建制镇 + 园区 + 非建制镇	分批建设 60 个
四川	《四川省“十三五”特色小城镇发展规划》	2017 年 2 月	建制镇	200 个，旅游小镇 47 个
江苏	《江苏关于培育创建江苏特色小镇的实施方案》	2017 年 2 月	非镇非区	100 个
云南	《云南省人民政府关于加快特色小镇发展的意见》	2017 年 3 月	非镇非区	通过 3 年，2019 年，建成 20 个左右全国一流的特色小镇，80 个左右全省一流的特色小镇

从图1–11可以看出，与特色小镇相关的词频中热度最高的是发展、旅游、政府、规划等，发展居首位，其次就是旅游，说明目前在特色小镇建设上，各地对旅游型特色小镇的关注度是最高的。

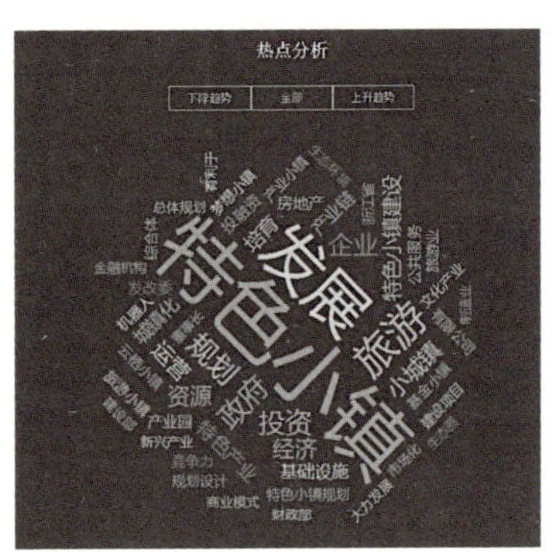

图 1–11　特色小镇微信词频热点分析图（来源：特色小镇网）

（2）20个省市特色小镇政策中对旅游类小镇政策的求

20 个省市特色小镇政策中对旅游类小镇政策的要求　　表 1-3

政策时间	政策	产业定位（特色小镇建设类型）	旅游类小镇建设要求	旅游类小镇奖励政策
2013 年 3 月	《贵州关于加快推进小城镇建设的意见》	交通枢纽型、**旅游景观型**、绿色产业型、工矿园区型、商贸集散型、移民安置型等（“十二五”期间在全省范围内规划开发 50 个富有地域特色的风情“旅游小镇”）	按照国际通行的“旅游小镇”模式规划开发，以景区景点为依托，对周边区域进行成片综合开发的旅游综合体	每个旅游小镇至少投资 50 亿元
2015 年 5 月	《关于印发西藏自治区特色小城镇示范点建设工作实施方案的通知》	打造民族手工业强镇、特色生态农牧业大镇、商贸物流业重镇、**休闲旅游业名镇**	围绕世界旅游目的地建设，打造主题鲜明、环境优美、功能完善、服务配套、具有核心竞争力的，集观光旅游、休闲度假和宜居宜业宜游于一体的新型特色小城镇示范点	暂无明确的优惠政策
2015 年 9 月	《浙江省人民政府关于加快特色小镇规划建设的指导意见》	信息经济、环保、健康、**旅游**、时尚、金融、高端装备制造七大产业，兼茶叶、丝绸、黄酒、青瓷、木雕等历史经典产业	所有特色小镇要建设成 AAA 级以上景区，旅游产业类特色小镇要按 AAAAA 级景区标准建设	3 年内完成固定资产投资 50 亿元左右，金融、科技创新、旅游、历史经典产业类特色小镇投资额可适当放宽

政策时间	政策	产业定位（特色小镇建设类型）	旅游类小镇建设要求	旅游类小镇奖励政策
2015年10月	《海南省百个特色产业小镇建设工作方案》	以热带特色高效农业、**旅游**、互联网、医疗健康、渔业、民族文化等产业为发展重点	暂无明确要求	暂无明确优惠政策
2016年6月	《北京市“十三五”时期城乡一体化发展规划》	大学镇、总部镇、高端产业镇、健康养老镇、**休闲度假镇**、雪上运动小镇、世园小镇、环球影城小镇、新机场服务小镇、科技信息小镇等一批功能性特色小城镇	暂无明确要求	暂无明确的优惠政策
2016年6月	《陕西省关于加快发展特色小镇的实施意见》	先进制造业、现代服务业和新型产业、**旅游**、运动、康体、养老、**文化旅游**、民俗体验、创意策划	规划面积一般控制在3平方公里左右（旅游产业类特色小镇可适当放宽）；所有特色小镇应按AAA级以上景区标准建设，旅游产业类特色小镇要按AAAA级以上景区标准建设，积极推行“景区＋小镇”管理体制	市级特色小镇3年内固定资产投资一般应达到30亿元以上（不含商品住宅和公建类房地产开发投资），金融、文创、科技创新、**旅游**等产业以及茶叶、丝绸等历史经典产业类特色小镇投资额可适当放宽
2016年6月	《重庆市人民政府办公厅关于培育发展特色小镇的指导意见》	历史文化传承、民俗风情展示、健康养老养生、休闲度假、观光体验类特色**旅游小镇**；特色农副产品加工、零部件加工制造、轻工纺织等劳动密集型**产业小镇**；电子商务、文化创意、创新创业、商贸农贸等**服务小镇**	旅游小镇规划区5公里半径范围内应有国家AAA级及以上旅游景区支撑	暂无明确的优惠政策

续表

政策时间	政策	产业定位（特色小镇建设类型）	旅游类小镇建设要求	旅游类小镇奖励政策
2016 年 6 月	《福建省人民政府关于开展特色小镇规划建设的指导意见》	信息技术、高端装备制造、新材料、生物与新医药、节能环保、海洋高新、**旅游**、互联网经济等新兴产业，兼顾工艺美术（木雕、石雕、陶瓷等）、纺织鞋服、茶叶、食品等传统特色产业	规划区域面积一般控制在 3 平方公里左右（旅游类特色小镇可适当放宽）；特色小镇要建设 AAA 级以上景区，旅游产业类特色小镇按 AAAAA 级景区标准建设	新建类特色小镇原则上 3 年内完成固定资产投资 30 亿元以上（商品住宅项目和商业综合体除外），改造提升类 18 亿元以上，旅游类特色小镇的总投资额可适当放宽至上述标准的 80%
2016 年 7 月	《辽宁省人民政府关于推进特色乡镇建设的指导意见》	创建**乡村旅游型**、历史文化型、民族特色型、现代农业型、生态宜居型等特色乡镇	暂无明确的要求	原则上，特色乡镇 3 年内要完成固定资产投资 20 亿元左右（不含住宅和商业综合体项目）；对支撑未来经济发展产业和历史经典产业类特色乡镇投资时限可放宽到 5 年
2016 年 8 月	《甘肃省人民政府关于推进特色小镇建设的指导意见》	聚焦**旅游**、文化、生态、健康、现代服务等五大产业和中药材、民俗风情、特色农产品加工等传统产业	特色小镇均要建设成为 AAA 级以上旅游景区，其中旅游产业类特色小镇要按 AAAAA 级旅游景区标准建设	对涉及特色小镇建设的文化、旅游、产业、基础设施、小镇风貌等项目，编制特色小镇建设项目清单，优先对列入特色小镇建设的项目给予重点支持

续表

政策时间	政策	产业定位（特色小镇建设类型）	旅游类小镇建设要求	旅游类小镇奖励政策
2016 年 8 月	《天津加快特色小镇规划建设指导意见》	围绕高端装备、航空航天、新一代信息技术、生物医药、新能源新材料等新兴产业，互联网智能制造、信息经济、生态农业、节能环保、**民俗文化**、电子商务、**高端旅游**、食品安全、健康养老等优势产业，重点培育一批产业特色鲜明，兼具旅游与社区功能的专业特色小镇	旅游特色小镇应参照结合国家 A 级旅游景区和全域旅游示范区标准有关内容进行建设	信息经济、金融、旅游和历史传统产业的特色小镇总投资额可放宽到不低于 30 亿元，特色产业投资占比不低于 70%
2016 年 8 月	《河北关于建设特色小镇的指导意见》	特色小镇要聚焦特色产业集群和**文化旅游**、健康养老等现代服务业，兼顾皮衣皮具、红木家具、石雕、剪纸、乐器等历史经典产业（**每个细分产业原则上只规划建设一个特色小镇，旅游产业类除外**）	所有特色小镇要按 AAA 级以上景区标准建设，旅游产业类特色小镇要按 AAAA 级以上景区标准建设，并推行“景区 + 小镇”管理体制	每个小镇原则上 3 年内要完成固定资产投资 20 亿元以上，其中特色产业投资占比不低于 70%，第一年投资不低于总投资的 20%，**旅游类特色小镇投资额可适当放宽**
2016 年 8 月	《安徽关于开展特色小镇培育工作的指导意见》	推动茶叶、中药、丝绸、纸、墨、酱、雕刻、瓷器等传统产业、培育高端装备制造、信息技术、节能环保、生物医药、**旅游**、金融等新兴产业	无具体明确要求	无具体明确要求

续表

政策时间	政策	产业定位（特色小镇建设类型）	旅游类小镇建设要求	旅游类小镇奖励政策
2016年9月	《山东省创建特色小镇实施方案》	培育海洋开发、信息技术、高端装备、电子商务、节能环保、金融等新兴产业；挖掘资源禀赋，发展**旅游观光**、文化创意、现代农业、环保家具等绿色产业；依托原有基础，优化造纸、酿造、纺织等传统产业	人文气息浓厚，旅游特色鲜明，每年接待一定数量游客，达到省级特色景观旅游名镇标准，其中旅游类小镇达到国家级特色景观旅游名镇标准	原则上5年完成固定资产投资30亿元以上，每年完成投资不少于6亿元。旅游休闲类特色小镇的固定资产投资额不低于20亿元，每年完成投资不少于4亿元
2016年9月	《内蒙古关于特色小镇建设工作的指导意见》	发展工业、农业、牧业、林业、**旅游**、物流、商贸、口岸、文化等产业，打造各具特色的工业重镇、农业重镇、牧业重镇、商贸重镇、旅游旺镇和历史文化名镇等	无明确具体要求	无明确具体要求
2016年12月	《湖北省人民政府关于加快特色小（城）镇规划建设的指导意见》	重点瞄准新一代信息技术、互联网经济、高端装备制造、新材料、节能环保、文化创意、体育健康、养生养老等新兴产业，兼顾香菇、茶叶、小龙虾、酒类、纺织鞋服等传统特色产业 支持建设具有**游览观光功能的特色文化旅游街区**、商贸文化区、文化旅游创意园区、传统工艺美术和特产加工销售园区、非物质文化遗产的展示和体验区等	特色小（城）镇要按国家AAA级景区标准建设，旅游产业类特色小（城）镇按湖北省旅游名镇标准建设	新建类特色小（城）镇原则上3年内要完成固定资产投资20亿元左右（不含商品住宅和商业综合体项目），改造提升类10亿元以上，国家级和省级扶贫开发工作重点县可放宽至5年，投资金额可放宽至8亿元和10亿元以上，其中特色产业投资占比不低于70%。互联网经济、金融、科技创新、旅游和传统特色产业类特色小（城）镇的总投资额可适当放宽至上述标准的80%

续表

政策时间	政策	产业定位（特色小镇建设类型）	旅游类小镇建设要求	旅游类小镇奖励政策
2016 年 12 月	《江西省人民政府关于印发江西省特色小镇建设工作方案的通知》	现代制造、商贸物流、**休闲旅游**、传统文化、美丽宜居等特色小镇	鼓励有条件的小镇按照不低于 AAA 级景区标准规划建设特色旅游景区	暂无明确的优惠政策
2017 年 2 月	《四川省“十三五”特色小城镇发展规划》	重点打造**旅游休闲型**、现代农业型、商贸物流型、加工制造型、文化创意型和科技教育型六大类	旅游休闲型小城镇要打造成 AAAA 级以上旅游景区	暂无明确的优惠政策
2017 年 2 月	《江苏省关于培育创建江苏特色小镇的实施方案》	聚焦高端制造、新一代信息技术、创意创业、健康养老、现代农业、**旅游风情**、历史经典等产业	所有特色小镇原则上要按 AAA 级以上景区服务功能标准规划建设，旅游风情小镇原则上要达到国家 AAAAA 级旅游景区规范要求，建设产城人文融合发展的现代化开放型特色小镇	高端制造业类特色小镇，原则上 3 年内要完成项目投资 50 亿元，新一代信息技术、创意创业、健康养老、现代农业、旅游风情和历史经典特色小镇，原则上 3 年内要完成项目投资 30 亿元
2017 年 3 月	《云南省人民政府关于加快特色小镇发展的意见》	聚焦生命健康、信息技术、**旅游休闲**、文化创意、现代物流、高原特色现代农业、制造加工业等重点产业，茶叶、咖啡、中药、木雕、扎染、紫陶、银器、玉石、刺绣、花卉等传统特色产业	创建全国一流旅游休闲类特色小镇的，须按国家 AAAA 级及以上旅游景区标准建设；创建全省一流旅游休闲类特色小镇的，须按国家 AAA 级及以上旅游景区标准建设	每个特色小镇规划面积原则上控制在 3 平方公里左右

通过对特色小镇相关政策的分析，可以看出：

① 从特色小镇政策的演变历程来看，特色小镇政策的提出不是凭空爆发，而是有一定的历史渊源，它与新农村建设、美丽乡村建设以及推动新型城镇化等一系列政策是一脉相承的。

② 2016年7月，特色小镇真正登上国家政策的历史舞台，2016年10月更是特色小镇政策颁发频次最高的时期，陆续颁发了4～5个政策（不完全统计情况下）。

③ 从行政区划角度来看，东部地区特色小镇建设多是“非镇非区”，这与浙江省的成功示范效应有一定的关系，强调创业发展平台，产业转型平台，更符合国家的“特色小镇”概念。而在城镇化发展欠缺的西部地区，对特色小城镇的概念多基于行政区划中的“建制镇”，强调推进城镇化发展，更符合国家的“特色小城镇”的概念。

④ 从特色小镇的发展目标（建镇数量）来看，中西部地区大多是在原有的建制镇的基础上进行，在创建数量上，四川、贵州较多，分别为200个和100个，其他地区均在50个以内，且部分省份目前暂无明确的小镇发展目标；东部地区大多是以非镇非区的形式创建，面积根据国家的规定，控制在3平方公里左右，其中，浙江、江苏、河北的数量较多。

⑤ 地方省市建设的绝大部分特色小镇类型中，都将旅游型特色小镇作为建设重点。从建设要求来看，所有特色小镇均按照国家AAA级及以上标准进行建设，旅游类小镇基本按照国家AAAA级或AAAAA级景区标准进行建设；从旅游类小镇建设的奖励政策来看，大多旅游类小镇无论在土地政策还是在资金政策方面都得到了一定程度的放宽，旅游小镇建设具备利好空间。

1.2.3 特色小镇申报

（1）特色小镇建设的支持方式

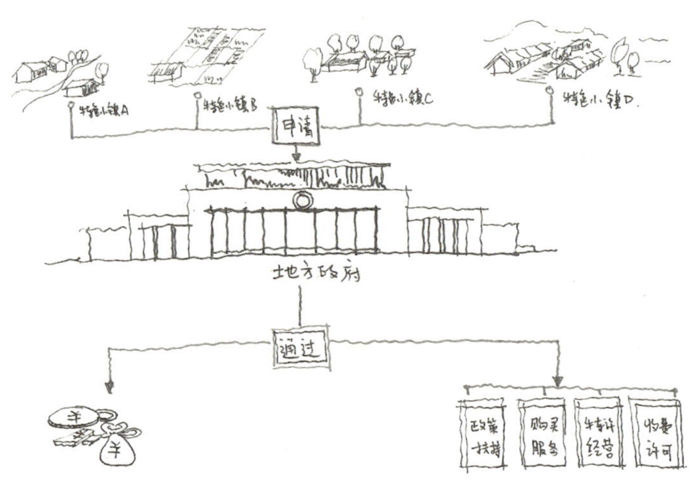

图 1-12　特色小镇建设的支持方式

（2）特色小镇的申报条件

特色小镇不是行政区划单元的“镇”，不具有镇一级行政管理职能，也不是产业园区、景区的“区”，而是按照创新、协调、绿色、开放、共享的发展理念打造，具有明确产业定位、文化内涵、旅游业态和一定社区功能的发展空间平台。各市选定上报的特色小镇，在产业定位、规划建设、运作方式等方面，符合下列条件。

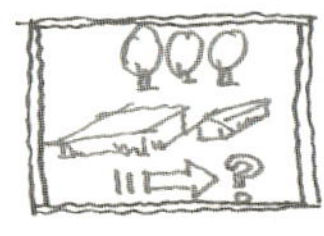

图 1-13　特色小镇申报条件

产业方向：与当地产业集群发展相衔接，聚焦新兴产业、现代服务业、现代农业，以及地域传统特色产业和历史经典产业。

空间布局：一般位于城镇周边、景区周边、高铁周边及交通轴沿线等适宜聚集产业和人口的地域，相对独立于城市和乡镇建成区中心，原则上布局在城乡接合部。规划面积一般控制在3平方公里左右（旅游产业类特色小镇可适当放宽），建设用地面积一般控制在1平方公里左右。

有效投资：金融、科技创新、旅游、文化创意、历史经典产业类特色小镇的总投资额可放宽到不低于15亿元，特色产业投资占比不低于70%，第一年投资不低于总投资的20%。

功能定位：通常特色小镇要按AAA级以上景区标准建设，旅游产业类特色小镇按AAAA级以上景区标准建设。

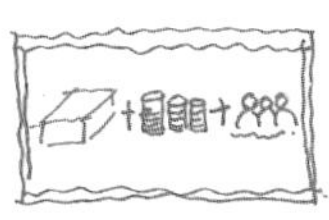

运作方式：坚持政府引导、企业主体、市场化运作。

综合效益：有效投资、营业收入、新增税收、市场主体数量、常住人口等爆发式增长，形成新经济增长点和创新创业平台。

图 1-13 特色小镇申报条件（续）

（3）特色小镇申报的主体、流程、材料

① 申报主体

a. 原则上为建制镇。

b. 符合创建条件的非建制镇。

② 申报流程

a. 创建镇自愿申报。

b. 县人民政府统筹上报。

c. 省住房、发改委审核验收。

d. 8月前报国家三部委审核。

e. 国家验收命名。

③ 申报材料

a. 小城镇基本信息表。

b. 小城镇建设工作情况报告。

c. 镇总体规划。

d. 相关政策支持。

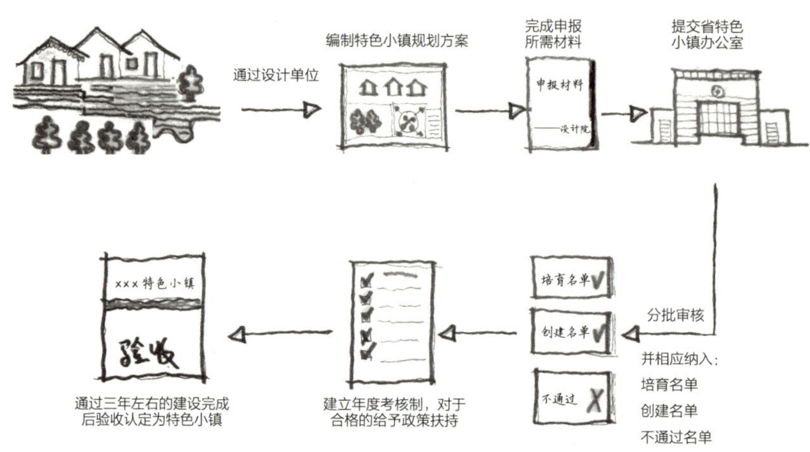

图 1-14　特色小镇申报流程

1.3 特色小镇的核心诉求与分类

依据《住房城乡建设部　国家发展改革委　财政部关于开展特色小镇培育工作的通知》，（建村［2016］47号）（以下简称《通知》），“休闲旅游、商贸物流、现代制造、教育科技、传统文化、美丽宜居”也成为全国小城镇发展的特色内涵。《通知》明确提出，特色小镇的培育应朝着“五大要求”着力，分别是特色鲜明的产业形态，和谐宜居的美丽环境，彰显特色的传统文化，便捷完善的设施服务，充满活力的体制机制。特色产业、宜居环境和传统文化毋庸置疑是各个特色小镇建设的主攻方向。同时，公共基础设施的完善是镇域经济的基础，而体制机制的改革，也是小城镇“特色”发展的应有之义。建设特色小镇的核心诉求对于不同的参与者来说，意义也变得不同。

1.3.1 特色小镇的核心诉求

（1）政府层面

特色小镇的建设是国家供给侧改革的战略性选择，特色小镇也将成为引领新型城镇化的特色担当。如何化解存量资源，兼顾个性与共性，发挥地方特色产业的集聚功能，把握文化内涵，促进地方经济发展，是政府需要考虑的中心问题。

在此基础上，对各级地方政府而言，做好政府引导、企业主导下的产业聚集、基础设施和公共服务配套建设，逐步展开特色小镇的营造和培育工作，加快推进区域经济和社会的发展，也是新时期下政府综合执政能力的高度体现。

特色小镇和房地产开发不同，特色小镇更多的是来源于政府现有资源的盘活，如山体资源、乡村资源，而这些大多都是宅基地，不能够买卖，但是可以发展成特色小镇。政府拥有产权和资源，所以，对于政府的核心诉求可以从以下三个维度来剖析。

① 从宏观方面讲，特色小镇建设是拉动地方区域经济发展的新引擎

特色小镇的培育要求中明确了要建设成特色鲜明、产业发展、绿色生态、美丽宜居的小镇，打造新的经济增长点，通过特色小镇的培育，聚焦特色产业和新兴产业，集聚发展要素，发展包括产业本体、产业服务和产业应用在内的新兴全产业链，推动地区经济发展振兴。同时，这也与创新、协调、绿色、开放、共享五大发展理念一脉相承。在特色小镇的培育过程中，应把发展基点始终放在创新上，以科技创新为核心，以人才发展为支撑，以解决生态环境领域突出问题为重点，加大生态环境保护力度，提高资源利用效率，实现地方经济结构调整和产业优化升级。作为推进供给侧结构性改革和推进新型城镇化的重要抓手，我国特色小镇建设初显成效。尽管还处在起步阶段，但小镇视野广、镇小能量大，小空间承载大战略。未来，星罗棋布的特色小镇有望成为拉动我国经济发展的新引擎。

② 从中观层面讲，特色小镇建设可以形成品牌效应和核心吸引力

在新形势下，地方政府部门对特色小镇建设予以了高度重视，并将其作为新常态下地区经济创新发展的重要途径。在打造区域品牌时，打造“小而精”的特色小镇是必不可少的重要环节。小镇知名度的提升，将是小镇生存发展道路上极具特色的认知符号，具有不可忽视的品牌效应和集聚效应，有利于吸引小镇发展中所需要的各类重要高端要素，比如技术、资金、人才，形成独特的创新创业生态，为地区经济发展融入更多创新元素，促进地区全面发展，更好地应对来自各方面的挑战，还能在一定程度上更好地传承、发展特色小镇历史文化。政府部门在建设特色小镇过程中主要是在宏观层面进行合理指导以及规划监督。在规划编制、宣传推介等方面发挥积极作用，提高小镇在国内外的知名度，从而提高地区核心竞争力。

③ 从微观层面来讲，特色小镇给城乡建设注入了活力

农村城镇化建设是缩小城乡之间的差距、解决我国“三农”问题和实现农村现代化的有效途径之一，而空心村的出现延缓了这一进程。空心村是指由于农村居民点用地不合理，新建住宅过分集中在村庄外围，村庄内存在大量空闲的宅基地和闲置的老房子，从而形成了用地状况“内空外延”的村庄布局。空心村的存在恶化了农民的生活环境，并成为各种矛盾纠纷的诱因，为社会不稳定因素的滋生提供了土壤，影响了农村的可持续发展。特色小城镇的建设不仅是加快新型城镇化的有效路径，同时也是搭建城乡发展一体化平台的有效举措、破解城乡二元结构的重要抓手。

（2）企业层面

① 企业主动参与建设是特色小镇活力所在

特色小镇建设要坚持政府引导、企业主体、市场化运作，既凸显企业主体地位，充分发挥市场在资源配置中的决定性作用，又加强政府引导和服务保障，在规划编制、基础设施配套、资源要素保障、文化内涵挖掘传承、生态环境保护等方面更好地发挥作用。企业在特色小镇建设过程中主要获得的是特色小镇的特许经营权，通过对土地做一级开发，和政府形成合作伙伴，然后通过建设特色小镇，使周边的资源得到开发。

② 通过特色小镇来提升企业自身的品牌形象

企业参与特色小镇建设或者打造一个地方的特色小镇，对于开发企业而言，最大的收益不仅仅是产品售卖或其项目获利，开发企业的获益更来源于其品牌价值的构建与社会认知度的价值。例如从乌镇到古北水镇，乌镇公司之所以能够在短时间内完成一个常规景区十年的建设、试错、更新、推广、火爆的一系列发展，有一个主要的原因是市场对乌镇的认可，对中青旅等开发企业的信心。换个角度，如果是一个完全不知名的企业打造一个没有先例的全新旅游产品，那么从其推广到形成社会认知度，再到社会共识，需要一个非常漫长的过程。比如1993年就成立的农工贸为一体的集团型企业袁家农工商联合总公司，公司是全新组建，产品是全新打造，所有的开发者都在摸索，历经了二十年才有了今天从政府到企业争先效仿的经典模式。2015年8月，“袁家村”这一品牌在西安曲江银泰开了第一家实体店，将“袁汁袁味”的关中美食，带到了古城西安。这也标志着一个企业所获得的品牌形象真正开始由无形资产转化为实际收益，而这一收益一旦打开，后续将源源不断地产生新的社会影响力与资金收益。也许不久的将来，去巴黎旅游时麦当劳的旁边可以见到“袁家村特色小吃”这类的标牌。

（3）社会层面

特色小镇建设最主要和终极的目标就是要提升居民的幸福感，让他们在这里能够方便就业、幸福生活、尽情娱乐、安全居住、享受教育、陶冶情操……因此，特色小镇开发除了要大力发展特色产业，解决人们的就业问题之外，还需要为他们配套多样化的公共服务设施，开发精品化的休闲度假项目，提供便捷化的公共管理服务，塑造文化精神领地。

1.3.2 特色小镇的特征

在各地推荐的基础上，经专家复核，由国家发展改革委、财政部以及住房城乡建设部共同认定后，2016年10月14日，住房城乡建设部公布了第一批中国特色小镇名单，进入这份名单的小镇共有127个。为了更好地掌握特色小镇的特征，下文将对这127个小镇进行全面的分析。

① 从分布区域来看，通常分布在东部沿海经济较为发达的省份，其中浙江省的分布数量最多

从分布区域来看，特色小镇通常分布在东部沿海经济较为发达的华东和资源优势明显的西南区域，这为特色小镇的发展提供了资本和资源；从三大经济分区来看，东部地区最多，占比40%，西部次之，占比35%，最后是中部，占比25%。从省份分布数量来看，浙江省的特色小镇最多，有8个；其次是山东省、江苏省、四川省，分别有7个。

在我国七大行政分区中，华东地区分布数量最多，共39个，占比31%；其次是西南，有21个，这两个区域的特色小镇约占总量的47%。华东地区是我国经济发展水平较高的地方，而西南地区则是生态资源与文化资源比较丰富且特色鲜明的地方，说明经济发展水平和资源特色是建设特色小镇的基础条件（图1–15～图1–17、表1–4）。

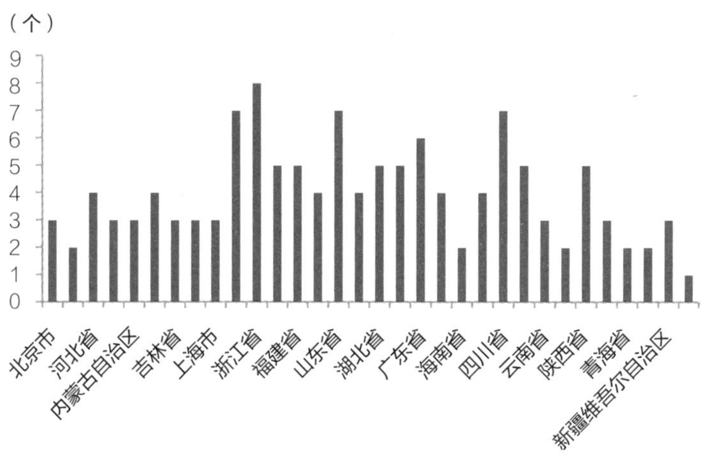

图 1–15　第一批中国特色小镇各省（市）数量统计图

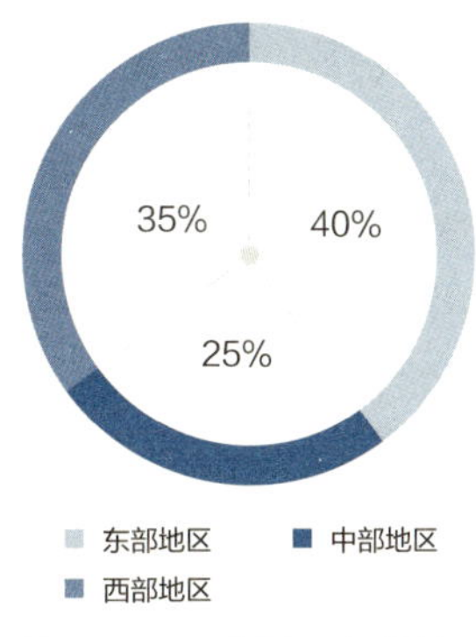

图 1-16　我国三大经济分区特色小镇占比情况

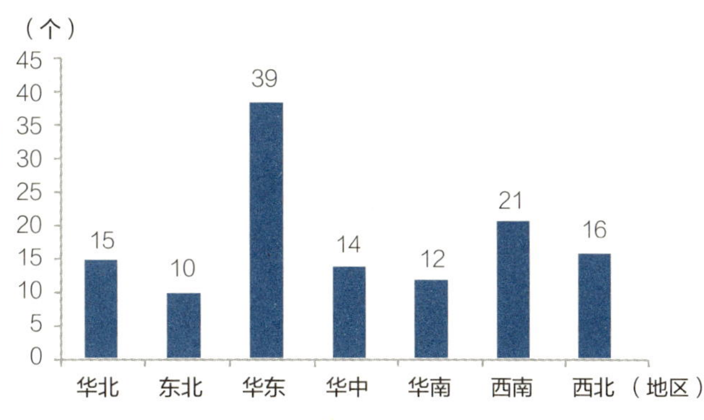

图 1-17　我国七大行政分区拥有特色小镇数量

各省市特色小镇数量分布表　　表 1-4

省（区、市）	数量	省（区、市）	数量
北京市	3	湖南省	5
天津市	2	广东省	6
河北省	4	广西壮族自治区	4
山西省	3	海南省	2
内蒙古自治区	3	重庆市	4
辽宁省	4	四川省	7
吉林省	3	贵州省	5
黑龙江省	3	云南省	3
上海市	3	西藏自治区	2
江苏省	7	陕西省	5
浙江省	8	甘肃省	3
安徽省	5	青海省	2
福建省	5	宁夏回族自治区	2
江西省	4	新疆维吾尔自治区	3
山东省	7	新疆生产建设兵团	1
河南省	4	湖北省	5

② 从人口规模来看，特色小镇人口规模以 2 ~ 4 万为主

127个镇（1个镇数据缺失）的镇区人口平均规模是5.1万人。分区间统计，其中，20000~40000人口的小镇最多，40000~60000人口的小镇次之，10000人以下的小镇最少，可以看出，127个特色小镇中，人口数量处于20000~60000之间的最多（图1–18）。人口规模最大的镇是佛山市顺德区北滘镇，26万人；最小的是海西蒙古族藏族自治州乌兰县茶卡镇，不到1000人。

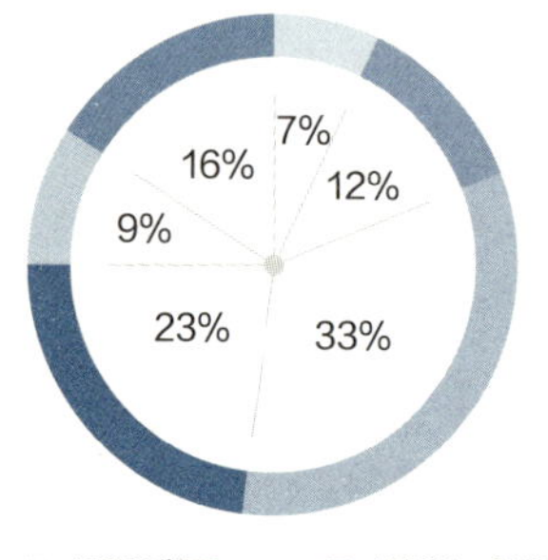

图 1–18　特色小镇人口统计分析

③ 从镇域面积来看，建制镇的镇域面积以 100 ~ 200 平方公里为主，非建制镇镇域面积以 10 平方公里为主

在127个特色小镇中（3个小镇数据缺失），200平方公里以下的特色小镇占了绝大多数，占比72%；500平方公里以上的特色小镇最少，占比仅为4%（图1–19）。辖区面积最大的是内蒙古呼伦贝尔市额尔古纳市莫尔道嘎镇，4160平方公里；最小的是青海省海西蒙古族藏族自治州乌兰县茶卡镇，10平方公里，平均镇域面积234平方公里。

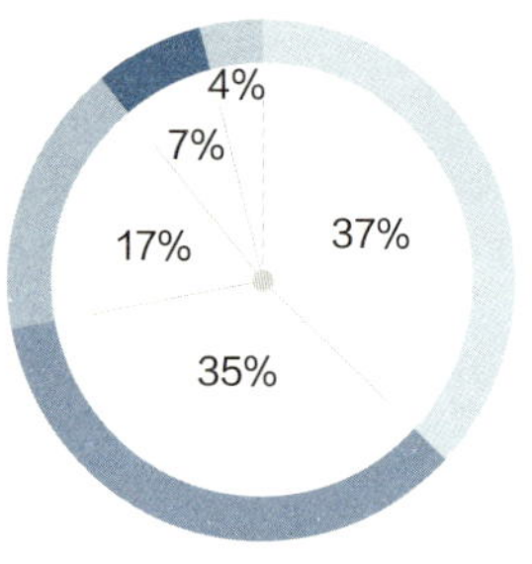

图 1–19　特色小镇面积对比（单位：平方公里）

④ 从地形特征来看，地理分布较为均衡

从地形特征上看，特色小镇分布在平原镇、丘陵镇和山区镇约各占1/3（图1–20）。特色小镇的地理特征分布基本较为均衡。

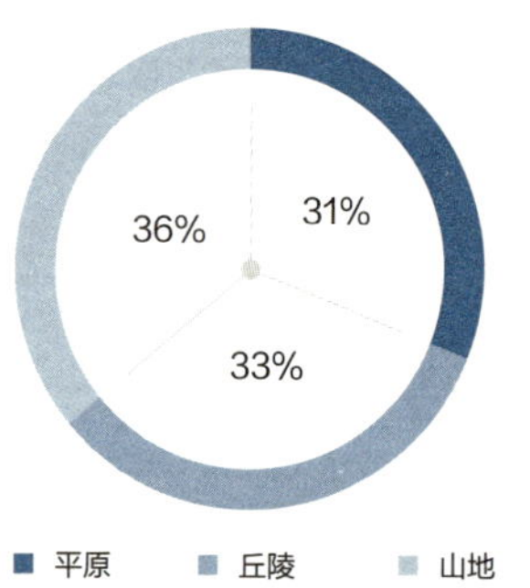

图 1–20　特色小镇地形分布

⑤ 从区位特点来看，特色小镇多分布在乡村地区及城市近郊

从区位特点上看，特色小镇与城市的关系可以分为三种类型：大城市近郊、大城市远郊

和乡村地区。从图1-20可以看出，乡村地区的特色小镇最多，占41%；其次为大城市近郊镇，占35%（图1-21）。这主要是由于乡村地区的资源禀赋较好，而城市近郊区域的区位优势明显。

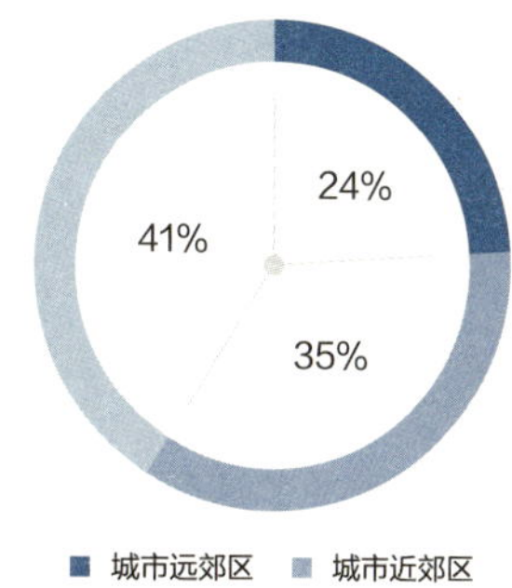

图 1-21 特色小镇区位分布图

⑥ 从产业结构来看，以三产为主导产业的小镇比重约占 47%

从产业属性来看，在127个特色小镇中，以第三产业为主导产业的特色小镇占比约47%；第一产业、第二产业的占比相当，占比分别为27%和26%；近一半的特色小镇以第三产业为主（图1-22）。其中，以旅游为主导的特色小镇占比70%，其他还包括了以文化、金融、音乐等为主导产业的特色小镇。

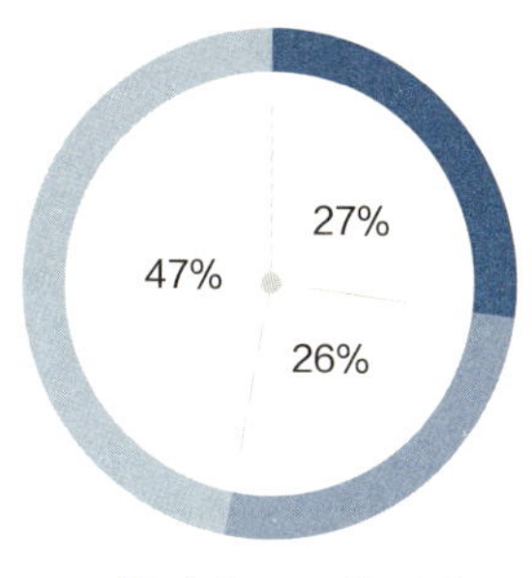

图 1-22 特色小镇主导产业占比

⑦ 从定位和类型来看，休闲旅游型特色小镇约占一半比重

从特色小镇的定位和类型来看，旅游发展型最多，约占50%；其次为历史文化型，占比约35%；民族聚居型较少，约8%（部分小镇的类型有重叠的情况）（图1-23）。从产业融合的角度来看，除了明确定位为旅游特色小镇的之外，还出现了很多“+旅游”、“旅游+”、多产业融合特色小镇，特色小镇旅游化趋势越来越明显。

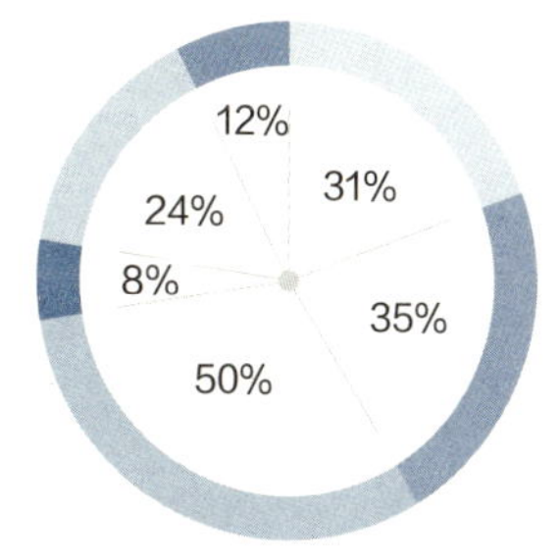

图 1-23 特色小镇类型占比

1.3.3 特色小镇的分类

从旅游的视角分类特色小镇，按照旅游参与程度不同，可以分为景区即小镇型、景区依托型、旅游地产型和“旅游+”型（图1-24）。

景区即小镇型

景区本身是旅游特色小镇
对旅游资源依赖程度高
同一家开发主体
乌镇、袁家村

景区依托型

小镇位于景区周边
对旅游资源依赖程度较高
景区和小镇常属于不同的两个开发主体
长白山万达小镇、东黄山光明知青小镇

旅游地产型

“旅游+地产”发展模式
对旅游资源依赖程度不高
房地产公司作为开发主体
乌镇雅园、桃李春风

“旅游+”型

有自身主导产业，旅游业有巨大发展潜力
对旅游资源依赖程度不高，依据产业发展而定
以集体经济或政府部门为主
馆陶黄瓜小镇、诸暨大唐袜艺小镇

图 1–24　特色小镇分类

（1）景区即小镇型

景区即小镇，也就是把景区本身作为旅游特色小镇来打造，景区不仅要实现旅游核心吸引物的塑造与更新，还要把旅游小镇的更多元素与业态吸收进来，作为核心吸引物的接待功能补充，或者其住宿、购物、美食等业态本身就是作为吸引旅游者前来休闲度假的吸引物之一，如莫干山的洋家乐住宿、袁家村的特色美食。

项目选址

由于景区即小镇型特色小镇，其核心吸引物本身就在小镇内或者小镇本身就是核心吸引物，所以景区型旅游特色小镇的选址更多地依托旅游资源的禀赋，资源等级高，发展成景区即小镇型的特色小镇的可能性就大。

运营模式

景区型特色小镇的运营，由于景区和小镇是融为一体的，所以通常是一家开发主体来运营。如乌镇，古北水镇都是由乌镇旅游股份有限公司来开发运营的，灵山·拈花湾是由灵山集团负责建设与运营的。

典型案例

莫干山、袁家村、乌镇，古北水镇。

（2）景区依托型

发展特征

在知名景区周边选址建设特色小镇，依托景区的客流量和知名度来发展小镇，所依托的景区年游客量通常在百万以上。这类小镇不同于景区即小镇型的特色小镇将旅游接待的相关业态引入景区里面，而是将这部分业态放到景区旁边的小镇里，这不是景区开发者的意图，而是小镇开发主体所要考虑的，景区内当然也可以有吃、住、购、娱等产业业态，但是碍于容量限制等因素，它提供的旅游接待设施未必能满足所有游客的需求。并且景区的接待设施与小镇的接待设施也可以形成某种程度上的生态平衡，最大限度地延长游客的停留时间，产生更大的旅游收益。

项目选址

景区依托型特色小镇同样对于旅游资源有较高要求，只不过不是小镇本身所在地的旅游资源，而是所依托景区的知名度和客流量，但对于围绕景区周边的小镇选址则没有太高要求，山好水好固然不错，没有太好的自然条件也可以用后期的创意设计等来弥补。

运营模式

景区和小镇常属于不同的两个开发主体，且通常景区的建设与运营要早于小镇。小镇可以是地产项目，如古北水镇旁边的龙湖长城源著，也可以是一个旅游类的项目，如黄山脚下的西递宏村，还可以依托的是一个建制镇，如北京十渡镇。

长白山万达小镇、东黄山光明知青小镇、北京十渡镇。

（3）旅游地产型

发展特征

旅游地产型是“旅游+地产”两个产业的融合发展，在旅游地产的配置中，地产与旅游产品的配比通常是7∶3。旅游地产型小镇的开发时序通常是在地块中首先建设旅游核心吸引物，即旅游产品，形成引爆点，积累一定的人气，使得生地变熟地，从而带动度假地产的购买量。

这一类型的旅游小镇对资源的依赖性不大，但受地产模式影响比较大，因此旅游地产型特色小镇更多地遵从地产发展规律，将客源市场、购买力等因素作为选址核心要素，选取生态环境较好的地块开发，具体可以是在大城市周边、景区附近、生态环境较好的地方。

主要是房地产公司作为开发主体来投资建设运营。如今年来主攻旅游度假地产的万达。

乌镇雅园、桃李春风、春风长乐、良渚文化村。

（4）“旅游+”型

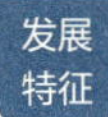

“旅游+”型特色小镇同样属于泛旅游产业范畴，可以是旅游与农业、工业、互联网、文化创意、商贸、物流等的融合。小镇更多地依托现

有建制镇的发展而发展，主要遵循地方特色产业发展规律，在地方农业、特色工业等发展到一定程度的基础上，与旅游产业进行有机融合，延伸出休闲度假产品，从而发展成“旅游+”型特色小镇。小镇通常有自身的主导产业，旅游业发展程度不高，对于GDP贡献率通常低于15%，但未来有巨大发展潜力。

项目选址

“旅游+”型特色小镇的选址没有太多的主动性，通常依据建制镇自身产业的发展，以及与旅游的融合情况而定。

运营模式

主要以集体经济或政府部门为主导，很多是一开始属于自发行为，在发展到一定阶段后，由集体或政府部门加以引导，形成规模化发展，进而引入社会资本做强做大。

馆陶黄瓜小镇、诸暨大唐袜艺小镇。

第 2 章

旅游特色小镇

特色小镇的社会价值在于发展特色产业、传承传统文化、保护生态环境，这都与旅游不谋而合。也正是这些因素，导致多数特色小镇最终呈现旅游化的趋势，所以说特色小镇大多将会姓“旅游”。

从旅游功能来看，除了少数如靠近杭州的一些电子商务类型的小镇，比如云栖小镇，以及少数的东部沿海地区或者特殊原因形成的一种产业类型的小镇以外，大部分特色小镇是靠山水风景或者历史文化这两大基础而发展成为的特色小镇，它们本身就有旅游的属性。同时在工业转型和现代农业发展中，也不断扩充着旅游功能。

从发展趋势来看，如果未来特色小镇发展得好，它本身就可以变成一种旅游吸引物，吸引大众前来参观、猎奇。随着大众旅游时代的到来，越来越多的城市居民会选择到一个小镇去度假几天甚至一两个月。原来以山水或者遗产为核心的观光旅游景区逐步转向观光休闲功能方向发展。

2.1 什么是旅游特色小镇

2.1.1 旅游特色小镇是什么?

通过《住房城乡建设部　国家发展改革委　财政部联合发出的关于开展特色小镇培育工作的通知》（建村［2016］47号）及国务院《“十三五”旅游业发展规划》的研究发现，旅游特色小镇是旅游发展过程中的一种空间载体，是一个聚焦特色产业，融合文化、旅游、社区功能的发展平台，总投资额通常在30～50亿元。

旅游特色小镇通常承载两个重要功能。一是跨区域的特色旅游功能区。依托跨区域的自然山水和完整的地域文化单元，建设一批跨区域的特色旅游功能区，使其成为特色鲜明、品牌突出的区域旅游业发展增长极；二是创建特色旅游目的地。依托特色旅游资源，打造一批特色旅游目的地，满足大众化、多样化、特色化旅游市场需求。

2.1.2 旅游特色小镇的作用和价值

从政策来看，2016年《住房城乡建设部　国家发展改革委　财政部联合发出的关于开展特色小镇培育工作的通知》(建村［2016］47号）中提出：加快培育1000个左右各具特色、富有活力的休闲旅游、商贸物流、现代制造、教育科技、传统文化、美丽宜居的特色小镇，文件措辞中“休闲旅游”排在首位。

国务院《“十三五”旅游业发展规划》要求旅游业要实现业态创新，拓展新领域。实施“旅游+”战略，推动旅游与城镇化、新型工业化、农业现代化和现代服务业的融合发展，拓展旅游发展新领域，而旅游特色小镇正是实施“旅游+”的有效手段。

从目前我国特色小镇的创建情况来看，无论国家第一批特色小镇建设，还是浙江省等地方特色小镇建设，旅游类小镇都是数量最多、地方积极性最高的特色小镇类型。说明无论是政策还是实际建设，旅游特色小镇都是特色小镇的半壁江山，在推进我国新型城镇化的过程中占有极其重要的地位。

从旅游特色小镇创建的意图和目的可以看出，旅游特色小镇一方面承担了激活区域经济的任务，建成后将成为区域经济发展增长极，另一方面承担了传承当地文化的主要功能，成为文化创意、文化传播的一个重要途径。与此同时，旅游特色小镇可以从另一个角度，利用乡村原有的农、林、畜、牧等农副产业通过旅游所形成的吸引力，拉动外来需求，实现就地升值。而旅游的根本是实现了从没人到有人这一拉动购买力的基本条件。

2.1.3 旅游特色小镇的特征

旅游特色小镇不是单一的旅游景区或是大型旅游项目，也不完全是建制镇，它是新型城镇化发展区、特色产业聚集区、区域特色旅游功能区三区合一，是旅、产、研相结合的新型城镇化模式（图2-1）。

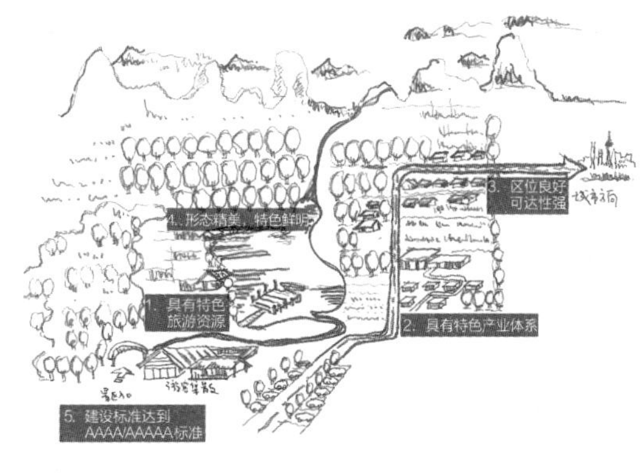

图2-1　旅游特色小镇的特征

主要有五个特征：

① 具有特色旅游资源。

② 具有特色产业体系。

③ 区位良好，可达性较强。

④ 建筑形态精美且特色鲜明。

⑤ 建设标准达到AAAA/AAAAA级景区的要求。

2.1.4 旅游特色小镇的分类特征

在第一批国家级特色小镇名单中，共有65个旅游类型特色小镇，对这65个旅游特色小镇的分析如下。

① 旅游特色小镇多分布在江苏、浙江，且多是非建制镇

旅游特色小镇在江苏、浙江分布较多，分别达到7个和5个，而这些地方的特色小镇多是非建制镇；其次是江西、湖南、四川、贵州和陕西，分别为4个（图2–2）。

② 旅游特色小镇地形分布特征不明显，较为均衡

从地形上对旅游特色小镇进行分析，发现山地、平原、丘陵各地形发展特色小镇较平均，其中丘陵略高（图2–3）。

③ 旅游特色小镇主要集中在城市近郊区和乡村地区

从旅游特色小镇的区位选择上来看，城市近郊区是旅游特色小镇比较集中的

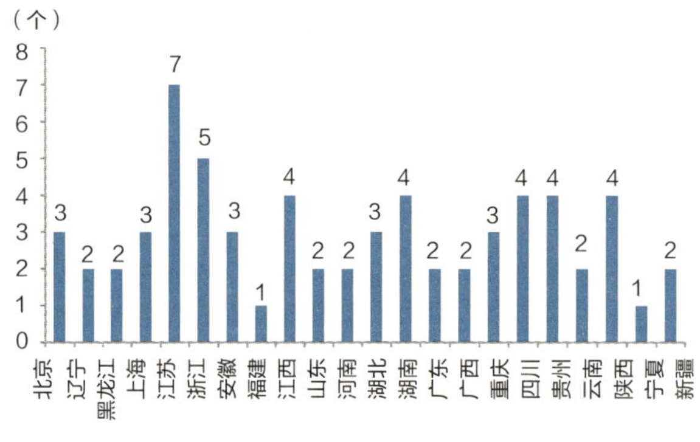

图 2–2 旅游特色小镇在各省市的分析情况统计

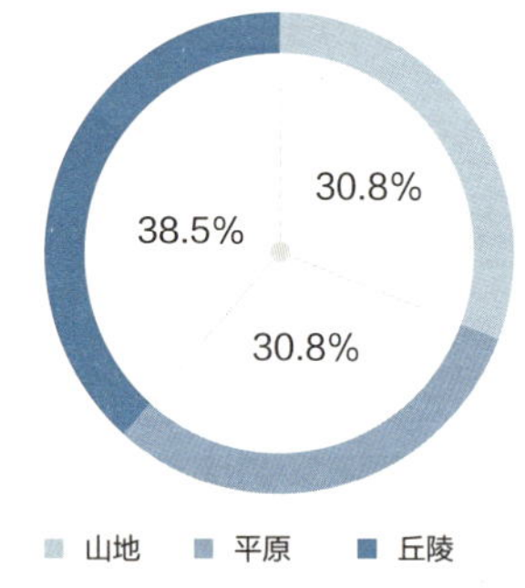

图 2–3 旅游特色小镇地形分布

地带，其次是乡村地区，这说明市场和资源是创建旅游特色小镇的关键因素（图2–4）。

④ 旅游特色小镇产业融合趋势明显，“旅游+”成为旅游特色小镇的主流

从产业融合角度进行分析，65个旅游特色小镇中大部分属于“旅游+”的范畴，占比72.3%。在产业融合领域中，“旅游+历史文化”最多，占38.5%；其次是“旅游+工业”“旅游+现代农业”（图2–5）。

⑤ 文化依托型旅游特色小镇最多，占比约41.5%

从旅游特色小镇的类型分析，文化依托型最多，占比约41.5%；其次是产业依托型和特色景观依托型，分别为30.8%和23.1%，表明历史文化是旅游特色小镇发展的主要内容（图2–6）。同时随着“旅游+”“+旅游”的多元融合，已经具有一定知名度和美誉度的特色工业、特色农业、影视产业成为推动发展旅游的新驱动。

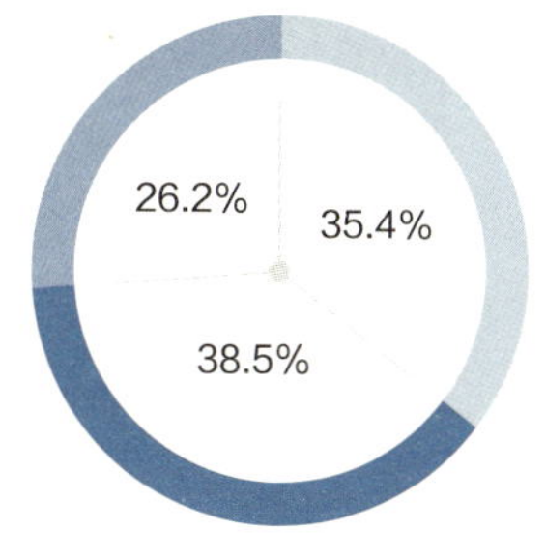

图 2–4　旅游特色小镇区位分布

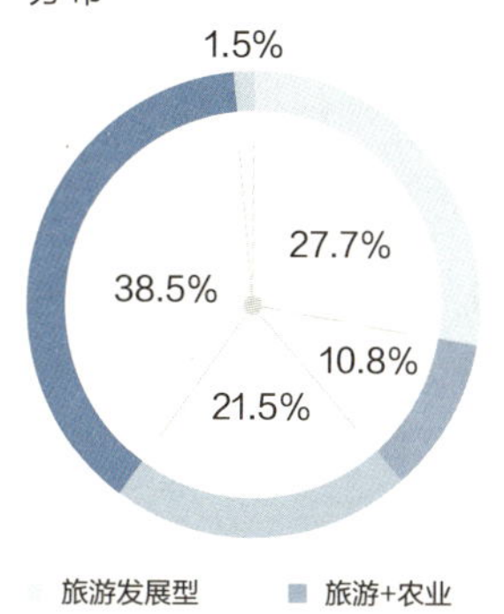

图 2–5　旅游特色小镇产业融合类型

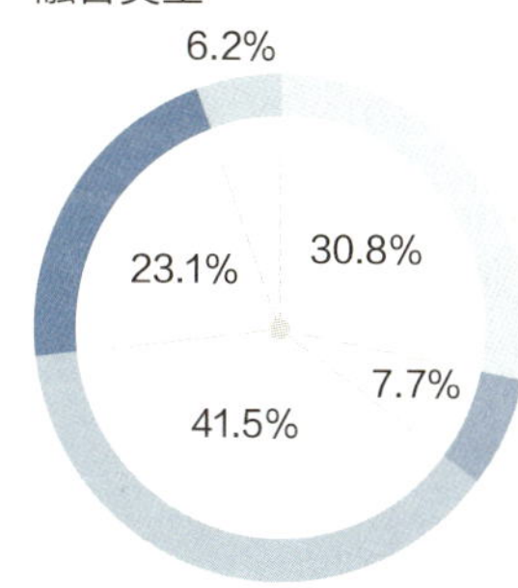

图 2–6　旅游特色小镇类型

2.2 旅游特色小镇的开发模式

当人们总是在感叹欧洲小镇如何迷人，而国内没有好的地方可以玩的时候，应当明白，欧洲很多小镇都是在中世纪就开始孕育了，随着时间的流逝，其结构与人们的需求没有发生本质上的变化。小镇只是在随着时代的进步不断更新其生活方式、提高便利程度，而本质的特色、环境，以及所能满足的基本生活需求，如食、住、行、就业、生产等，并未发生根本的变化。也正因如此，每当去到国外一个小镇的时候，总会感觉小镇本身是具有生命力以及自身魅力的。

在中国，由于大多数原本具有民风民俗或者历史风貌的行政镇或村落，随着新中国成立后的多次建设与整治，大部分已与小镇近乎千篇一律——2～3层的方形建筑，伴随着白瓷砖贴面，伴随着铝合金感十足的大门与窗户，成了随处可见的乡村风貌中主要的构成元素。于是，人们更多地对现有大部分中国小镇与村落，只能感受到中国，却很难感受到地方。

依照住房城乡建设部、国家发展改革委、财政部在全国范围开展特色小镇培育工作的目标，到2020年，要培育1000个左右各具特色、富有活力的休闲旅游、商贸物流、现代制造、教育科技、传统文化、美丽宜居等特色小镇。对于中国，我们一方面期待着有韵味、有生命力的特色小镇出现；另一方面，我们又在大规模、大批量地工业化“生产”小镇。因为依照这一大力发展特色小镇的政策来看，如果在3年全国同时培育1000个特色小镇，按照全国34个省、市、自治区来均分，平均每个省、市、自治区要在3年内完成近30个特色小镇的打造。姑且不考虑每个小镇的资金筹集能力及来源，只是特色打造与基础条件建设，就必将在3年后产生大量的同质化、平庸化、问题化特色小镇。虽然我们深信，无论是每年培育333个，分3年完成，还是3年同时打造1000个，对于全球第二大经济体的中国而言，不管是国土面积还是人口数量，1000个特色小镇是可以接受和消化的。但我们知道，一个产业从孵化到生长，再到盈利与拉动区域经济发展是一个漫长的过程，这一过程需要不断地建设、调整，以及发展。尤其是要培育1000个特色小镇，依照中国现有乡村的资本能力、管理能力、人才资源，这种“大跃进式”的构建模式是基本无法建立真正的“特色”小镇的。

如果在2020年完成，其最终结果按照成功与失败两个角度考虑。

若成功，则所有的小镇都很有特色；如果非常成功，则解决了中国很多城乡发展问题。

若不成功，结果可能有两个。第一种结果是，1000个培育出的特色小镇由于其发展速度与培育时间，或者培育方向的问题，会有一定数量的特色小镇在未来的发展中逐渐被淘汰，会产生一批“烂尾小镇”，而另一部分生存下来的特色小镇将愈发出色（因为不好的都被淘汰，能够生存下来的大都有其生存之道）。另一种结果是，1000个特色小镇都培育出来，并且在大量国家资金与社会资金的刺激下不断前行，那么，1000个的数量必然绕不开一个问题——后续的造血问题或者盈利问题。如果建设更多依赖政策与理想，那么盈利更多依赖的则是市场与现实。因此，当投资者与建设者面对着诸多矛盾确实准备迈出构建特色小镇这一步伐的同时，更多的是应该关注特色小镇在构建过程中，如何将其生命与韵味在最初融入我们的环境、建筑以及功能之中。虽然我们不能改变中国特色小镇打造过程中的“速度”，但我们可以选择特色小镇构建的路径。这一路径的选择会令我们最终获得不一样的结果。其实很多时候，往往机会就存在于众人所认为的不可能之中。

2.2.1 形态构建模式

VOD：Visual-Oriented Development，形态导向型发展

现行大部分的特色小镇构建模式更多的是VOD模式，即Visual-Oriented Development——形态导向型发展。大多数投资商为了便于尽快投入建设与使用，大多采用案例的方式来确定特色小镇的打造方向，比如看到国内某个知名小镇取得了某方面的成功，获得很好的年收益，于是便沿用其结构与业态比例、市场定位，以及空间形态，进行变化与改进。这种方法所需的研究成本较小，有大量的现成产品可供借鉴与参考。这种开发模式，更多的是从特色小镇的形态与可见的内容入手，以空间塑造及现有案例作为方向，其关注点大多在于建设本身。如图2-7所示，国内大部分的特色小镇源于一个区域政府的引导，立足开发者决策以及政府层面的双重意图而打造，最终产品容易与消费群体的诉求产生根本性的断裂。之后会令运营与持有者不断追加投资成本，对其市场兼容性进行改进。在运营端投下大量的人力、物力与财力，并且政府层面的建设信心也在不断衰减，以至于政府在引导下一个特色小镇的时候更为担忧与谨慎。

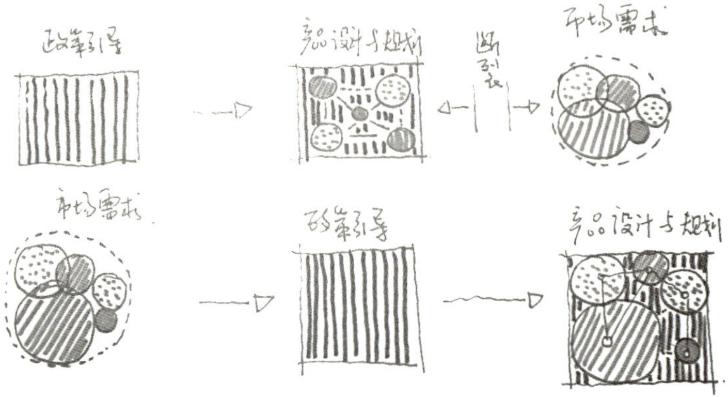

图 2-7　旅游特色小镇构建模式对比

2.2.2 特色构建模式

COD：Character-Oriented Development，特色导向型发展

如果说我们无法像欧洲一样，通过几百年去孕育一个小镇，那么我们至少可以在构建模式的层面选择正确的路径，去真正解决特色小镇所应具备的生命力与韵味。即COD——Character-Oriented Development，特色导向型发展。这一模式相比VOD模式，更多的源于市场、客群、需求、环境、资金等因素，通过对国内成功案例的成功原因进行分析与研究而取其成功之道，再结合自身政策情况与资源进行合理化设计。这一做法在前期会投入大量的时间与人力进行产品内容研究，后期以空间形态予以落地支撑。国内很多成功项目都采用了这一模式进行规划与落地，著名的有古北水镇、拈花湾等项目。

2.2.3 模式对比

这两种模式没有绝对的好与坏之分，或者说并不能简单地判断项目一定适合采取哪种开发模式，其原因在于开发者的意图与目的不同。虽然就最终结果而言，COD模式往往能够既获得市场的认可，又获得良好的美誉与口碑，同时也能很好地拉升区域发展以及环境的美化。但无奈其开发周期过长，细节要求过高，市场研究过于复杂，运管能力要求极高，使得这种开发方式很难适应中国大部分以现金流或短期收益暴增为目的型开发者。同时，由于中国本身的政府决策者任职时间的制约，很多即使有心开发这类项目的政府、投资者、设计者，也往往难以避免地走上初期雄心壮志，中期举步艰难，后期改变模式的“传统套路”。只有更好地明晰自我的开发意图、建设周期、资金回收方式，再决定开发所应选取的模式，才是在小镇开发初期所更应该思考和研究的问题。

这两种模式的开发路径既有相同的地方，也有不同的地方，具体体现在项目开发过程中的“三同三不同”（图2-8）。

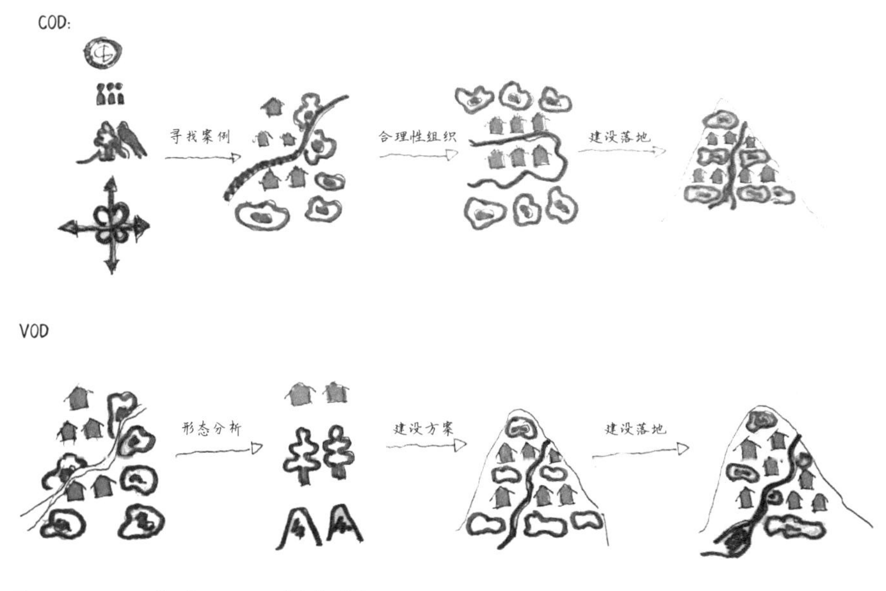

图 2-8　VOD 模式和 COD 模式对比

（1）三同

① 终极目的相同

无论在开发过程中选用哪种路径，或者哪种模式，其最终目的基本相同，即开发者资金对最大资金回报与风险的极大可控是投资者共同的追求，政府层面获得区域经济、社会、人文、就业的城镇发展目标，游客获得最佳体验与合理消费的诉求，这些都是特色小镇开发时多方所追求的目标。

② 开发素材相同

开发素材所指的不仅是现有的场地资源、环境资源、气候资源、人文历史资源等现实的硬性资源，同时也包括在开发过程中要完成的工作模块，例如投资收益预估、开发可行性分析、规划设计、建筑与景观设计、工程材料、施工等必需的工作模块。这些模块并不会因为开发模式的变化而省略或者变化。

③ 盈利模式相同

盈利模式主要来源于开发者、政府，以及区位所能提供的投入资金、政策条件和场地资源，这一基本条件并不会因为改变开发模式而获得根本上的改变，即使在其开发过程中，资金投入或者政策条件可能会发生某个层面的改变，但这些并不会因为开发模式的选择而产生本质上的变化。也正因如此，在开发者从最初确定了资金的投入方式以及未来盈利方式后，就基本上已经获得了相对固定的投资回报方式。

（2）三不同

① 开发效率不同

路径不同所能决定的最大不同就是开发效率，包括资金效率（资金的使用效率），时间效率、人员效率、项目推进效率等。

COD模式：在初期，需要投入更多信息收集、调研论证、方案研究等智力工作，但在开发工程启动时基本上已经具备了相对完整的思路与路径，这一路径已经形成闭环，无论是资金投入方式、市场客群，还是回收盈利，都已形成良好的对接，在建设期只需按部就班地关注执行力与时间节点控制，就可以相对可控地实现项目的有序推进。例如古北水镇，在初期，通过大量的分析、研究与探讨，已经明确了开发过程中市场客群定位以及这类客群所需的实质服务，之后在建设过程中尽可能通过硬件建设满足客群的软件需求。这一模式在建设及运营期可以极大地提高建设效率，项目方案也可以反复修改，更多的是在做锦上添花的工作，而并非本质性的变化。这也就是为什么当我们看到古北水镇有良好的水循环系统、良好的店铺组织与差异化布局的同时，我们却并没有看到古北水镇下部为了水利设施所投入的新建地下管廊宽高达2.2米×2米（这在整个北京都是绝无仅有的），店铺与客群的针对性，主力店与核心吸引物之间的距离等内容。其实，这些内容更多的是来自于对需求端的研究。

VOD模式：初期可以通过模仿、案例调研，以及拍照很快地获得某个景区的形态或成功案例的外观，可以通过极大地模仿减少一切前期所需的研究工作。但在后期，由于场地、环境等因素与模仿的案例有着本质性的差别，会导致大量前段所做的工作计划发生改变。这一改变对于开发者而言，不仅需要付出更多的时间成本、资金成本等现实成本，同时也使项目风险走向不可控的状态，因为这种开发模式下，一旦产生改变，基本上都是不得已而为之，也就是被动改变，是否定了上一阶段的工作。这种突发情况的大多数解决方式是选择屈从，或者放弃某个无法实现的部分而进行调改。调改过后的内容无法与之前的产品进行有机结合与衔接，很容易造成特色小镇的片段式开发。这也就是在中国经常见到同样两个景区产品，类型也基本相同，但是有的活得很旺盛，有的却奄奄一息。从根本上而言是产品与产品之间的结合出了问题，而这一问题一种是在最初就没有考虑，一种是考虑了但被现实情况所逼而接纳了不得不做的结果。

② 最终产品不同

COD模式：由于该模式基于市场客群、消费力、区域特点、场地环境、投资方与政府优势等诸多因素而推导出最终的产品设定，因此在产品确定时基本上每个旅游产品的特性、角色，以及体量都是明确的，很难在后期发生大幅度变化，如果调整某个产品，会令该产品以及其影响的一系列因素发生改变，这意味着在COD模式下，产品是一个有机的生命体，而这一生命体是依照某种合理的逻辑推导而产生。最初确定的产品基本上会在最终呈现出来，并且依照原有的设定进行运作。当然，不排除在设定的时候存在遗漏与偏差，但这种偏差的可能性相对VOD模式会小很多，也更加可控。

VOD模式：该模式下，基本上产品在初期的决策过程中由感性认知所决定，也就是说当开发者看到某个项目有成功的点，于是开始思考如何将多个成功的点进行融合与复制。由于缺乏研发过程以及漫长的思考论证，并不会觉得很多的点在形态层面上有问题，但在运营层面与市场层面就会发生极大的偏差。比如“拈花湾”，很多投资商希望建成像拈花湾一样的环境与感觉，但更应明白的是拈花湾背后的灵山大佛，如果在一个完全没有佛教依托或者依托很弱的区域，只是打造一个拈花湾，是否能够成功，其客源（包括佛教客源）又从何而来，这一系列问题都需要在宗教的依托上找到支撑，否则，仅仅模仿一个拈花湾更多的是移植一个环境，而很难复制一个成功。

③ 客群定位不同

COD模式：良好的客群支撑是一个项目成功的必要条件，但并非充分必要条件。COD模式能够精准地通过合理与有逻辑的分析判断出产品在设计时针对的客群与其支撑点（包括消费力、客流量、品牌宣传力等）。因此，对于COD模式而言，客群定位更多的是分析所得出的结果，这一结果很难由于开发者的一厢情愿而发生转移，因为其本身就是一个逻辑推理的最终结论。

VOD模式：由于该模式更多地采用对案例的复制与形态的模仿，因此在客群定位方面，更多采用经验进行判断，这种判断有时是准确的，但风险很大，因为客群定位决定了太多的项目内容，如产品的制定，产品卖给谁、怎么卖、卖多久、卖多少钱，如何营销、营销给谁，运营方式，管理方式，门票还是二次消费产品实现收益等一系列问题。所以当市场趋好的时候，或者说当中国旅游产品匮乏，需求量远大于供给的时候，客群定位的影响并不明显，而当市场逐渐下滑，供给提高，客户对产品的精细化要求越来越高的时候，客群定位的不准确或者混乱的客群引导就会导致整个项目的失败。

从项目开发的角度而言，似乎COD模式从设计到运营由于其重逻辑的特性，使得很多开发过程中的不确定因素得到控制，更利于项目开发。但从另一个角度而言，两种开发模式的对比如同中国与欧洲的大型公共建筑建设一样，以法国为例，一个市级图书馆从可研到设计需要2～3年的时间，对其建筑进行全方位设计、投资与运营的核算，在过程中不断修改与完善，而建设则需要3～5年才能完工，换句话说，一个法国的市立图书馆从开始到建成最快也要5年。而中国的一个市立图书馆从设计招标到建成可以在2年内完工，有的甚至1年就能供人使用。就这一现象而言，更多是由于不同国家所处的发达程度以及对物品的依赖度的区别而造成的。如果在中国，一个图书馆用了5年才建成，那项目本身从土地的机会成本与城市发展的需要层面上来看，已经是一个失败的产品，更何况5年前设计的项目，对中国速度而言，建成时或许已经过时，也许规划与城市建设都已发生翻天覆地的变化。所以，对一个高速发展的国家而言，项目推进速度有时候更加重要于产品或项目本身。客群的审美疲劳加上信息的更新换代，更快地结合市场推出产品有时候未必是一件坏事，即使产品本身可能存在很多弊病与瑕疵。

这也就是为什么说很难简单粗暴地评论VOD模式和COD模式到底哪一种更好，而在实际应用的过程中，我们发现更多的项目其实是介于两者之间的，只是相对更加倾斜于某一种模式而已。因此，就这两种模式对比而言，不同的项目还是需要对其本身进行评估，从而在最初选择一种适合开发者需求的方式进行推进。本书所要解决的更多的是让读者明白两种开发模式的区别与路径，以便更好地结合项目进行开发控制与路径选取；而并非盲目地去复制所谓的成功模式，或者一味地去追求理想的开发过程。

第3章

老镇新貌

旅游特色小镇的开发类型多样、手法不同，但就国内现有受欢迎的旅游类型特色小镇而言，其打造手法基本上可归结为老镇新貌型、死镇复兴型、主题新镇型、创意兴镇型四种主流类型。这四种类型分别代表了不同旅游特色小镇在发展的过程中，为了构筑其核心吸引力以及特色所采取的不同倾向。采用这种分类方法来分析旅游特色小镇，一方面是为了更好地看清一个旅游特色小镇从无到有或者从死到兴的过程，可以将注意力更多地集中在小镇的发展过程上，而不是仅仅作为游客去看其乐趣与特色；另一方面也可以基本上在不太重复的情况下覆盖国内现有较为常见的开发类型。当然，这些类型并不能涵盖国内所有的旅游特色小镇开发类型，但基本上能够活下来或者能够成功开发的类型基本上都在这四类之中。我们更愿意去研究这类成功的案例并不是说失败的案例不重要，只是成功案例的模式相对更容易复制与学习，具有更好的推广性，而失败案例之中常伴有其个别因素或特殊原因。

3.1 模式解读

绝大部分的游客在旅游的时候愿意选择历史遗迹型景区或景点作为其旅游过程中不可或缺的内容，主要源于这类景区的历史、文化、形态等内容由于历史原因更容易呈现唯一性，大到世界级古迹，如故宫、卢浮宫、吴哥窟、金字塔等尽人皆知的历史遗迹；小到墓穴、石碑、名人出生地、寺庙等旅游景点。

这类游客的旅游特点在旅游特色小镇之中也颇有体现。如我们熟知的乌镇、束河古镇、平遥古城、凤凰古城等本身就已经是著名的旅游景区，在休闲、度假游客之中深受欢迎。这类老镇新貌类型的景区由于其本身的受关注度已经很高，因此在打造的过程中很容易在市场上产生“话题”与“新闻”。即使这些新闻有时候不一定都是正面的，但就旅游的关注度而言并非坏事。如同一个没有去过凤凰古城的人不会因为新闻上讨论古城是否应该收费而选择放弃其行程。

3.1.1 什么是“老镇新貌”

老镇新貌指依托原有的古镇资源，面向大众旅游市场，进行的一系列旅游开发。“老镇”指各类古镇，有的古镇其建筑、街巷肌理、景观等保存完好，甚至原有的生产生活依旧存在；而有的古镇则留存不多，只有一些街道或者建筑，甚至只留存了原址而已。在进行旅游开发的时候，保存相对完整的古镇，其保护、修缮的难度较低，能更好地复原、展示原有风貌，因此开发起来相对容易一些。“新貌”也就是通常所说的“旧瓶装新酒”，是在原有古镇基础上进行的旅游开发，具体包括新业态设置、新产业布局、新风貌构建等方面，现在市场上知名的乌镇、南浔古镇等都属于此类型。

3.1.2 项目选址

老镇新貌型的旅游小镇更多地依托于古镇而建，在选址上没有太多的自主权。我国古镇数量庞大，江南古镇尤其多。但是开发哪一个古镇是一个有选择的行为。因此，在选择古镇进行旅游开发的时候除了会选择资源唯一性、稀缺性好的，保护相对完整的古镇外，面向客源市场，选择具有区位优势的古镇进行旅游开发也是开发主体需要考虑的关键因素。

3.1.3 发展特征

（1）古镇的开发与保护是永恒主题

古镇旅游开发，保护与利用是永恒的主题。更好地保护是为了永续地利用，与此同时，有效的利用是最好的一种保护方法。古镇往往因其古老的建筑和弥足珍贵的价值而闻名，同时，也因其古老而暴露出基础设施建设先天不足的问题，成为社会各界、新闻媒体关注的焦点，成为老镇保护、管理和利用中最大的瓶颈制约。古镇在规划建设之初，要学会运用减法去新留旧，统一建筑风格，拆除不符合古镇风貌的建筑，保留能够体现文化符号的古建筑和老街，修旧如旧，为游客提供一个独特的空间载体。

在“修旧如旧”的同时，还要“喜新恋旧”，对老镇进行风貌整治，如“管线地埋”“改厕工程”“清淤工程”“泛光工程”“智能化管理”，为游客建造一个舒适的旅游空间。如乌镇的西栅就完整地保存了精美的明清建筑30余万平方米，横贯景区东西的西栅老街长度达1.8公里，两岸临河水阁绵延1.8公里余。内有纵横交叉的河道近万米，形态各异的古石桥72座，河流密度和石桥数量均为全国古镇之最。

此外，古镇的旅游开发绝不是单纯地将一个建筑群放到游客面前，而是要把一个古镇文化多元化地展示在游客面前。众多游客表示大多著名的景点并没有给他们带来震撼的感觉，是因为他们没有感受到其中所蕴含的文化。所以，让游客们体验到古镇生活的魅力才是打造古镇类旅游小镇的重心。如乌镇为了达到“四个最”（即保护最彻底、环境最优美、功能最齐全、管理最科学）的目标，实施了遗迹保护工程、文化保护工程、环境保护工程三大工程。

（2）明晰产权模式是核心问题

清晰的产权结构为旅游小镇的后期运营奠定了基础，明确的产权归属从根本上防范了古镇在开发过程中因产权不清或拥有多个所有者所产生的各种问题的发生，清晰的产权结构使得小镇的经营管理者责任明确，能进行整体的规划开发。如乌镇、古北水镇都属于这一类型，前期获得整体产权是其能够获得成功的关键。

（3）新型产品与新业态是古镇 IP 建设的主要内容

多数古镇原本的功能是当地居民的生产生活场所，有的古镇将其原本的功能延续至今，有的古镇则由于各种原因逐渐败落甚至面临荒废的局面。古镇开发旅游之后，基本功能也会发生相应的转变，由原来的生产生活场所转变为承载游居共享，甚至是以旅游为主的空间载体。古镇的旅游开发，主要包括古建筑的整修、古镇肌理格局的重塑、古镇业态产品的更新、古镇旅游开发产权运营模式的建立等方面。其中业态产品升级又是吸引旅游者前来观光度假的核心内容，也就是我们所说的古镇IP建设，古镇IP建设的主要方法就是通常所说的“旧瓶装新酒”。

3.1.4 核心诉求

老镇在旅游开发者的眼中大多是“潜力股”或者“富二代”。对于这类老镇新貌类型的旅游特色小镇，在打造时，其实更多地应该将注意力放在如何避免失误与过错，而非如何将更多的开发者（当地政府、投资企业等）主观意图加入其中。因为这类古镇本身就有一定知名度与性格特点。盲目依照开发者的喜好进行打造与开发反而容易造成原有特色丢失，使游客原本想看的东西看不到，不想看的同质化内容一大堆。另外，如果一旦其发展方向定位失误，由于其本身的知名度会令过错更加放大，反而让美誉度下降。

所以，对于这类古镇的开发，建议更多地从其本身固有的历史文化入手，更多地将开发与思考放在如何延伸、放大或者深挖其原有的内容与内涵上，将其性格特点与古镇特色更加全面地、保留原真地、多种方式地向游客展现出来。

3.1.5 COD特色导向型模式开发建议：五个加强

由COD特色导向型模式开发入手，以保留与发挥特色为目的，其开发关注点可以概括为5个加强。

① 加强人力运管构建

运管模式的研发、人力资源的提升是提高游客感受度的关键，历史类景区容易产生管理老旧化、人员积极性不高、习惯靠山吃山的现象。因此，对于老镇新貌，人力的更新是实现老镇新貌的前提条件。

② 加强历史文化展示

许多好的老镇都有很多故事，然而大部分故事不是写在墙上，就是靠导游或当地人讲解。这种方式对于文化的传播是非常不利的，更多的应该是将文化通过多样的形式展示在每一处小镇景观上、道路上、花草树木上。这种文化的展示更多地给人们带来的不是说教，而是理解与感受，这也是突出历史文化型特色小镇的核心要素。

③ 加强互动体验感受

体验与互动更多的是让游客来到小镇感受生活的过程。老镇大都具有这种人文与生活的本源。只要将其最大化发挥，就可以很好地让人们感受到老镇的魅力。有时候过多的高科技与声光电反而会令生活景点化、品质浮躁化。

④ 加强风貌特色表现

老镇新貌中的新貌，一方面是由运管，文化活化而产生的全新感受，另一方面则是原有面貌的更新与改善。值得注意的是，在风貌改善的过程中，更多的应该是结合其根本特色做减法，减去不必要的元素，外来的、纷扰的杂音，令原本的韵味更好地体现出来。如果确实不知道该如何增加，最好的办法就是保持原味与本真，这样远远好过一堆来自大城市的建筑元素。在这一点，台湾与日本的做法是非常值得借鉴的。

⑤ 加强基础设施建设

虽说游客喜欢古朴、纯真，但真的让游客完全融入和适应古代人的生活显然是不现实的。大部分游客所喜爱的是对情调的感受，而不是生活的不便利。因此，我们更希望老镇新貌能够在体现犹如别墅一般的高品质生活的同时，又能呈现最质朴的原始纯净（图3–1）。在这一点上，就建筑单体而言，悦榕庄、安曼系列都已走在前列。

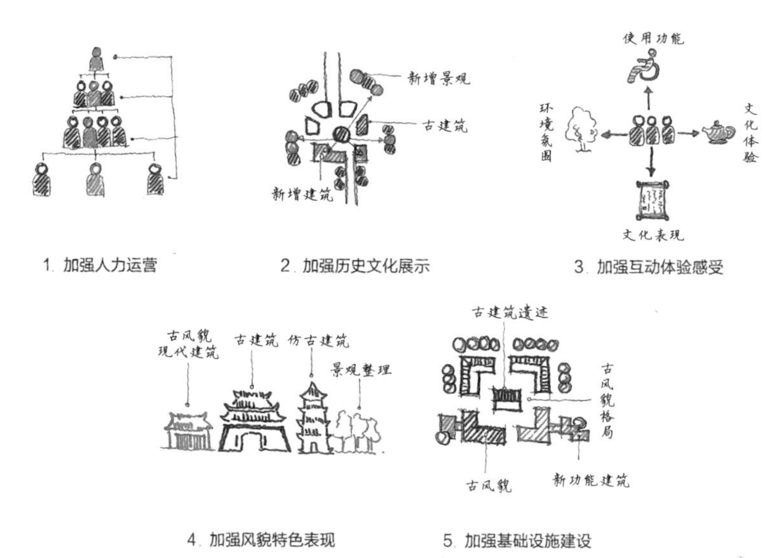

1. 加强人力运营　2. 加强历史文化展示　3. 加强互动体验感受

4. 加强风貌特色表现　5. 加强基础设施建设

图 3–1　老镇新貌 COD 模式开发建议

3.2 经典案例

案例1 乌镇，从观光旅游到文化古镇的蜕变

基本信息

地点：位于浙江省嘉兴市桐乡，地处江浙沪“金三角”之地、杭嘉湖平原腹地，距杭州、苏州均为60公里，距上海106公里

面积：乌镇镇域面积110.93平方公里，常住人口8万人，辖4个社区和26个行政村

投资：总投资近20亿元

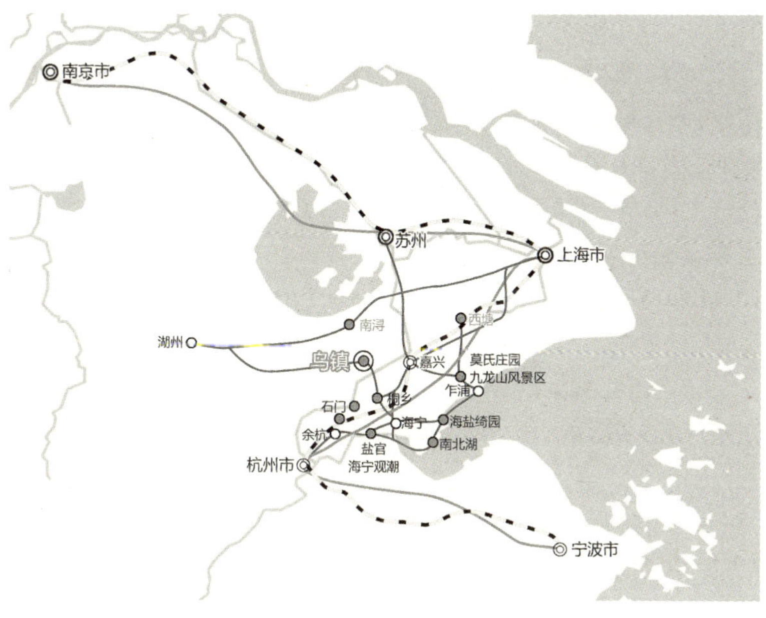

图3-2 乌镇区位图

坐落于江浙沪“金三角”之地，素有“中国最后的枕水人家”之誉的浙江桐乡乌镇，是首批中国历史文化名镇、国家AAAAA级景区、中国十大魅力名镇和全国环境优美乡镇（图3-2）。从最初类似于江南芸芸古镇的初级观光型古镇，到最

后脱颖而出，现如今乌镇每年接待的游客数量已达到600多万，乌镇经历了从观光型古镇到度假型古镇，再到文化型古镇的蜕变。

（1）资源基底

乌镇是典型的江南地区的汉族水乡古镇，也是江南六大古镇中最具代表性的一个，素有“鱼米之乡，丝绸之府”的美称。镇区内河网密布，民居临河而建，保留了独特地方习俗和文化传统的历史街区，真实体现了浓郁水乡风情和深厚文化底蕴。据考证，乌镇是中国最早修“镇志”的镇。古往今来，人文荟萃，在1300多年的悠久历史中，这里诞生了诸如茅盾、沈约、梁昭明、鲁迅等名人大家，而且全国重点文物保护单位——茅盾故居及翰林第、修真观戏台、昭明太子读书处等名胜古迹也坐落于此。

图3-3　水乡乌镇　徐晓东/摄

① 鲜明的江南水乡特色

乌镇具有江南水乡特有的特色，即“小桥、流水、人家”，这种特色也成就了乌镇的旅游业。

a. 乌镇自古以来，桥梁众多，旧时就有“百步一桥”之说，桥最多时达120多座，现存古桥30多座。其式样因具体地势不同而呈纷繁之象，尤以“桥里桥”最为著名。

b. 镇内河网密布，港汊纵横，形成典型的江南水乡风情，在给乌镇注入活力的同时也创造了乌镇特有的水乡文化。

c. 特有的水乡风情塑造了不同的民居风格——水阁。“家家面水，户户枕河”是江南水乡古镇相似之处，但此地却有一部分民居用木桩或石柱打入河床中，上架横梁，搁上木板，造成“人在屋中居，屋在水中游”的“水阁”，这即是乌镇的“水上吊脚楼”。

② 悠久的历史文化

a. 悠久的历史。据传，春秋时期乌镇为吴越疆界，吴国在此驻兵以防备越国，“乌戌”就由此而来；唐咸通年间始建镇；南宋嘉定年间，以车溪为界分为两镇，市河以东称乌镇，市河以西为青镇；新中国成立后，乌青两镇合并称乌镇，隶属桐乡市。迄今为止，乌镇已有6000年的历史。

b. 深厚的文化底蕴。乌镇文物古迹众多，宋时已为江南名镇，并拥有八大奇景——古山云树、觅水风帆、双澳佑月、两镇苍烟、南郊春仓、西林爽气、仙桥巧田、佛寺晨钟。同时，乌镇也是一个文化古镇，历来名人荟萃，从1000多年前中国最早的诗文总集编选者梁昭明太子到中国最早的镇志编撰者沈平，不胜枚举。据《乌青镇志》记载，乌镇自宋代至清代出过64名进士、161名举人。近、现代更有文学巨匠茅盾、政治活动家沈泽民、农学家沈丽英、漫画家丰子恺、海外华人文化界传奇大师木心……其中尤以茅盾最为著名。

c. 个性文化的发扬。乌镇在充分展现江南水乡共性的基础上，也十分注重突出个性。重现拳船表演、元宵走桥、瘟元帅会、皮影戏、香市等传统节日，对布鞋、丝绵、乌楠木雕、竹刻、蓝印花布、姑嫂饼等地方民俗文化特色进行了深入挖掘，都为旅游业的发展注入了不少活力。

（2）乌镇四大“新”

① “新”产品

a. 乌镇初期：建设旅游观光小镇

有着1300多年建镇史的乌镇，具有典型的江南古镇特点，“十”字形的内河水系将全镇划分为东南西北，即“东栅、南栅、西栅、北栅”四个区块。

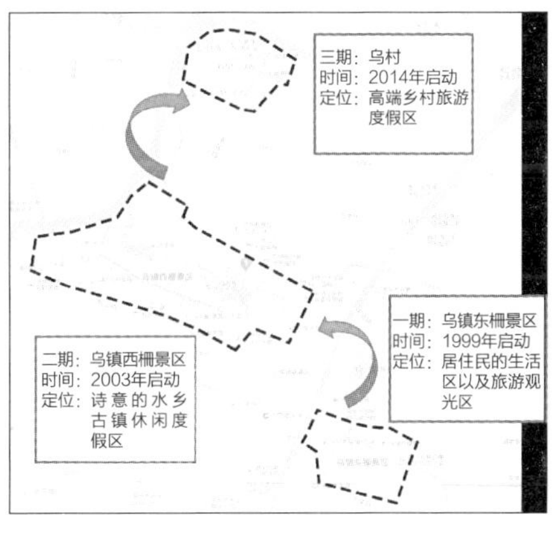

图3-4 乌镇建设时序图

1999年，经过周密调查，制订了《乌镇古镇首期整治保护总体规划》和详细的修复与整治方案，开始实施乌镇古镇保护与开发的东栅工程，简称“东栅景区”。在规划的全面实施过程中，乌镇为了达到“四个最”（即保护最彻底、环境最优美、功能最齐全、管理最科学）的目标，具体实施了遗迹保护工程、文化保护工程、环境保护工程“三大工程”，在全国古镇、古城保护中，乌镇首创和成功运作了“管线地埋”“改厕工程”“清淤工程”“泛光工程”“智能化管理”等保护模式，保留传统手工艺作坊，保留古镇“小桥、流水、人家”的整体水乡风貌，不修建大型酒店，不引入夜游项目，确保当地居民正常生活。

2001年，乌镇保护开发一期工程东栅景区正式对外开放，以其原汁原味的水乡风貌和深厚的文化底蕴，一跃成为中国著名的古镇旅游胜地。乌镇对古镇保护开发方式的有效探索，也受到了专家和同行的肯定，被联合国专家考察小组誉为中国古镇保护之“乌镇模式”。

b. 乌镇升级：打造休闲度假小镇

虽然乌镇一期保护工程东栅景区很成功，但由于其面积只占乌镇总面积的四分之一不到，乌镇还有大量的经典明清建筑群尚待保护修复，加上受地理环境的限制，无法为游客提供更完善的服务，所以乌镇从2003年开始，启动省级重点项目——乌镇古镇保护二期工程——西栅景区。

图 3-5　乌镇（一）　徐晓东 / 摄

相对一期保护开发工程，二期西栅景区的保护开发更加完善彻底，人和环境、自然、建筑更为和谐。景区内保存有精美的明清建筑30余万平方米，横贯景区东西的西栅老街长度达1.8公里，两岸临河水阁绵延1.8公里余。内有纵横交叉的河道近万米，形态各异的古石桥72座，河流密度和石桥数量均为全国古镇之最。景区北部区域则是5万多平方米的天然湿地。一、二期景区最大的区别在于，一期是个与其他古镇类似的“观光型”景区，而二期则是一个“观光+休闲体验型”水乡古镇景区，古镇不再仅仅是一个“活化石”“博物馆”，而是完美地融合了观光与度假功能，成为一块远离尘嚣的安谧绿洲。至此，乌镇真正成为观光、休闲、度假、商务活动的最佳旅游目的地。

西栅风貌是乌镇古镇风貌保留最好、最大的区域，但同时离交通中心有段距离，破坏程度超过东栅，产权复杂。针对自身问题，西栅的开发呈现如下特点。

第一，整合产权、统一管理。西栅开发吸取东栅经验，对整个西栅的原住民房屋产权进行收回，统一规划，开展管线地埋、改厕工程、河道清淤、智能化管理、泛光工程等。同时为规范市场秩序，进行统一管理，制定标准，限定物价，提供精准化服务。

第二，修旧如旧，统一风格。运用减法去新留旧，统一建筑风格，拆除不符合古镇风貌的建筑，保留大量明清古建和老街长弄，并以园林、田园、水系连接起任何一个地点，真正体现中国江南水乡古镇风貌。

第三，动静分区，一店一品。西栅开发实行动静分区，河岸北侧为动，河岸南侧为静，实现酒吧休闲区与民宿、会所分区设置，满足不同人群的需求。同时拒绝雷同商品，保证差异化发展，确保一店一品。

第四，融入文化，挖掘民俗。充分挖掘当地民俗文化，举办四季节日，恢复香市，重现旧时长街宴，实现文化传承，引爆人气。

对乌镇西栅保护与开发工程，我国著名古城建专家阮仪三评价说："乌镇西栅为全国的古镇保护树立了榜样，将成为中国古镇保护进程中值得推广的典型。"

c. 乌镇丰翼：乌村高端乡村度假区

2016年1月9日，以田园风光为主题的休闲度假村落——乌村在桐乡市乌镇开业。乌村位于乌镇西栅历史街区北侧500米，系紧依京杭大运河而立的历史古村落，总面积450亩。由乌镇旅游股份有限公司投资2.5亿元，以江南原有的农村风情为主题元素，保留了原有老房屋建筑面积1600平方米，在原有的基础上新增房屋建筑1800平方米，形成了不同的农村风情的民宿，共计7个主题风格——渔家、磨坊、酒巷、竹屋、米仓、桃园以及知青年代，以独立的院落为主。目前共计客房186间，项目从2014年4月开始启动，全村围绕江南农村村落特点，以精品农产品种植加工区、农事活动体验区、知青文化区、船文化区构成四大板块，内设酒店、民宿、餐饮、娱乐、景观等一系列适应游客"吃住行游购娱"的配套服务设施，将与乌镇东西栅景区联袂互补，成为古镇古街古村落的新型旅游度假目的地景区，是活化古村的典范。

乌村，使得乌镇在古镇、古街、古村形成了契合、配套以及优势互补，打造集生态饮食、田园乡村情趣、互动体验于一体的小批量、个性化、定制化、多元化服务。乌村结合了乌镇旅游品牌效应及优美的生态环境，在已有的老街、水乡等度假产品的基础上，结合乌镇的农耕文化、运河文化和乡村文化，研发出更丰富、更实际、更生态和更健康的旅游产品。同时，也是融入新时期“维护自然生态环境、人与自然和谐相处、再现历史村庄旧貌、营造乡村旅游样板”新理念和新模式的需要。在古镇旅游的基础上拓展乡村旅游，从而与乌镇东、西栅古镇休闲度假区形成互补，并充分发挥协同作用，打造美丽乡村旅游示范点，成为古镇古街古村落的新型旅游度假目的地景区，以实现古镇旅游和乡村旅游双丰收。

② “新”业态

新型度假业态主要集中在西栅景区，西栅大街作为主轴，将景区分为南北两大片区，包括住宿设施、餐饮设施、娱乐设施、购物设施、景点等项目，共157项。从西栅的业态比例可以看出西栅以餐饮和购物为主，住宿、餐饮、娱乐及购物的比例约为13：33：22：33（图3-6）。

a. 乌镇住宿业态中，以度假酒店为主，占50%，同时还分布着大量特色鲜明的民宿

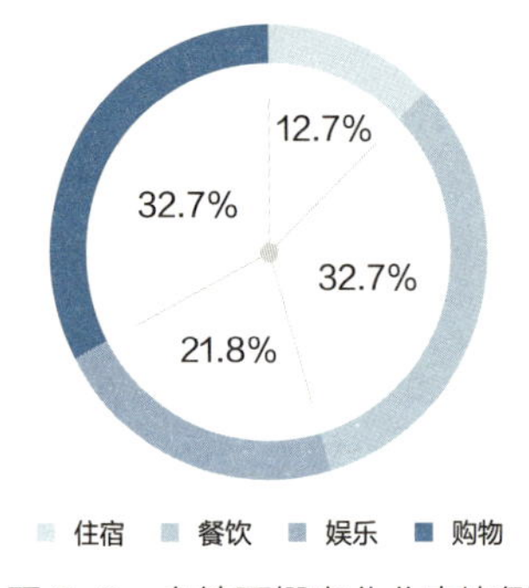

图 3-6　乌镇西栅商业业态比例

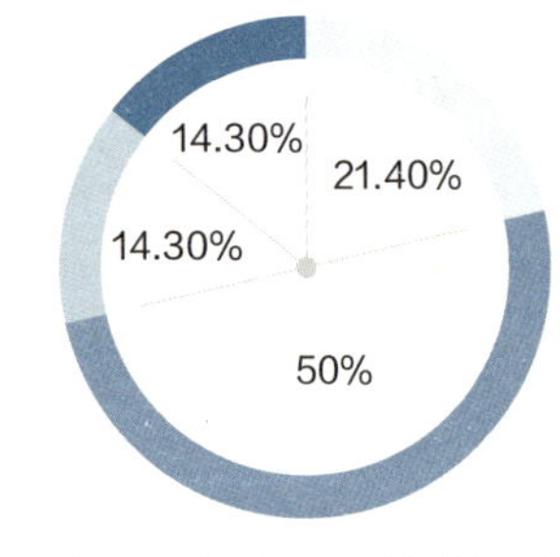

图 3-7　乌镇住宿业态比例（乌镇民宿除外）

从图3-7可以看出，乌镇住宿业态以度假酒店为主，占50%。另外，除了度假酒店、乌镇行馆、青年旅馆、经济酒店之外，还有大量的乌镇民宿分布于西栅景区内西市河的南北两岸，共449间（套）客房，房型65种，有标准双人房、大床房、三人间、家庭房、自助房等；装修风格家家各异，每间客房都配有现代化的

生活设施，统一规范经营，房东亲情服务，在古老的砖木瓦房中尽享现代生活的安逸。2011年，乌镇民宿获得国际饭店餐饮合作媒体、美国《酒店》中文版等媒体评选的“我最喜爱的特色酒店”桂冠。

b. 乌镇的娱乐业态设置以传统体验为主，如拳船、皮影戏、花鼓戏、高杆船等

通过对乌镇的娱乐业态进行分析，发现传统体验的项目最多，其次是剧院，这些活动和场所一方面丰富了游客的旅游体验，同时让游客积极参与其中；另外，酒吧、咖啡馆、茶馆也是重要的娱乐场所（图3-8）。

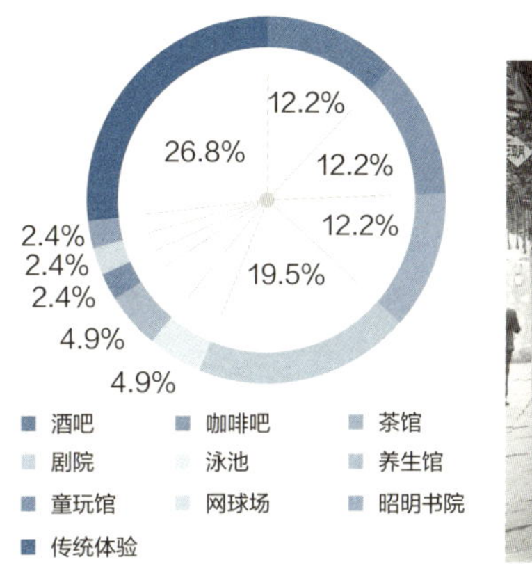

图 3-8　乌镇娱乐业态比例

图 3-9（二）　乌镇　徐晓东 / 摄

c. 乌镇餐饮设置非常丰富，有高、中、低档各种餐馆，沿老街还分布着各种特色小吃

乌镇的餐饮设置既有传统中国菜馆，又有江南特色餐饮，如乌镇书生羊肉馆、辣乌镇菜馆；还有国外精品餐厅，如国际互联网宴请厅淡茶饭；同时，沿着老街还分布着各种特色小吃，如永坪粉团铺、锦记糕点铺等。尤其是在乌村，可以随时随地品尝江南的各种美食。

③ “新”产业

a. 旅游与文化艺术融合，提升小镇的文化生命力

2010 年，著名文化人士黄磊、赖声川、孟京辉等人牵头组织和策划举办了乌镇国际戏剧节；2015 年，陈丹青和冯博一等重量级的大咖策划了“乌托邦 · 异托

帮——乌镇国际当代艺术邀请展”。豪华的艺术家名单、策展团队和强大的媒体造势，使乌镇一时间成为世界戏剧界、艺术圈的时尚话题，去乌镇看当代国际戏剧和当代艺术展变成了当下城市市民和文艺青年的时尚选择。“乌镇大剧院”和“木心美术馆”等文化场所的建成开馆及成功运作，使得乌镇霎时间名扬海外，成为中国跨界小镇、特色小镇的先锋。

b. 旅游与互联网融合，加速智慧型深度体验游升级

乌镇紧抓世界互联网大会和互联网时代的发展机遇，以创新和融合为手段，充分发挥“互联网+旅游”的融合催化效应，依托世界互联网大会平台，以互联网创新体验为主题，打造互联网产品体验区、数字文化体验空间和互联网文化节等全新的互联网创新体验旅游产品，同时还进一步推动乌镇旅游大数据开放共享，搭建开放式的旅游创新平台，形成线上与线下融合互动的综合旅游服务体系。

c. 旅游与农业融合，打造中国乡土隐居地

作为乌镇旅游第三期工程，乌村紧邻乌镇西栅，位于沪苏杭旅游黄金三角地核心区，坐拥中国最优质的客源地、最具特色的江南水乡风景名胜、游客爆棚的AAAAA级景点。乌村代表的新型乡村旅游和庄园经济，与东栅、西栅代表的古镇旅游相比较，风格迥然不同。同时，乌村提供的乡村农俗和原生态自然体验，完全可以成为现有景区文化体验的补充。乌村从创建之初，就代表了中国最高水准的乡村旅游开发形态。

④ “新”风貌

a. 注重古镇的风貌保护，创意提出“五字法”

乌镇创意地提出“五字法”，即“迁、拆、修、补、饰”。“迁”，就是搬迁历史街区内必须迁移的工厂、大型商场、部分现代民居，从而实现腾笼换鸟；“拆”，即运用减法原则，拆除不协调建筑、新建筑、保留老建筑，力争实现古镇建筑风格统一；“修”，用旧材料和传统工艺修缮破损的老街、旧屋、河岸、桥梁等；“补”，恢复或补建部分旧建筑，填补空白，连缀整体；“饰”，各类电线、管道全部地埋铺设，空调等现代设施全部遮掩，打造入地工程，同时任何建筑内都配备取暖供冷设备，以木制格栅装饰。

b. 保护利用历史建筑，重塑历史街区功能

目前，乌镇尚有大量的明清经典建筑群有待保护修复，在乌镇古镇保护一期

工程成功运作后，开始逐步更大更深层次地对二期西栅进行规划。规划秉承“保护利用历史建筑，重塑历史街区功能”的理念，较一期保护开发工程，二期西栅景区的保护开发更加完善彻底，人和环境、自然、建筑更为和谐。与一期工程的“观光型”景区相区别，二期是一个中国罕有的“观光加休闲体验型”古镇景区，完美地融合了观光与度假功能，街区内的名胜古迹、手工作坊、经典展馆、民俗风情、休闲场所让人流连忘返，自然风光美不胜收，泛光夜景气势磅礴。还有各类风格的民居特色客房和各种档次的度假酒店，多家设施齐全的会议中心和商务会馆，可供800余人住宿和使用；游客服务中心、观光车、观光船、水上巴士、直饮水、天然气、宽带网络、卫星电视、电子巡更、泛光照明、星级厕所和智能化旅游停车场等配套设施一应俱全，整体上创建了一个食宿游购逐渐完备的新型古镇社区。乌镇在历史建筑、文化遗产保护的实践道路上，最可贵的是能够着眼未来，为历史街区功能的重新焕发作了独特而又创新的实践。

（3）运营升级

乌镇旅游公司统一负责东栅和西栅的运营管理。在游客中心成立团队，设立散客住宿接待咨询处，统一管理游客的住宿服务，接受游客的预订、缴费等业务。

①运营情况

a. 2010～2015年，乌镇景区持续呈现快速增长趋势；2015年，西栅首次超过东栅景区游客量，六年间的年均复合增长率达15%

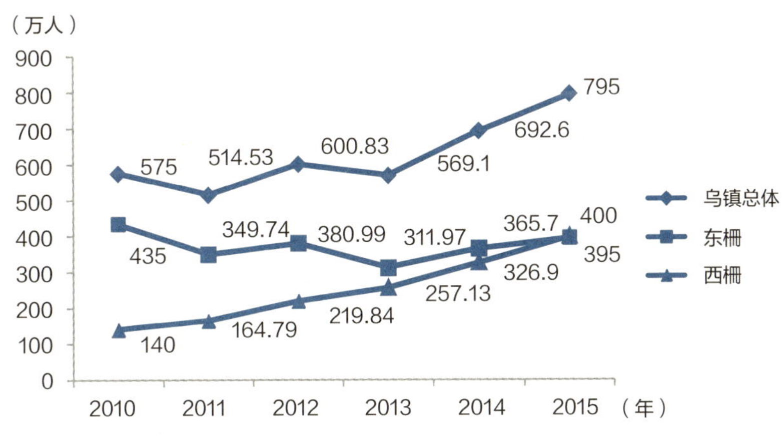

图3-10　2010～2015年乌镇景区旅游接待情况

从游客量来看，2010年，乌镇游客量规模受世博会影响创历史纪录后，游客增速有所回落；但随着2014年、2015年两届戏剧节的举办和世界互联网大会的召开，游客量又出现稳步回升。

从图3-10可以看出，乌镇景区持续呈现快速增长趋势，尤为突出的是西栅景区人数增长明显，2015年游客量达400万人次，比2010年增长286%，并且首次超过东栅景区游客量；根据其最新的城镇总体规划，2030年乌镇全镇域年旅游接待人次为1200～1300万，按照当前的发展势头，这一目标达成的时间节点很有可能会大大提前。

b. 2015年年报显示，乌镇景区2015年全年实现营业收入11.35亿元，净利润4.05亿元，分别实现同比增长17.38%与30.12%，净利润率更是达到了35.68%

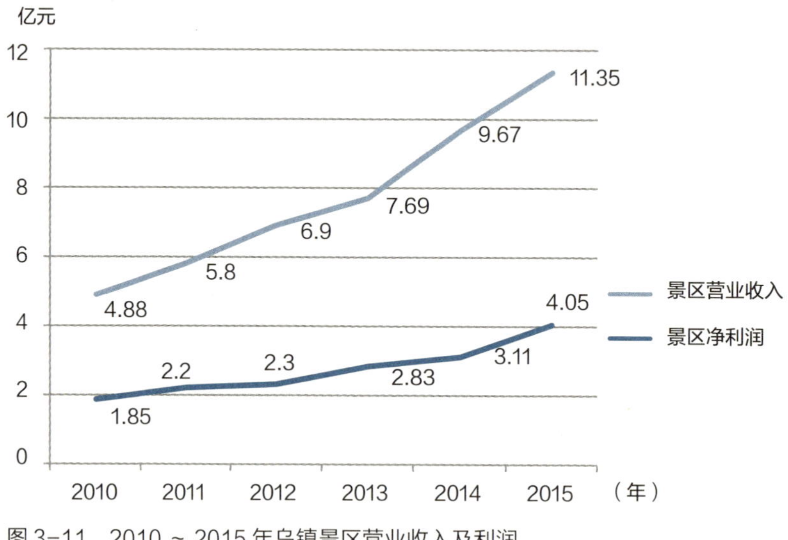

图3-11　2010～2015年乌镇景区营业收入及利润

根据中青旅2015年年报，乌镇景区2015年全年实现营业收入11.35亿元，净利润4.05亿元，分别实现同比增长17.38%与30.12%，净利润率更是达到了35.68%。

从数据可以看出，2010～2015年，乌镇景区的营业收入与净利润逐年上升，并且通过与中青旅的营业收入对比可以发现，乌镇已经成为公司最主要的利润来源，其净利润在公司净利润中占比很高（图3-11）。2012年景区业务归属母公司股东净利润占比首次超过40%。并且景区业务营业稳定，营业收入和净利润都呈逐年稳步递增状态，且景区业务和酒店业的毛利润较高，如景区各年毛利润均在80%左右。

② 整体产权开发模式

乌镇最核心、最难以复制之处在于“整体产权开发”，即“整体产权开发—整体规划并统一规范管理—景区风貌和功能统一协调—突出休闲度假和商务功能—与周边景区形成差异竞争—度假人数和人均消费持续增加—形成影响力并创造重复消费”。因此，乌镇目前已成为复合式的旅游地，乌镇旅游的收入结构逐渐从以景区门票为主转向门票、酒店、餐饮、房产以及政府补贴等多元并立，进而打造旅游、餐饮、会展、商贸综合产业连锁。这个模式在西栅景区尤为显著。由于乌镇旅游公司买断了西栅居民的居住产权，西栅景区由居民世代生活的社会空间完全成为以商业利益为主的江南水乡主题景区。西栅景区内的店铺、民宿、酒店、民宿体验等一系列项目活动都完全由乌镇旅游公司一手策划包办。从民宿老板、卖爆米花和冰棍的小贩、摆摊的鞋匠到店铺里制作小食的厨师、制造竹蜡蜡的手工艺人等所有在景区内的服务人员都是乌镇旅游公司的职员。可以说，大家都在景区里各自扮演着规定需要其扮演的“角色”，都可看作是在进行民俗表演。

③ 乌镇的 PPP 开发模式

乌镇景区与资本完美嫁接，开创了中国第一个具有实际意义的旅游PPP项目。乌镇的独立式景区管理是最明晰的，且两个景区既有独立性又有关联度，在一定程度上也增加了客源和利润点。同时，也不会被产权问题困扰，开发西栅初期就买断了原住民所有的民居产权，为包装上市提供便利。

（4）BES观点

① 古镇文化的重现

打造古镇景区绝不是单纯地将一个建筑群放到游客面前，而是要将活灵活现的古镇文化展示在游客面前。很多游客表示，很多著名的景点之所以并没有给他们带来震撼的感觉，是因为他们没有感受到其中所蕴含的文化。所以，让游客们体验到古镇生活的魅力才是打造古镇景区的正途。

② 打造差异化产品

乌镇在景区设计时，注重不同景区的差异性，市场定位清晰。首先，乌镇东栅景区以观光游为主，针对的人群主要为一日游游客；而乌镇西栅景区的市场定位为休闲度假、商务会议型，目标人群为休闲和商务客人；乌村景区定位为高端乡村旅游，针对的人群为渴望回归乡村生活的城市高端人群。旅游开发应做好产品的差异化、层次化、多元化，这才是吸引游客、留住游客的有效手段。

③ 控制过度商业化

乌镇在开发运营中一直在合理控制商业发展。景区对外招商采用了“一品一店”的方式，即一个品种一家店铺，在没有合适的选择之前，店面宁愿空着，经营中如果亏钱也由公司补贴，这种方式使得乌镇没有像其他江南小镇一样沦为小摊贩的天下。其他江南古镇若要改变商业过度化的情况也应在控制商铺数量、类型上做出相应改变措施。

④ 创新产权模式

从乌镇的产权开发模式可以看出，这种整体化产权开发形式是景区良好发展的基础，明确的产权归属从根本上防范了古镇在开发过程中因产权不清或拥有多个所有者所产生的各种问题的发生，清晰的产权模式使得景区的经营管理者责任明确，能进行整体的规划开发。清晰的产权结构是旅游景区发展的基础，类似于乌镇的江南古镇在旅游开发运营中应注意选择适合自身发展的产权模式，确保旅游发展的基础。

⑤ 注重网络分销与营销

乌镇先后与淘宝、OTA合作平台合作，2014年新增京东商城、Agoda、工商银行融 e 购等销售平台，并开发自有微信服务号，开通了门票、住宿、套餐和相应消费项目的预订和支付功能，乌镇景区电子商务平台基本搭建完成。

⑥ 成功的节事营销

枕水会议中心的投入使用，大大弥补了乌镇旅游在会议设施方面的不足。乌镇同时注重品牌营销，乌镇大剧院的竣工及乌镇戏剧节在2013年5月的举办，使公司经营将延伸至娱乐市场。首届世界互联网大会之后，乌镇知名度不断提升，进一步提升了从“观光古镇”到“度假古镇”再到“文化古镇”的品牌影响力。

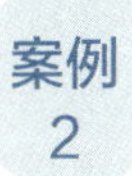

案例2 平遥古城，千年古城的华丽转身

位置：位于山西省中部，太原盆地南缘，隶属晋中市，距省会太原90公里，南同蒲铁路、大运高速公路、108国道、汾屯公路经过古城，交通便利，区位优势明显

面积：占地2.25平方公里

投资：约20亿元

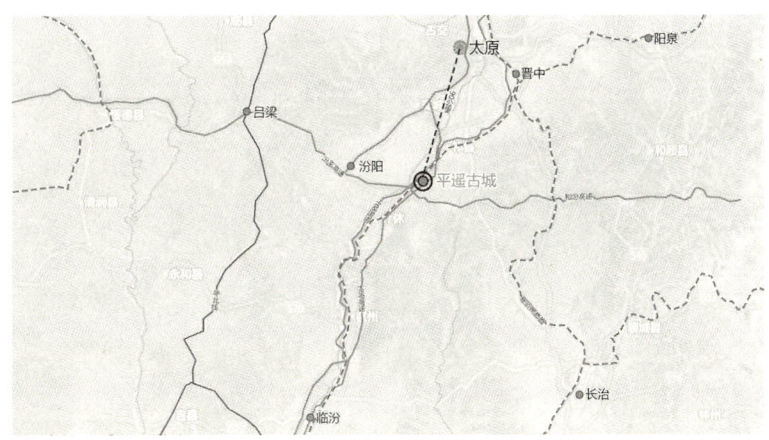

图3-12 平遥古城区位图

（1）资源基底

从平遥所处的文化区位来看，山西形成了北以大同北魏都城、云冈石窟、五台山、应县木塔等为代表的晋北民族交融和佛教古建文化区；南以临汾尧庙、尧陵、洪洞大槐树、壶口瀑布、运城盐池、尧都平阳、舜都蒲坂、禹都安邑、黄河禹门口、大禹渡等为代表的晋南黄河根祖文化区；中以平遥古城、祁县乔家大院、灵石王家大院、太谷三多堂、榆次常家庄园等为代表的晋商文化区。平遥古城是晋商文化的核心，晋商文化则是中国最有影响力的三大商文化（晋商文化、徽商文化、潮商文化）之一。

平遥古城始建于西周宣王时期，具有近2800年的悠久历史。1986年被国务院命名为第二批国家历史文化名城，1997年与周边的双林寺、镇国寺一同被联合国教科文组织确定为世界文化遗产，2015年7月被国家旅游局公布为国家AAAAA级旅游景区。联合国教科文组织这样评价："平遥古城是中国汉民族城市在明清时期的杰出范例，它保存了其所有特征，而且在中国历史的发展中为人们展示了一幅非同寻常的文化、经济、社会及宗教发展的完整画卷。"平遥古城素有"中国古建筑的荟萃和宝库"之称，是中国最具代表性的"明清古城、晋商故里、票号圣地"。悠久的历史、不仅积淀了深厚的文化内涵，而且创造并保存了在全国具有首位性、垄断性的历史人文资源（图3-13、表3-1）。

图 3-13　平遥古城　杨建峰 / 摄

平遥垄断性旅游资源　　表 3-1

项目名称	级别	垄断性
古城	世界级	保存最完整的明清时期中国古代县城原型
古城墙	世界级	中国保存最完整的古城墙
双林寺彩塑	国家级	集宋、元、明、清之艺术精华，被誉为"东方彩塑艺术宝库"，其中的韦驮塑像被誉为全国韦驮之冠

续表

项目名称	级别	垄断性
镇国寺万佛殿	国家级	中国境内现存最少的五代时期（距今有千年历史）木结构建筑，殿内保存了中国庙堂彩塑唯一的五代时期作品
古城内传统民居	国家级	现有传统民居 3798 处，其中 448 处保存完整，为国内规模最大、最集中的传统民居群落
日升昌票号旧址	国家级	中国第一家票号创办点，中国银行业鼻祖日升昌世袭之所
古城其余票号旧址	省级	中国目前现存票号建筑最多、最集中的地方，最盛时曾有 22 家票号总部设在平遥，占当时全国票号半壁江山，是当时全国金融控制中心
文庙大成殿	省级	中国境内现存最早的文庙大成殿
金庄文庙	省级	孔子及“四配十哲”彩塑为中国现存最早的孔子及其弟子的彩塑
清虚观纱阁戏人	省级	弟子的彩塑像 26 箱纱阁戏人，特有民间工艺，国内无同类遗存

资料来源：郭来喜《平遥资源普查文本》，平遥旅游局提供。

① 平遥古城历史风貌保存完整，是中国古代县城的珍贵孤例

平遥古城由城墙、店铺、街道、寺庙、民居共同组成一个庞大的建筑群，整座城池对称布局，特色鲜明，以市楼为轴心，以南大街为轴线，形成左城隍、右衙署，左文庙、右武庙，东道观、西寺庙的封建礼制格局。城内道路框架纵横，四大街、八小巷、七十二条蚰蜒巷构成八卦图案，南大街、东大街、西大街、衙门街和城隍庙街形成“干”字形商业街。古城内主要街道两侧完好地保存了220多家古店铺，拥有3700余处具有保护价值的古民居，其中保存完整的有400余处。

② 文物遗存集中丰富，是中华灿烂文明的实物载体

全县现有各级重点文物保护单位120处，其中国家级文保单位就有19处。在《中国旅游资源普查规范》中，平遥包含了全部21个人文资源景系历史遗产景类的18个景型。古城近郊保存了五代、宋、金、元、明、清各个历史时期的文物珍品。古城墙在国内保存最为完整，双林寺被誉为“东方彩塑艺术宝库”，镇国寺堪称“中华瑰宝”，日升昌票号是民族银行业的“乡下鼻祖”。平遥文物数量之多、品位之高，在全国县级城市中极为罕见。

③ 文化积淀深厚，是汉民族文化传承的重要符号

图 3-14　平遥古城中国商会博物馆　杨建峰 / 摄

平遥古城经过数千年的历史变迁，留下了各个时期不同的文化印记，建筑文化、寺庙文化、宗教文化、吏治文化、儒学文化和民俗文化等多种文化元素，构成古城的文化特色。平遥牛肉、推光漆器、长山药、剪纸、布鞋等土特产品享有盛誉，百余种地方风味小吃、民间传统风土人情等赋予了古城极其丰富的文化内涵。

④ 商业金融曾经繁荣一时，是近代银行业发展的历史见证

早在明代，平遥就已经是繁华的商业中心，店铺林立，商贾云集，素有“小北京”之称。平遥古城是晋商发祥地，平遥票号是中国金融发展史的重要里程碑，古城票号占清代全国票号总数的将近一半，分号遍布全国各大商埠和日本、新加坡等地。古城西大街遗风犹存，被誉为清代“华尔街”，号称“汇通天下”的日升昌票号以其超前的经营理念和管理模式吸引着众多金融界人士前来参观学习与考察。

（2）千年古城的华丽转身

① “新”业态

一个古城镇被开发为旅游目的地，以旅游资源产品推向市场时，商业业态不仅需要满足居民的生活需求，还要满足旅游者不同层次、不同对象、不同档次的需求。目前，平遥县基本形成了以22处旅游景点、6条特色产业街区、200余家旅游特色商铺、2个大中型文化娱乐项目等为主的旅游产业体系，各类宾馆、客栈发展到375家，旅行社23家，导游600余名，特色旅游电瓶车辆340余辆，旅游商品由原先的牛肉、漆器，发展到手工布鞋、剪纸、长山药粉、黄酒、手工月饼、六合泰枕头、脸谱、平遥火柴、平遥家酒、曹家熏肘、双林彩塑等数十种极具地方特色的产品，“吃、住、行、游、购、娱”等旅游要素日趋完善。

a. 节庆活动成为平遥古城品牌的重要载体

依托平遥古城的世界文化遗产优势，成功打造了一系列国际有影响、全国有地位的文化品牌。其中，连续举办15届的平遥国际摄影大展，先后获得“中国最具国际影响力的十大节庆活动”“中国节庆50强”等殊荣，已经成为国际知名的摄影盛会。“平遥中国年”活动荣获2012年度“中国十佳节庆活动”和“中国会展业年度大奖”殊荣，成为国家文明办“我们的节日——春节”的重要主题。独具特色的节庆活动成为平遥展示文化内涵、塑造城市品牌的重要载体。

b. 文化旅游演艺市场日渐活跃

随着实景演出等新业态的不断涌现以及旅游要素和文化要素的相互融通，旅游的内容变得丰富多彩。平遥的演艺活动从无到有不断提升，相继挖掘推出了县太爷升堂断案、市楼抛绣球招亲、走镖等近20种仿古娱乐项目，平遥大戏堂、云锦成演艺中心两处演艺场所相继建成并投入运营，分别推出了原生态歌舞《晋商乡音》和由国内著名编舞编导张继钢编创的大型舞剧《一把酸枣》。大型情境体验剧《又见平遥》文化旅游演艺项目成为平遥的一大新型旅游项目。《又见平遥》上演以来，平遥旅游已逐步实现了从一日游到两日游的悄然转变，并带动周边吃、住、购、娱等相关产业同步发展，极大地促进了平遥经济和社会的发展。截至2014年，《又见平遥》共计演出1175场，观演人数达585930人，上座率达62%，实现门票收入77359190元。其中，2013年共计演出562场，观演人数247995人，上座率55%，门票收入32866758元。

② “新”产业

平遥以古城为核心、东西拓展、南北延伸、城乡承载，着力推进七个“旅游+”融合发展。即“旅游+农业”“旅游+工业”“旅游+节庆演艺”“旅游+资本拓展”“旅游+链条延伸”“旅游+互联网”。

a. 文化产业逐渐发展成朝阳优势产业

文化产业的大发展已成为一种世界潮流，作为新兴的“朝阳产业”、新的经济增长点，它在平遥古城的经济发展中占据了越来越重要的地位。比如六大要素中的“吃”，以平遥县烹饪协会为主，广泛发掘研究平遥面食文化，组织编写出版了《平遥饮食文化》一书，推出了100余种地方风味小吃，使广大游客在饱了眼福的同时又饱了口福，感受到了平遥历史悠久的饮食文化。又如六大要素的“住”，在完整保存古城风貌的同时，大力推动支持具有明清风格的民俗宾馆开发建设，近年来，城区民俗宾馆已发展到100余家。这些民俗宾馆融入了明清文化，可以说住民俗宾馆、享明清文化成为一个欣欣向荣的文化产业。在旅游业的强力带动下，平遥牛肉、推光漆器、长山药被称为平遥的“三大宝”，从文化品位到工艺档次、从规模到销售都有了长足的发展，仅推光漆器一项全县年销售收入就达2000余万元。特别是民间剪纸、刺绣、根雕、泥塑、手工制鞋、银器加工这些属于摆小摊的或搞小作坊的民间传统工艺业占领了市场，已经呈现集团化发展的趋势。

b. 旅游带动下的影视娱乐业成为强势产业

平遥古城已成为很多影视作品和年度大片的拍摄地。近年来，许多影视作品都到平遥古城取景拍摄，比较有名的有《亮剑》《走西口》《铁梨花》等，这些影视作品都在央视和各个地方台循环播出，为平遥旅游业的宣传和形象的塑造奠定了基础。

c. 推进旅游与中医药融合发展

深度挖掘平遥中医药旅游资源优势，形成完善的平遥中医药健康旅游产业体系，配套完善相关基础设施和服务功能，培育扶持一批中医药健康旅游示范企业、中医药健康旅游综合体。到“十三五”末，争创全国中医药文化养生旅游示范县。

③ “新”面貌

a. 制定“点、线、面”的全面保护策略

平遥古城内54.8%的房屋为砖木结构建筑，主要街道两侧完好地保存了220多家古店铺，拥有3798处具有保护价值的古民居，其中保存完整的有448处。在文化遗产保护中，始终突出真实性保护，以“点”为基础、“线”为纽带、“面”为突破，持续推进“全城”保护。保护“点”，就是保护单独存在的文物史迹。1997年平遥古城列入世界文化遗产以来，先后对古城墙、双林寺、镇国寺、县衙、城隍庙、文庙等进行了修缮复原，古城建筑格局更加完整。保护“线”，就是保护相连成线的文化街区。按照修旧如旧原则，先后对“干”字形历史街区进行了全面维修，对48处院落、400余间民居进行了保护修缮。以范家街历史文化街区保护为范例，启动实施了历史街区综合整治工程。保护“面”，就是从减压、整治入手，整体提升古城形象（图3–15）。

图 3–15　平遥行会馆　杨建峰 / 摄

b. 旅游配套设施的升级

高标准配套建设了游客服务中心和停车场。按照星级标准，先后对全县24个开放景点的26处旅游厕所进行了升级改造，在旅游通道及古城周边配建旅游厕所25处，对古城内1600余处居民旱厕实施了无害化改造。对古城内中小街道实施了道路硬化及电力、消防设施改造，旅游发展的基础进一步夯实。

（3）运营升级

① 运营情况

1997年平遥古城申遗成功以来，到2015年的18年时间内，古城游客人数从12万增加到835万，门票收入从104万元增加到1.39亿元，旅游综合收入从1250万元增加到93.11亿元，是全省旅游最火爆的景区之一。

② 机制改革

a. 旅游运行机制改革。按照政府引导、行业监管、企业主营的发展模式，平遥于2002年成立了首家股份制企业古城旅游股份有限公司，负责平遥古城景点经营、住宿、基础设施建设及房地产等项目，是古城保护和新城建设的实施主体。并在招商引资、宣传促销、文物保护与房地产开发利用等方面发挥了一定作用。

b. 门票管理体制改革。针对以往分散性门票管理而造成旅游市场秩序混乱的现象，在省市物价部门的大力支持下，于2002年9月15日正式推出“一卡通”门票。

c. 以城市管理行政执法局和城管监察大队的组建为标志的城市管理体制改革。这项改革主要是针对城市管理中多头执法、主体不明、管理分散的状况，通过综合执法，建立与旅游发展相适应的城市管理体制，现在已经初显成效。

（4）BES观点

① 坚持保护为主的原则，全面夯实旅游发展的基础

平遥在发展旅游产业的过程中，始终遵循“保护为主、抢救第一、合理利用、加强管理”的方针，全方位地加强文物保护工作。一是实施依法保护。在省、市的高度重视下，1998年11月30日，山西省人大常委会颁发了《平遥古城保护条例》，这是全国第一个针对历史文化名城和遗产保护的省级立法，这一条

例成为平遥县保护古城的法律依据，成为制定县城建设规划、古城保护规划、旅游发展规划和古城保护管理制度的大纲。根据《平遥古城保护条例》，经山西省政府批准，平遥先后出台了《平遥县县城总体规划》和《平遥县历史文化名城保护规划》等。

② 坚持政府主导和市场运作并重的原则，大力推进旅游产业化发展

发展旅游产业是一项系统工程，在此过程中，平遥县县委、县政府在充当旅游市场建设与发展主角的同时，积极运用市场经济法则，引导全社会支持和发展旅游，二者互为补充，互相促进，大大加快了古城旅游业的快速兴起和发展壮大。一是文物景点保护实施政府主导。平遥古城与其他景点、景区不同，有它的特殊性，是文化内涵性旅游城市，是以文物、文化资源为主的旅游城市。特别是古城内，既是居住区，也是旅游区，是一个社区和景区特征皆有的混合体，因而，旅游市场管理具有不同于其他旅游胜地的特殊性。二是历史街区开发吸引社会力量。为了更好地保护古城内一大批古民居、古建筑，平遥县从明清街国有房产经营权转让入手，探索政府指导下社会化发展旅游产业的路子，通过政府出政策、定规划，利用社会力量实施了明清街修复，形成了如今的旅游产业街。三是旅游配套建设依靠市场运作，不断加强旅游接待设施投资建设。

③ 旅游演艺带来了平遥古城的第二春

大型室内情境体验剧《又见平遥》从2013年2月13日首演以来，截至2016年8月24日，累计演出2467场，观演人数147万人次，场均上座率74.78%，演出收入2.04亿元，取得了良好的经济效益和社会效益，已经成为继平遥古城后，平遥的又一大文化品牌。

案例3　大研古城，多元业态下的新型休闲方式引领者

位置： 大研古城即丽江古城，位于中国西南部云南省的丽江市古城区，坐落在丽江坝中部，地处云贵高原

面积： 7.279平方公里

图 3-16　大研古城区位图

大研古城旅游业的异军突起，被旅游界称为“世界遗产带动旅游发展”的“丽江模式”。丽江地震后重新修整古城，按照新游憩结构和度假体验需求，创新打造外表符合丽江特点、内部舒适现代的一系列古村客栈形态的、集观光与休闲度假为一体的古城。

（1）资源基底

大研古城被誉为“东方威尼斯”，是国家重点风景名胜区、国家级历史文化名城，始建于宋末元初，距今已有800多年的历史了，是中华民族传统城市的缩影。古城以四方街为中心，沿水源流向呈八卦式网状布局，是我国最科学的古城建筑群布局，许多建筑学专家考察认为：大研古城的历史比被誉为世界样板的英国翰洛城早数百年，布局比翰洛城更科学。2009年，大研古城荣膺中国世界纪录协会中国最科学的古城建筑群。

始建于南宋的大研古城，不设城墙，在布局上体现出三山为屏、一川相连的构思；在水系应用上，设计了三河穿越、家家流泉的独特风貌；兼水乡之容、山城之貌，古朴自然，1997年被列入《世界文化遗产名录》。丽江市纳西族的聚居地，长期处于藏、汉、彝等民族的走廊中，创造了独特的东巴文化，东巴经、纳西古乐、东巴舞谱、东巴画廊都是东巴文化的精华。纳西族的祭天、祭风仪式，三朵节，棒棒节，摩梭人的阿复婚，摩梭人和普米族的成年礼民族色彩浓厚。

在文化上，大研古镇建筑依山就水，错落别致，形成了大研古镇山、水、城为一体，民族文化相交融的特点。在大研古镇的人口组成中，82%的人口由纳西族、白族、傈僳、彝、苗、藏等少数民族组成。古镇居民以纳西族为主，大研自古以来就是“南方丝绸之路”“茶马古道”两条商道的商贸集散地和贸易中心之一。

大研古城旅游资源丰富，主要有水域风光类（如黑龙潭）、建筑与设施类（如木府、四方街、玉河广场等）、旅游产品类（如手工艺品、纳西壁画等）、人文活动类（如纳西服饰、“三朵节”等）（表3-2）。

大研古城旅游资源　　表3-2

主要资源描述	主体资源
▶ 有800多年的历史，为少数民族文化积聚形成的古城 ▶ 城建布局依山势水形灵活多变、杂乱无章、因地制宜，建筑、山水、道路有机结合，融为一体，整个古城既具有水乡之容，又有山城之貌 ▶ 凭借自然山势，没有城墙，小桥、流水、人家诗一般展现，清新、质朴、自然 ▶ 多种宗教、多民族文化、多种习俗共同发展 ▶ 为茶马古道重镇，形成了马帮文化	▶ 古镇的水（东河、西河、中河、三眼井） ▶ 古镇的桥及桥市文化 ▶ 古镇的街道，街道与水系相互交织、道路根据地形、地貌弯曲多余，不求平直 ▶ 古镇的纳西族人及纳西人家 ▶ 古镇的纳西族民居 ▶ 古镇的马帮文化、东巴文化、土官文化和流官文化

（2）古镇新貌

①“新”业态

自大研古城成功申遗之后，古城内的旅游业和商业得到了迅猛的发展，主要包括旅游、餐饮、住宿、商业、休闲娱乐、文化等各种业态。这些业态大致可以分为四类，即住宿（特色客栈）、餐饮（主题餐馆、特色餐厅）、购物（特色购物商店）和休闲娱乐（酒吧、咖啡馆、书吧等）。这四类业态数量相对均衡，没有占绝对压倒性数量的业态类型。总体说来，住宿所占比重较大，占37%；其次是购物和餐饮，分别占25%和23%；最后是各类休闲娱乐类场所，占15%（图3-17、表3-3）。

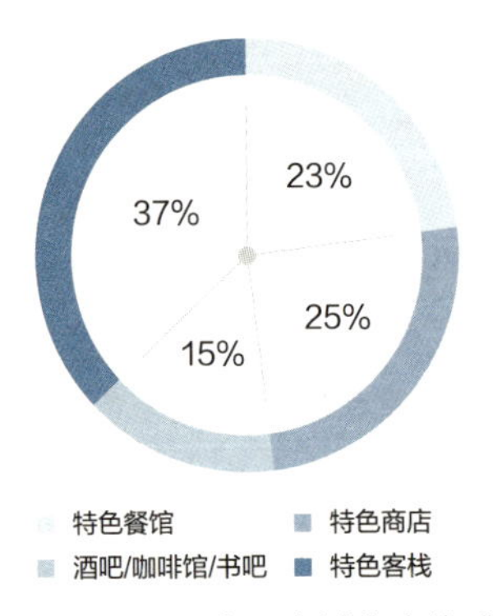

图3-17　大研古城业态构成

大研古城主要产业业态及构成　　表 3-3

业态类型	内容	数量
旅游观光点	大研古城素有“东方威尼斯”美誉，古城拥有江南水乡般的美景，别具风貌的布局、纳西风格的特色建筑，众多的桥梁和河道与迷宫般的鹅卵石街道相互交织。特色观光点有古街、古桥、木府、福国寺的五凤楼、束河民居建筑群、白沙民居建筑群	6
餐饮	古城餐饮包含小吃店、西餐厅、火锅店、丽江特色风味、传统食府。大研古城中心的四方街是有名的小吃一条街。酒吧一条街的小餐馆也十分出名，和酒吧数量合起来占据了整个街道商业铺面的 50% 以上，不过酒吧街的餐饮主要集中在晚上。大研古城内餐馆众多，但大部分游客普遍不认可古城提供的旅游餐饮服务。餐馆所提供菜品的民族性和特色性差，同时出现严重的质量与菜品价格不对称现象	100 左右
住宿	随着旅游基础设施的完善，目前大研古城及其周边均配套建设有青年旅馆、经济型酒店、低星级宾馆、高星级酒店等一系列不同档次的酒店（宾馆）。星级宾馆酒店 146 家，其中五星级 8 家、四星级 20 家、三星级 46 家、二星级 62 家、一星级 18 家；非星级宾馆、酒店、客栈、招待所 953 家，其中特色等级 50 家。充分满足了不同人群的消费需求	1107
商业	古城商业集中在以四方街为中心的区域内，四方街及其周边的变化突出地反映了丽江旅游商业化发展的态势。古城中心商业绝大部分是沿街店铺，主要街铺包括新华街、东大街、密士巷、五一街、七一街、现文巷和黄山下段等几条街道。商品类型以工艺品、服装、音像制品、银器、茶叶、药材为主，其中工艺品、服饰、药材、银器约占整个市场的 60% 左右。但其中除了少量富有当地特色的商品，如特色皮包、银器、民族服饰等外，大量的是外地商品或特色不突出的商品，丽江原有的特色商品已经丢弃了不少	1840
休闲娱乐	古城内的酒吧一条街是游客主要的娱乐场所，在大约五百米长的一条小溪两边，一家接一家密密地排列了近百家酒吧，比较适合青年人群，但收费不够合理。此外，古城参与型的旅游项目，如猜字壁、纳西歌舞、纳西古乐、丽水金沙等，让旅游者亲身体验、融入其中、欢乐开怀，同时从中也能感受到纳西人从容、淡定的生活态度，体验了丽江人丰富多彩的精神生活，在文化交流的过程中，获得心灵的洗礼	105

续表

业态类型	内容	数量
文化	东巴文化为主，主要有东巴宫、东巴乐舞、纳西古乐（白沙细乐、丽江洞经音乐）、东巴文字、东巴经、东巴绘画等，此外还有《丽水金沙》《印象丽江》等演艺文化。一大批民族文化精品撑起魅力无穷的丽江文化业态，吸引着五湖四海的游客流连忘返	8

② “新”风貌

大研古城依山而建，街巷依水流而设，街道用红色角砾岩（五花石）铺就，下雨地不会泥、晴天也不会有浮尘，石上花纹图案自然雅致、质感细腻，与整个环境相得益彰。很独特的一点是，大研古城是一座没有城墙的古城，据说是因为丽江世袭统治者姓木，筑起城墙就像木字加框而成“困”，十分不吉利，城内也没有中规中矩的道路网；同时古城的布局体现了典型的纳西族聚落的传统空间理念：西枕狮子山，北依象山和金虹山，三山为屏，而东南朝向开阔的平野，呈现“负阴抱阳”的理想格局。

图 3-18　印象丽江演出场地　韩冰 / 摄

a. 文化遗产保护与开发并进的“丽江模式”

作为世界文化遗产，大研古城兼顾了文化遗产保护与旅游开发，开创了为人称道的“丽江模式”。在旅游发展中始终致力于民居建筑、民族文化、民间工艺、民风民俗等有形文化和无形文化的保护。先后出台了一系列法规标准，并依此对民居进行保护和修缮，拆除与古城风貌不协调的砖混建筑；鼓励经商者经营具有地方民族文化特色的商品，支持丽江本土文化人进行民族文化传承，收回政府直管公房铺面，集中用于古城传统文化挖掘、整理和保护，对东巴纸书、打铜工艺等民间工艺保护给予资金扶持。通过一系列有效的保护措施，增强文化遗产的吸引力，带动旅游业的发展，而旅游业的发展又促进了文化遗产的保护，这种文化遗产保护与开发并进的成功经验，在联合国遗产论坛上得到“丽江模式”的赞誉。

b. 留住原住民，保留原住民的生活方式

图 3-19 大研古城内店铺 韩冰 / 摄

目前，大研古城的保护受到了当地政府的高度重视。为了鼓励原住居民留住在古城内，保持古城内原住居民的人口组成比例，丽江市政府实施了相应的惠民政策：凡是常年居住在古城中的原住居民，每人每月发放10元补助，每半年统一结算一次。按照原住居民2万多人的规模，政府每年用于这部分的开支有200多万元。此外，本地年收入低于 2 万元的原住居民若想修缮房屋，只要不用于商业经营，政府都一次性给予5000元到2万元的补助金。

（3）运营升级

① 盈利模式

主要采取商业主导型模式，主要依托商铺租金和商业税收收入以及古城维护费等。2001年开始实施古城维护费政策，截至2009年，累计征收古城维护费8亿多元，其中40%作为贷款还款准备金，另外30%～50%划拨给古城区政府，作为古城区古城环境整治及治理的专项资金。在大研古城旅游者消费结构方面，饮食、住宿和购物等消费项目是所占比重较大的，娱乐这一高消费项目所占比重相对偏低（图3-20）。

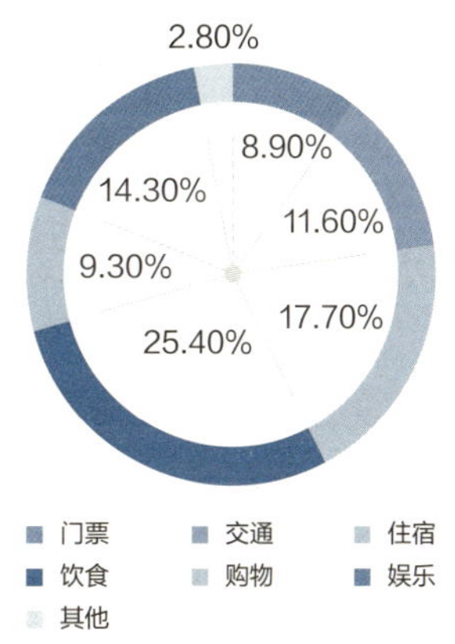

图 3-20 大研古城游客消费结构

② 开发主体——政府主导模式

大研古城由镇政府投资建设古镇基础设施，并通过行政审批权在宏观层面上对古镇旅游开发进行管理。目前管理机构为大研古城保护管理局和大研古城管理有限责任公司，两套体系，共同管理。

（4）BES观点

丽江从一个名不见经传的西南边陲小镇发展为国际精品旅游城市，主要得益于文化与旅游的互动，其中“非遗”成了丽江发展文化旅游的重要卖点。丽江申遗成功后在旅游业发展上取得的巨大成功，很大程度上对国内的申遗热潮起到了推波助澜的作用。丽江“以遗产带动旅游业，以旅游发展回馈遗产保护”的策略被看作是一种超前的眼光和宏阔的视角。通过一系列举措，大研古城古朴宁静的历史风貌被完好地保留和展现，文化旅游兴起，形成独特的“丽江模式”。通过回顾丽江旅游业的发展历程，分析丽江旅游发展之路，可以总结出“丽江模式”的成功经验。

① 始终坚持保护与发展相结合

大研古城在发展旅游业的过程中，始终坚持保护与发展相结合，以发展促进保护，在保护中实现发展；把保护作为发展的基础，以发展作为保护的动力，通过发展提高对资源保护的认识、提高对资源保护的投入，努力做到既发展旅游，又保护资源，创造和谐的自然与人文环境，实现资源环境保护和旅游发展的双赢。具体做法有：生态保护——关停污染企业，禁止东部林区森林采伐；整旧如旧——采取专项资金扶持办法，修复名人故居，拆除不协调建筑物；文化保护——政府投入近千万资金加强对东巴文化、纳西古乐等传统民俗的保护，组建大研古城民族文化旅游发展分公司实施开展民族文化项目。

② 重视文化经营，注重民族文化传承

从战略高度经营民族文化产业，如打造“纳西古乐”“丽水金沙”“太·阳·火”等文化产业品牌。长期举办国际性学术交流论坛。为避免本土文化消亡，建立了东巴文化原始生态保护区，颁布管理条例，并建立东巴文化传习院，传授象形文字和东巴文化。加强民族文化研究开发，打响东巴文化、纳西古乐、摩梭风情等知名文化品牌。注重旅游产品的文化内涵开发，使文化成为旅游的灵魂，旅游成为文化产业发展的依托。

③ 重视演艺业态的发展，培育夜游市场

为提升大研古城文化旅游品位，古城充分借助名人效应，不断推出新的文化旅游品牌。2006年，邀请张艺谋、王潮歌、樊跃三位著名导演合作，在丽江策划、导演具有国际水准的大型实景演出节目《印象丽江》。演出将走大策划、大投资、大制作、大场面的路子，突出可视性和民族文化特色，把艺术性和时代性结合在一起。通过名人、名胜的强强结合，扩大丽江对外宣传，以独特的创意、策划和构思，展现丽江独特的自然文化资源，加深中外游客对丽江的感受和体验，使《印象丽江》成为主体景区内文化与旅游有机结合的新亮点、丽江旅游的新看点、文化产业发展的新热点。

④ 生活方式旅游的引领者

大研古城被定位为“世界级旅游目的地”“体验之都”“爱情之都”“艳遇之都”“小资天堂”，有着绚丽多彩的地方民族习俗和娱乐活动，如纳西古乐、东巴仪式、占卜文化、酒吧文化以及纳西族火把节，等等。因为多年的游客口碑，“艳遇”已经成了大研古城的最火标签，每年接待全国各地上千万游客，游客单次停留时间在3~7天，是休闲度假型发展模式的典范。

⑤ 通过强势媒体和名人效应宣传丽江

客源定位上全方位构建“天雨流芳，梦幻丽江”IC旅游形象识别体系，拍摄并在国内外播放以丽江为外景的《一米阳光》《千里走单骑》等影视片；2004年CCTV丽江过大年现场直播活动、CCTV6《千里走单骑》首映式、大研古城长街宴、木府“官房之夜”鸡尾酒晚会等，都成为强势媒体强力推介大研古城的典范，使其知名度更高了。

3.3 BES案例

浙江省濮院城镇有机更新项目发展战略规划

第一批国家级特色小镇

项目时间： 2015年

委托单位： 桐乡乌镇古镇联盟景区建设管理咨询有限公司

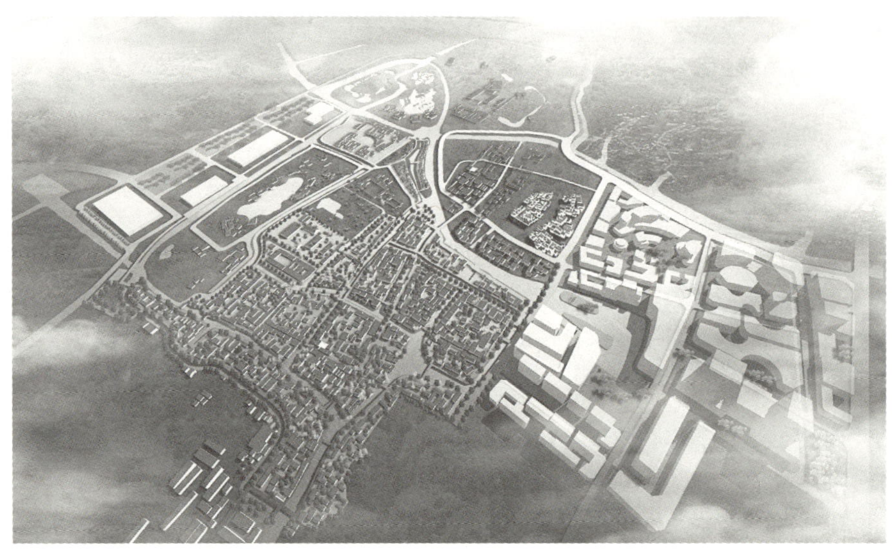

图 3-21　濮院镇鸟瞰图

（1）规划背景：与乌镇景区对桐乡旅游形成“双轮驱动”

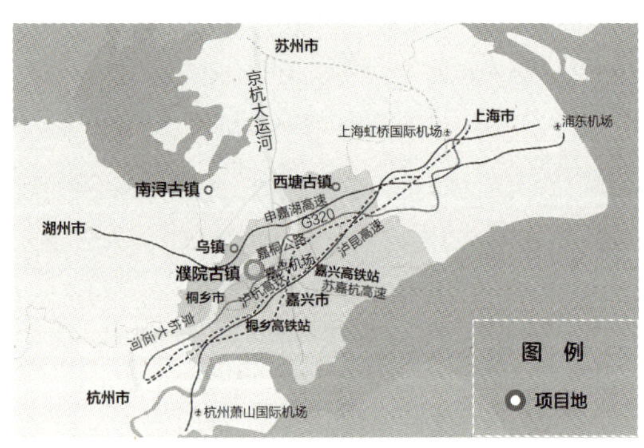

图 3-22　濮院镇交通区位图

濮院镇位于桐乡市东部城区以东，在中国乡镇综合实力500强中列第80位，拥有中国最大的羊毛衫市场。作为全国旅游综合改革试点，桐乡提出要全面推动以旅游业驱动新型工业化、新型农业化、新型城镇化和服务业现代化的“一业驱四化”。在此背景下，濮院依托长三角城市群的区位交通优势，以有机更新为原则，拓展古镇肌理，推动历史文化与现代需求的融合，打造中国古镇旅游、文化休闲、产业升级的新样板，与同处桐乡的乌镇景区形成“双轮驱动”（图3-21、图3-22）。

① 宏观背景：对濮院有机更新发展的重大利好

a. 政策利好

2014年的《政府工作报告》显示，政府对拉动消费的政策已经由原来的直接刺激转变到增强消费能力、稳定消费预期、改善消费环境等长效机制建设上。

b. 产业利好

濮院依托地处长三角城市群的区位交通优势，融入互联网经济，在新一轮产业要素布局中抢占先机，可以成为长三角城市群的重要功能节点。

c. 市场利好

长三角各主要城市将针对不同地区和经济发展的不同阶段，加强产业协同提升，搭建更多区域性公共服务平台，促进区域内人、财、物、信息等要素的合理流动。通过对长三角新型城镇化示范点的研究和建设，推动长三角产业和城镇的融合，促进城镇化和新农村建设的协调推进。

d. 建设利好

以有机更新为原则，拓展古镇的肌理，推动历史文化与现代需求的融合，打造符合时代需求和古镇特色的文化旅游产品，濮院有条件成为中国古镇旅游、文化休闲、产业升级的新样板。

② 发展机遇：迎来濮院古镇旅游的繁华时代

濮院面临休闲时代旅游消费趋势转变、迪士尼开幕而引起的长三角服务业大发展、桐乡“一业驱动四化”等重大战略机遇，濮院古镇以高质量的景区建设标准、浓厚的休闲氛围，借势“迪士尼效应”、顺应休闲时代消费需求、承载“一业驱动四化”历史使命，必将迎来濮院古镇旅游的繁荣时代。

③ 产业基础：以毛衫加工、毛衫市场为特色的中国羊毛羊绒服装第一镇

濮院镇在中国乡镇综合实力500强中列第80位，在中国乡镇投资潜力500强中列第19位，产业现状呈现两大特点。

a. 毛衫产业一枝独大，占据全国1/4的羊毛衫产量、六成的销售额

2013年，濮院镇有各类毛针织企业6352家，从业人员近26万，年产羊毛衫成品6亿件，占全国总产量的25%。羊毛衫市场实现成交额230亿元，占全国羊毛衫销售额的60%以上。催生了浅秋、褚老大、圣地欧、纯爱、百艺鸟、千圣禧、飞虎等一批本土的中国驰名品牌。

b. “二三一”的产业结构

经过二十多年的发展，濮院镇形成了“二三一”的产业结构，第二产业以纺织业为主，第三产业以商贸市场和房地产为主。

2011～2013年，濮院镇第三产业的增长率均高于第二产业，2013年第三产业与第二产业的增加值仅相差2.05亿元。按照正常的增长速度，在两到三年内，服务业将成为濮院镇的第一大产业（图3-23、图3-24）。

（亿元）
35
30
25
20
15
10
5
0
30.53
30.89
33.25
31.2
26.56
22.73
2.41
2.59
2.48
2011
2012
2013
（年）
第一产业
第二产业
第三产业

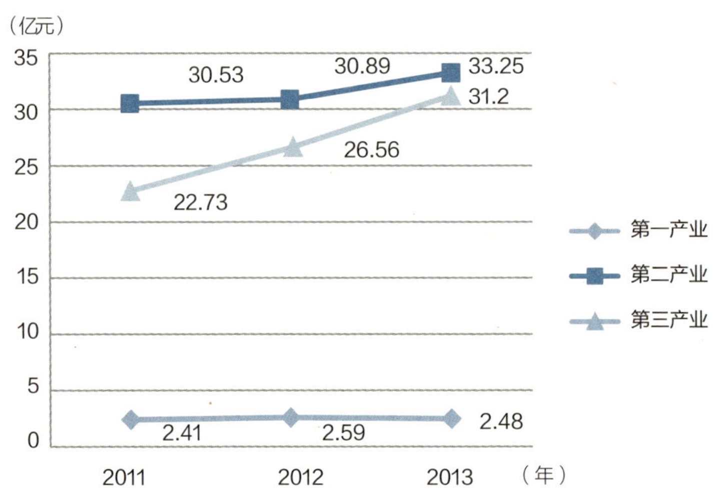

图 3-23　濮院镇产业发展趋势

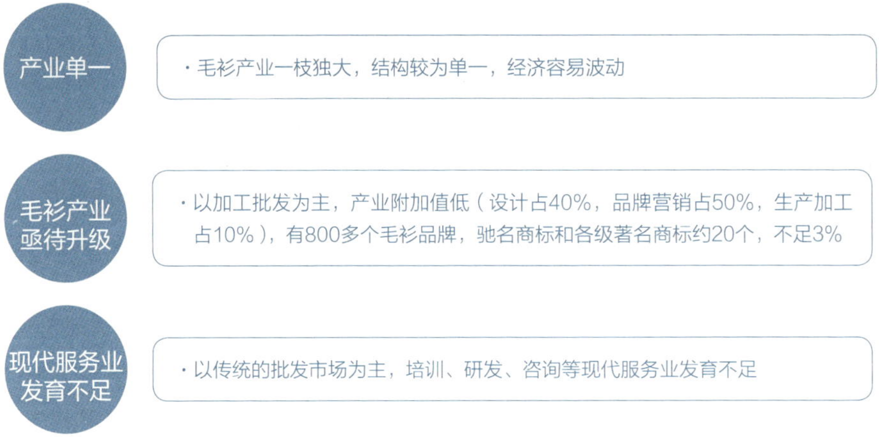

产业单一
· 毛衫产业一枝独大，结构较为单一，经济容易波动
毛衫产业亟待升级
· 以加工批发为主，产业附加值低（设计占40%，品牌营销占50%，生产加工占10%），有800多个毛衫品牌，驰名商标和各级著名商标约20个，不足3%
现代服务业发育不足
· 以传统的批发市场为主，培训、研发、咨询等现代服务业发育不足

图 3-24　濮院镇产业发展问题

（2）资源基底

① 自然资源

a．水系

濮院镇水系包括濮院港、南市河、西市河、庙桥港。其中濮院港直通京杭大运河，南市街、濮院港、西市河纵向贯穿濮院。纵横交错的水网布局奠定了濮院江南水乡的肌理，水巷划分了古镇的地块单元，以及河—街—民居的古镇空间布局。但因为生活污水排放，长期疏于治理，河流水质普遍较差。

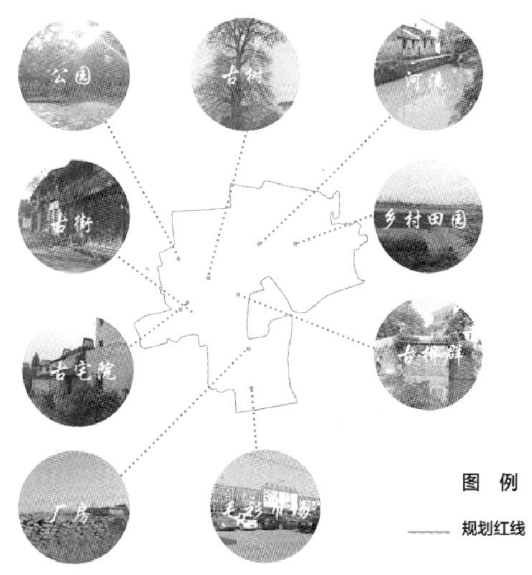

图 3-25　濮院镇资源类型分析图

b．绿地及古树名木

绿地主要分布在梅泾公园、

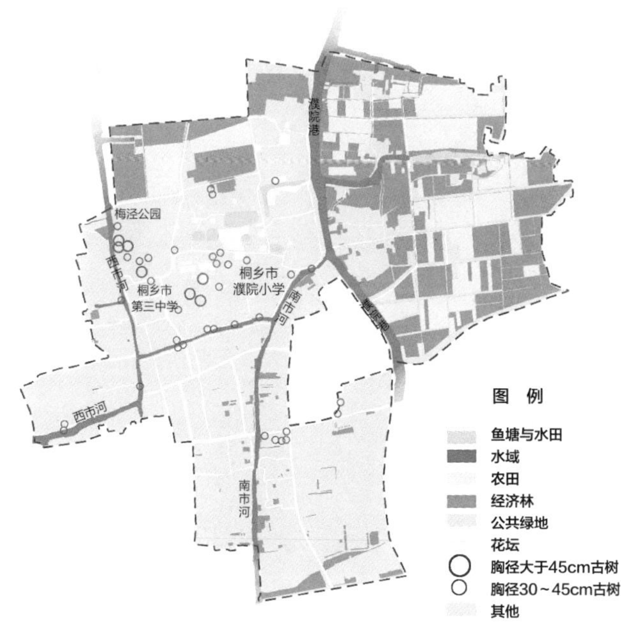

图 3-26　濮院镇自然资源现状分析图

桐乡三中周边、濮院小学周边及庙桥港北岸。梅泾公园内3棵紫藤、桐乡三中内3棵银杏均为古树。

c．农田经济林

农地、林地主要分布在濮院港以东，及梅泾公园以北区域，面积约750亩，占总面积的31.8%。农田以水稻、蔬菜为主，林地种植树种丰富，包括香樟、女贞、广玉兰、银杏、栾树、桑树、水杉、榉树、紫薇等。

② 人文资源

a．古建风貌分析

一类风貌建筑主要沿西市河、庙桥港、大街、大有桥街两侧分布。

b．特色街巷分析

根据在历史上发挥的作用、建筑风貌现状及民居特色，濮院的特色街巷有大街、大有桥街、杏林街、庙桥街、观前街、北廊棚、龙湾街。

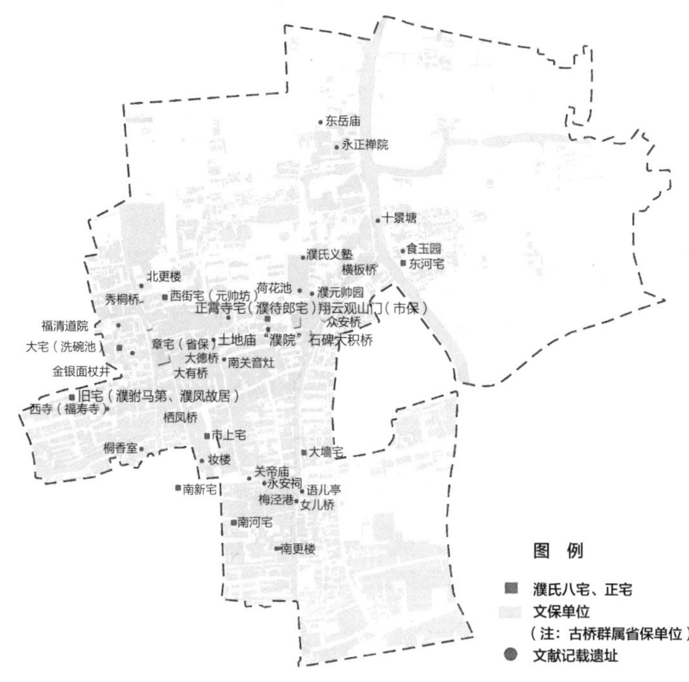

图 3-27 濮院镇历史文化资源分布图

③ 古桥群

濮院古桥群完整保存至今，见证了濮院的发展变迁，与濮院的建镇历史息息相关，并仍在发挥重要的交通功能，是一批有着生命活力的历史文化资源。濮院古桥梁群现有古桥梁9座，分别为众安桥、女儿桥、栖凤桥、大德桥、大有桥、大积桥、定泉桥、秀桐桥及王板桥，为省级文物保护单位。

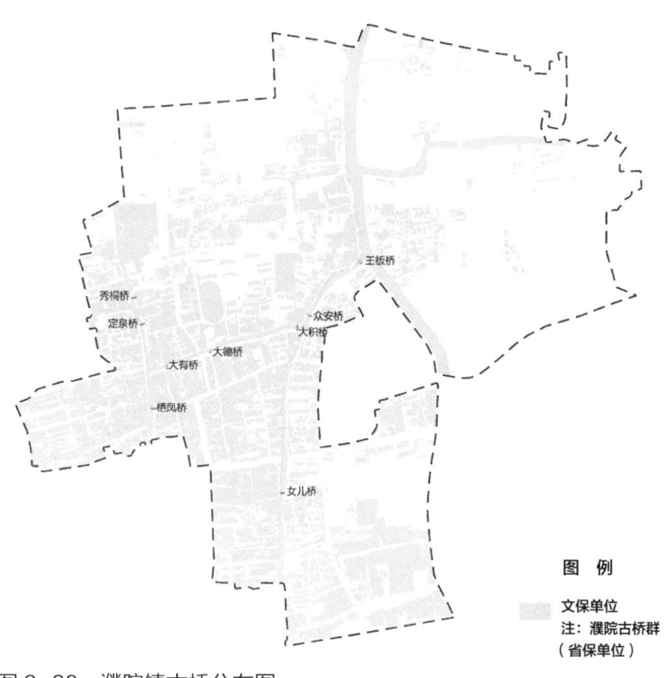

图 3-28　濮院镇古桥分布图

④ 特色宅院

a．章宅：现状特色宅院，现为省文保单位。章家老宅为清代末年濮院镇人章辅臣所建，建筑历史脉络清晰，做工精致，整体结构完整，临街依水而建，整体布局保持历史原状，具有鲜明的江南水乡传统民居特色。

b．二更楼：指北更楼、南更楼，是古代击鼓报时示警的建筑物，现建筑物已无存，仅能从史料中推测其位置。

c．濮氏大宅：濮家传在宋时有8宅26庄，分别为：大宅、旧宅、西街宅、正宅、市上宅、南新宅、南河宅、大墙宅、东河宅，现宅院已无存，仅能从史料中推测其位置。

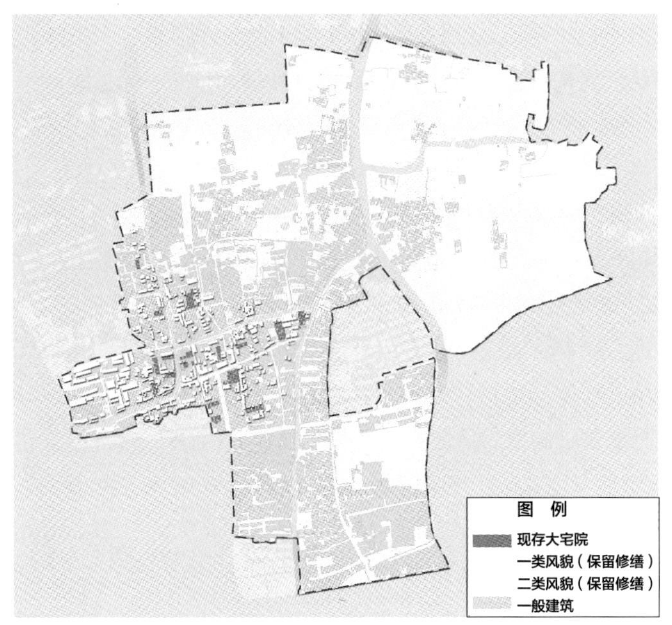

图 3-29　濮院镇现状建筑质量分析图

⑤ 人物、商贸及特色餐饮

a. 人物

濮家：濮院是一个因家族而兴的小镇。宋高宗南渡，著作郎濮凤以驸马都尉扈驾临安，后卜居在此。在濮氏家族的经营下，濮院逐渐发展为一个以生产销售丝绸为中心的江南大镇。到明代，濮氏家族陆续外迁，外姓人大量流入，濮院镇上四方商贾云集，“机杼之利日生万金”。

章辅臣：清末濮院镇本地商人，以经营南货生意及米行发家，遂起建大宅，现章宅基本保持现状。

b. 服装贸易产业

明代时，濮院因盛产濮绸，曾以“日出万匹绸”成为“嘉禾一巨镇”。改革开放以来，因毛针织产业发展壮大而建起羊毛衫市场，获得“全国最大的羊毛衫集散中心”“中国毛衫第一市”等荣誉称号，濮院的服装贸易传承千年而未中断。

c．濮院特色饮食

“酥羊大面”为濮院镇传统饮食，选用当地羊肉、细水面为食材，做工考究，色香味俱佳。

⑥ 资源开发导向分析

a．历史和文化是彰显濮院独特性的核心资源

围绕濮氏家族、章宅、宋濂、濮绸、蚕桑习俗、江南五大镇等历史和文化，打通历史与现在，进行文化的继承创新是影响濮院发展的关键，形成特色的住宿、娱乐、购物等产品，也是濮院区别于其他古镇的关键。

b．河道、桥梁、街巷和院落是古镇发展的骨架

桥群、章宅、翔云观山门等文保单位及寺湾街、大有桥街、杏林街等街巷形成了古镇发展的骨架。依托骨架，结合游客的休闲需求和游览习惯，进行功能和业态布局，打造传统与现代融合的时尚古镇。

c．毛衫产业是濮院历史传承发展的重要依托资源

濮院建镇之后，很长时间内都发挥着商业市镇的功能，商贸业是历史传承的重要组成部分。明清时期，濮院丝绸是核心商品。现在，毛衫是核心商品，一直围绕“生活产品”做文章，毛衫业、商贸业与旅游业融合是濮院古镇发展的方向。

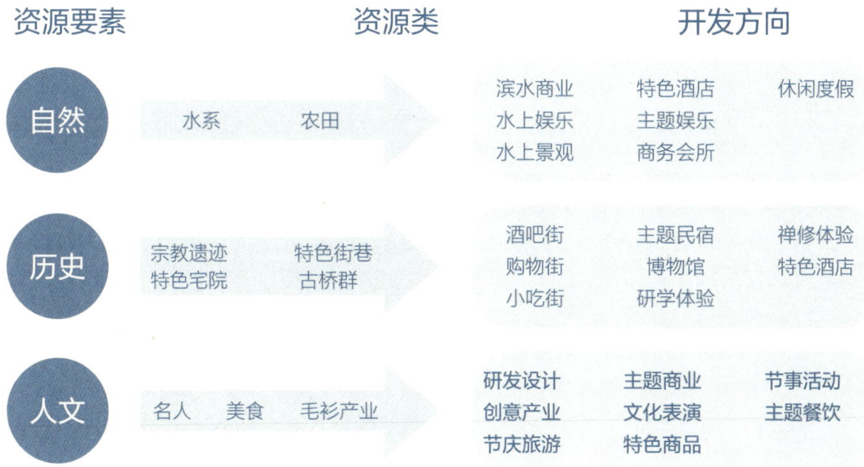

资源要素	资源类	开发方向
自然	水系 农田	滨水商业 水上娱乐 水上景观 特色酒店 主题娱乐 商务会所 休闲度假
历史	宗教遗迹 特色宅院 特色街巷 古桥群	酒吧街 购物街 小吃街 主题民宿 博物馆 研学体验 禅修体验 特色酒店
人文	名人 美食 毛衫产业	研发设计 创意产业 节庆旅游 主题商业 文化表演 特色商品 节事活动 主题餐饮

图 3-30 濮院镇资源开发导向

（3）规划内容

濮院古镇有机更新项目是在濮院古镇的基础上组建的，批建面积为1.56平方千米，约2340亩。规划范围东至濮院港，南至310国道，西至中兴路、永乐路，北至紫金路、大庆丝厂（图3-31）。

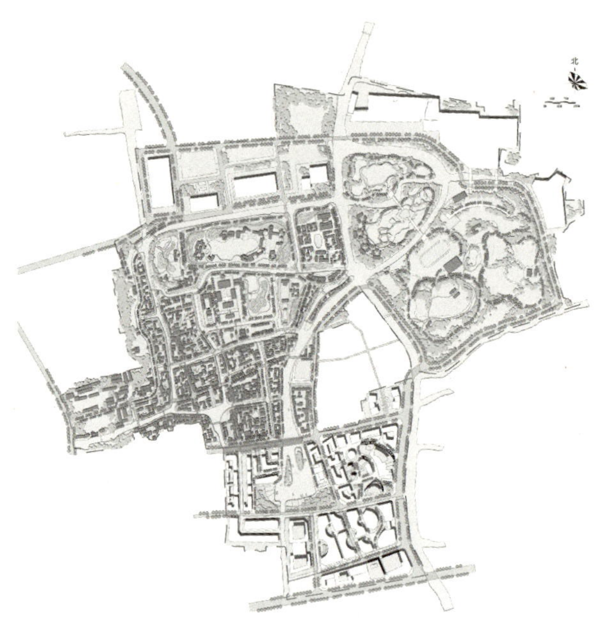

图 3-31　濮院镇总平面图

① 发展战略

有机更新战略

· 对濮院古镇进行有机更新，以院落为细胞进行循序渐进的改造，遵循当地原始的聚落生态，较好地保存原有镇区聚落形态；与此同时，引入新技术、新材料、新理念，对传统街巷进行立体改造

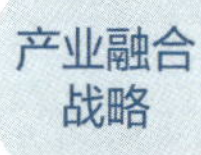

产业融合战略

· 采用多种方式提高当地居民参与的积极性，从城市功能优化、毛衫产业升级、以人为本的新型城镇化角度出发，以“一业驱动四化”，实现濮院毛衫产业、文化创意产业、旅游服务产业的高度融合

图 3-32　濮院镇旅游发展战略

时尚引领战略

· 提升扩大时尚消费，打造多维度时尚消费空间，推进时尚品牌集聚，培育标志性自主时尚品牌，形成时尚创业群体集聚区，全方位构筑时尚品牌生态群，建设国际时尚品牌跨界旅游产业中心

图3-32 濮院镇旅游发展战略(续)

② 旅游活化策略

a. 梳理三个关系：综合市场、古镇旅游、现代城镇

根据以上对濮院古镇的发展研判，规划组认为濮院未来需要处理好综合市场、古镇旅游和现代城镇三者之间的关系。充分发挥濮院自身的产业优势，探索优势产业的转型，通过引入创意、文化旅游产业，进一步综合解决濮院居民的生计问题，构建综合市场，吸引外部客流，在区域内形成便利的古镇生活休闲空间，从而促进区域内的人口集聚，提升古镇活力，形成新的产业发展制度、古城风貌保护制度、游居共享制度、新型城镇化制度等，依此形成新的濮院古镇文化形态，完成古镇到“新”古镇的蜕变。

b. 构建三个叠加：棋盘街巷+休闲院落+复合产业

（a）突出棋盘街巷优势

棋盘街巷的建筑格局极大地增强了古镇的纵深感，为项目打造提供了更多有效利用空间，极大地增加了亲水建筑的面积，更容易营造休闲度假氛围，有效延长游客停留时间。因此，依托棋盘街巷格局，打造文化主题街巷、沿街构造主题院落、构建亲水开放空间。

（b）做精休闲院落空间

濮院古镇分布有大量保留完好的院落空间，每个院落都承载着深厚的历史底蕴，构建了“家”的围合感，形成了怀旧的场所精神，易引起观者的情感共鸣。因此，通过打造主题院落、突显场所文脉、赋予新的功能、融入多种业态、融合高新科技等手段综合打造精品休闲院落空间。

（c）复合产业发展

羊毛衫产业作为濮院经济的支撑产业，为濮院旅游业的发展提供了经济基础及潜在客源基础，并且两大产业融合，可降低濮院古镇的产业风险，为产业的转型提升提供了契机。

③ 总体定位：江南古镇本底＋海派时尚生活＋设计休闲目的地

以传承文脉、更新产业、复兴空间三位一体的有机更新理念为指导思想，以建设国际旅游名镇为发展方向，以濮院的水乡古镇建筑景观资源、毛衫产业资源和民俗文化资源为依托，以街巷、院落、水系、郊野为空间载体，塑造：集时尚购物、古镇观光、民俗体验、文化休闲、品质度假、产业创新等功能为一体的中国风尚休闲旅游目的地；尺度宜人，功能复合、宜居宜业宜休闲的品质生活地；时尚品牌荟萃、时尚达人云集、文创产业聚集的时尚策源地；中国文化与全球时尚对接、互联网创客人群、传统手工艺术家汇聚的创业先锋地。

④ 战略目标

生态旅游城镇的标杆	· 将古镇旅游融入濮院镇的产业链条中，实现产业间的有机融合 · 以休闲度假需求为切入点，重建古镇的水系、环境和产业
古镇文化保护和时尚文化的顶级平台	· 以可休闲、可消费为导向实现古镇文化的传承创新，从发展做保护 · 以时尚消费、创意设计为核心，建设“中国风尚”的交流消费平台
地域性休闲旅游一站式消费胜地	· 面对上海、杭州等区域市场，打造以古镇旅游、时尚消费、文化体验、设计品牌为特色的休闲度假旅游区
中国小城镇转型升级典范	· 以“腾笼换鸟”为手段，梳理古镇与濮院、桐乡、上海的产业关系，实现产城融合发展，打造宜业宜居宜休闲的新型城镇化典范
中国最具影响力的旅游目的地小镇	· 以全域旅游景区为理念，实现景区、镇区融合发展，探索旅游业与新型城镇化、新型工业化和现代农业融合，打造小镇旅游目的地

图 3-33　濮院镇旅游战略目标

⑤ 空间结构：一带·五区

在空间布局上，按照古镇为核、文化为脉、产业集聚的理念形成了“一带·五区”的空间格局，即濮院港生态景观带，以及入口集散区、古镇观光区、禅修度假区、时尚文化创意区、生态度假区，形成层次分明、主题明确、区域均衡发展的空间态势（图3-34）。

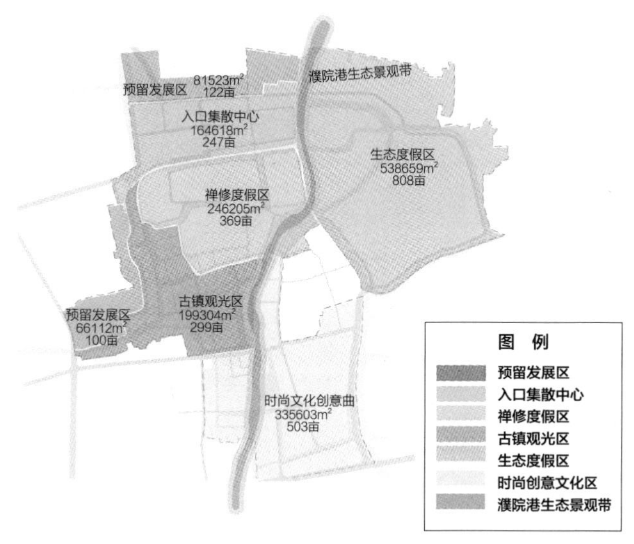

图 3-34　濮院镇空间结构图

⑥ 产品体系：四大功能、八大产品系列

产业方面，依托古镇旅游资源、毛衫产业、传统建筑、民俗风情、传统文化、美食特产等各类资源进行产品规划，突出“休闲、度假、文化、观光”四大功能，以“古镇观光”“禅修度假”“生态休闲”“时尚购物”为核心，打造八大产品系列，实现泛旅游产业联动的发展策略，最终实现桐乡市旅游的大发展、大繁荣。

a. 四大功能区

（a）古镇观光区为封闭式片区，再现江南大镇风采、传统与现代共生的美丽水乡。

第一，食住游购娱学的丰富产品，全景式古镇风情展示。打造吃在古镇、住在古镇、游在古镇、购在古镇、娱在古镇、学在古镇等主题旅游产品，全景式360度展现濮院古镇。

第二，传统与现代有机融合，营造具有时代连续感的游览空间。基于现状建筑的保存状况，进行修缮、翻新和新建，实现古镇建筑的有机更新。结合时代需求，对现状街巷格局进行整理，延续传统格局。

第三，全天候的古镇休闲体验。丰富古镇夜游产品，注重旅游业态的休闲化和体验化设计，打造24小时的休闲体验。

古镇观光区项目体系　　表 3-4

濮氏八宅	主题展馆	主题民宿	特色街区	古镇标识
大宅——休闲养生馆 旧宅——老电影馆 市上宅——牙行商贸馆 南新宅——江南砖石展览馆 南河宅——慢生活体验馆 东河宅——濮院美食主题餐厅 大墙宅——濮绸博物馆 西街宅——植物博物馆	岳氏三进士第 仲小某宅 西子妆楼 章宅	龙湾街 民宿区 柳岸街 民宿区	永乐路——水上集市 大街——创意工坊 庙桥街——美食街 杏林街——精品购物街 西廊棚——酒吧区	南更楼 北更楼

（b）禅修度假区

以佛教禅修理念诠释高精神层次的生活方式，打造高端的禅意度假空间为封闭式片区，针对白领人群，塑造禅意生活状态，感悟人生真谛。

禅修度假区项目体系　　表 3-5

禅意休闲区	濮司令园
	禅意酒店
	禅修文化休闲街区
	民宿
禅境体验区	正宅（禅房）
	福山寺
	梅园
	翔云观
禅修活动区	禅修广场

（c）时尚文化创意区：开放式片区，以创意时尚为主题的度假情景购物组团

第一，融汇毛衫产业的高端环节。重点发展设计研发、品牌服务等功能，延伸濮院镇毛衫产业的价值链，提升产业的附加值。

第二，补位城镇休闲功能，推动濮院镇向城区转变。建设休闲购物、休闲餐饮、休闲娱乐等设施，完善濮院镇的生活和休闲功能。

第三，创建国际免税销售中心及本土化品牌平台。

时尚文化创意区项目体系　　表 3-6

<table>
<tr><td rowspan="4">品牌设计街区</td><td colspan="2">中国原创设计品牌街</td></tr>
<tr><td colspan="2">国际免税品牌街</td></tr>
<tr><td colspan="2">女儿街—麻豆街</td></tr>
<tr><td colspan="2">水秀场</td></tr>
<tr><td>滨水街区</td><td colspan="2">滨水墟市</td></tr>
<tr><td rowspan="2">时尚购物区</td><td rowspan="2">梅泾时尚购物区</td><td>梅泾 MALL</td></tr>
<tr><td>梅泾开放式购物街区</td></tr>
<tr><td>酒店区</td><td colspan="2">濮尚酒店</td></tr>
<tr><td>集散中心</td><td colspan="2">东游客服务中心、南出口集散广场、码头广场、复古高架桥</td></tr>
</table>

（d）生态度假区：悠水乡，慢生活

第一，打造一站式度假生活。以生态为特色，以田园、水乡为基底，提供娱乐、购物、住宿、美食、运动等一站式度假生活。

第二，打造城市群中的生态乐园。面向长三角地区中高端人群，以家庭亲子、休闲度假为核心的高端旅游度假区。

生态度假区项目体系　　表 3-7

度假酒店	稻田精品酒店	
室外游乐区	外婆家的水乡	果香主题乐园
		湿地岛
动物园	毛绒世界乐园	

b. 八大产品体系

濮院古镇旅游产品体系　　表 3-8

产品类型	产品名称
核心产品	古镇观光类旅游产品
	禅修度假类旅游产品
	亲子度假类旅游产品
	时尚购物类旅游产品
辅助产品	特色美食类旅游产品
	民俗体验类旅游产品
	农业休闲类旅游产品
	滨水休闲类旅游产品

（a）古镇观光类旅游产品

以八大宅—岳氏三进士第—仲小谋宅—濮驸马第（旧宅）、庙桥街—杏林街—酒吧街—永乐水上集市（胭脂汇）为主要项目载体。深度挖掘古镇院落文化、濮氏家族文化的丰富内涵；同时结合时尚流行元素，在具体项目的建设过程中，将古今结合、中西合璧的元素融入项目细节及表现形式当中，让游客在观光、休闲、娱乐中体验濮院古镇的独特魅力。

（b）禅修度假类旅游产品

以濮司令园、禅意酒店、禅修文化休闲街区、福善寺、梅园、翔云观、禅修广场为主要项目载体。打造禅修园林景观，形成以禅修为核心，包括供佛、默念、冥想、禅食、禅茶等一系列项目在内的旅游产品体系，以禅为媒，打造日常生活的禅，塑造哲学生活状态。

（c）亲子度假类旅游产品

以外婆家的水乡、毛绒动物乐园为主要项目载体。针对当前游客中亲子人群庞大的特点，积极开展亲子类度假旅游，引入各种时尚、怀旧的亲子项目，以“生态、时尚、怀旧、乡村”作为理念，聚焦游客关注点，刺激其消费欲望。

（d）时尚购物类旅游产品

以品牌设计街区、梅泾购物街区、濮尚酒店为滨水墟市主要载体。以商务休闲、时尚购物为主要旅游形式，充分利用濮院羊毛衫产业品牌突出、产业庞大的特点，以濮院古镇旅游宣传为媒介，推介濮院毛衫高端产品，改变当前濮院毛衫档次不高的印象。结合范蠡河码头引入各种水上娱乐设施、积极推动举办简单的水上竞技活动，动静结合、张弛有度，让游客既可在激烈运动中挥洒汗水，又可在微波荡漾中舒展身心。

（e）特色美食类旅游产品

以庙桥街、杏林街、滨水墟市、主题民宿、濮尚酒店、禅修街区为主要项目载体。美食旅游是当前一种较为新颖的旅游形式，是饮食文化旅游发展的必然趋势和结果，有着巨大的发展前景，在古镇环境下品尝美食不仅“味”道十足，而且文化气息浓厚。

图 3-35　街巷效果图（一）

（f）民俗体验类旅游产品

以八大宅、濮驸马第（旧宅）、范蠡河码头、永乐水上集市（胭脂汇）、外婆家的水乡为主要项目载体。对应市场为所有细分游客市场。

（g）农业休闲类旅游产品

以外婆家的水乡为主要项目载体，对应市场为所有细分游客市场。

（h）滨水休闲类旅游产品

以主题民宿类、禅意酒店、外婆家的水乡、设计街区、码头等为项目载体。对应市场为所有细分游客市场。

图 3-36　街巷效果图（二）

图 3-37　院落效果图

案例 2　浙江省南浔古镇旅游发展策划

项目时间： 2011年

委托单位： 浙江南浔古镇旅游发展有限公司

（1）规划背景

南浔古镇隶属于浙江省湖州市，东与江苏苏州（吴江区）接壤，西距湖州市区32公里，位于中国长三角城市群的中心腹地，地处太湖南岸，是浙江省历史文化名镇。全镇区域面积141.3平方公里，其中古镇区2平方公里，总人口13.74万。

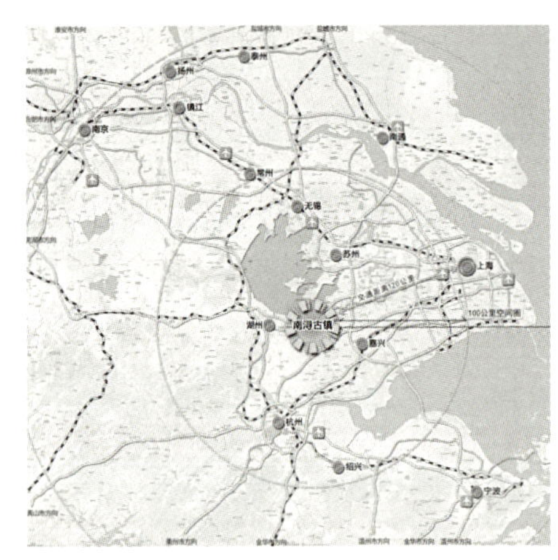

图 3-38　南浔古镇区位分析图

1991年，南浔古镇被列为浙江省15个历史文化名城之首。作为江南六大古镇之一，南浔古镇旅游业起步较早，是第一批进行旅游开发的江南水乡古镇，但由于旅游项目基本停留在静态发展阶段，主导产品仍是观光旅游，南浔古镇的发展远落后于同期其他古镇。因此，在南浔古镇旅游发展策划过程中，规划深挖资源特色，协调现有资源，将国粹文化作为资源整合的契点，古镇形象提升到与少林寺、景德镇齐名的中国国粹文化旅游胜地的高度，助推南浔突破古镇旅游的局限，成功跻身世界级文化旅游城市。

（2）南浔特色

① 国丝豪门，儒商世家

南浔古镇是江南六大古镇之一，素有“鱼米之乡”“丝绸之府”之美誉。南宋时起，南浔镇就商贾云集，经济繁荣。南宋理宗时（1225～1264年）有文献记载："南林一聚落，而耕桑之富，甲于浙右。"其中的南林即为南浔。南浔“镇”的形成和富裕，是生产力和商品经济发展的产物。蚕桑种植经济和家庭手工缫丝日益发展，南浔财富亦日积月累，“江浙之雄镇”为民间之共识，史家之定论。

1851年的伦敦世博会上，原产地南浔的湖丝作为代表中国参展的唯一产品一举摘得金银奖牌各一枚。1915年，南浔的辑里丝曾与贵州的茅台酒同获巴拿马国际博览会金奖。近代，镇上出现了一大批靠经营蚕丝发迹的丝商巨富，俗称“四象八牛七十二金黄狗”，是中国近代最大的丝商群体，南浔镇因此成为“耕桑之富，甲于浙右”的江浙雄镇。南浔镇历来名人辈出，从明代时就有“九里三阁老，十里两尚书”之谚，宋、明、清三代，南浔籍进士41人。现在全国有影响的南浔籍专家、学者有80余人。

② 中西合璧

不似其他江南古镇的传统式小家碧玉，南浔是中西结合的“混血儿”，南浔独有的“西洋范儿”是其他古镇望尘莫及的。历代经营国丝出口的南浔商人多数长居于此，有更多的机会去海外游历，接触西方文化和大都市，他们不满足于只是好奇和欣赏西洋文化与生活，于是想在南浔修建西洋楼用于办公和居住，但又不能过于张扬，不能忘本，因此就把精雕细琢的西洋建筑放在了自家豪门深宅的里边，创造了独特的浔式建筑。

中国第一代建筑师开始探索中国建筑民族风格的时间大致在1928年前后，而南浔的中西合璧式大宅大多建于19世纪末20世纪初，如张石铭旧宅建于1899～1906年，刘氏悌号建于1905～1908年，求恕里始建于1908年，并于20世纪20年代扩建。

（3）规划内容

① 总体思路与定位

总体定位为“国丝豪门·洋风古镇·中国南浔”，分解为国丝豪门的江南水乡、中欧风尚的世界南浔两个方面。

以南浔古镇本底文化及建筑艺术为资源基础，以打造世界级中国特色古镇为旅游发展目标，用五年左右的时间实现南浔古镇整体高端转型，成为世界第六大城市群长三角区域的商界休闲新坐标、文化休闲精神家园、孩子们的国学乐园、中国第一个中欧风尚的魅力古镇、未来的AAAAA级景区和世界文化遗产单位。

② 功能格局

a．旅游服务集散中心

主要包括三个部分，近期主要提升人瑞路景区入口；中期与浔溪三桥相结合，打造东北部主入口；远期向南延伸至年丰路，利用河西地块建设南部田园入口服务区。

b．古镇原真生活区

主要包括人瑞路以南、年丰路以北的沿河区域，以风貌改造为主，形成展现古镇原住民生活面貌的乐活老街。

c．古镇核心旅游区

位于古镇的中部，主要包括南入口、南西街、南东街、小莲庄、十字港和东大街。本区在保护的基础上，通过创新型、体验型产品的设置，打造以文化休闲为主题的新型古镇游览方式。

d．高端商务休闲区

位于古镇北部，主要包括宝善街和百间楼，此外还有分布于古镇的所有豪商府邸商务会馆。以高端商务休闲为主题，成为南浔“二次创业”、战略转型的集中体现地。

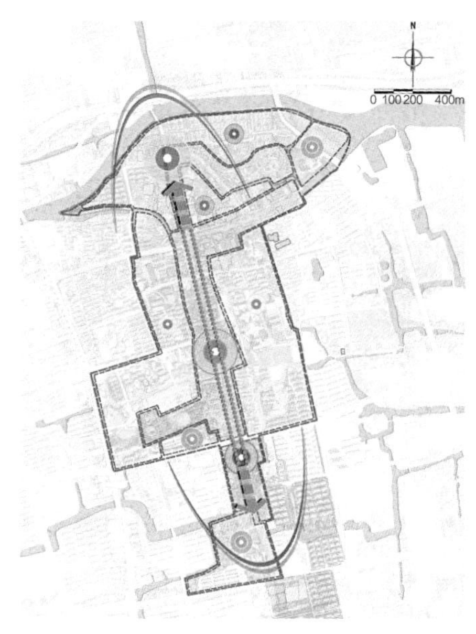

图 3-39　南浔古镇空间格局图

e．创意文化培育区

主要包括东大街以北、宝善街以东、百间楼以西的区域，建设MOMA创意古典大宅，作为古镇旅游产业的有效补充。

f．财富南浔高端物业区

位于古镇北部、宝善街以西、百间楼以北的区域，发展高端物业，带动地块升值。

g．城市生活区

主要是东西大街两侧地块，作为城市市民生活区，风貌加以改造，提高市民生活环境质量。

③ 产品体系

重点项目产品体系以“五个南浔”为指导：商雅南浔、欧尚南浔、文化南浔、乐活南浔、童趣南浔。

a．商雅南浔

依托南浔优美的古镇水乡风韵，挖掘并发扬其建筑艺术、财商文化和南浔精神的独特价值，在北部片区打造高端商务休闲区，建成百间楼精品度假村和国丝豪商府邸商务会馆。对内提升古镇旅游发展水平，形成南北互补、完善的产品体系，对外有效对接长三角高端商务消费市场。

b．欧尚南浔

在重振南浔文化的基础上，做大南浔的建筑文化。将南浔人在欧洲、杭州、上海、青岛等全国各地建设的西洋建筑凝集到南浔，将南浔原本就有的、藏起来的建筑艺术展现出来，打造“浔式”建筑艺术博物街。向世人展示国丝豪商的世界视野，向世界展示南浔古镇的历史辉煌。

c．童趣南浔

以传统文化教育为内容，以创新式的经典国学为基础，以南西街、南东街至小莲庄街道为限定区域，择点进行儿童职业体验，打造一个大人与孩子共游的欢乐古镇。

d．文化南浔

打造1个南浔历史博物馆，2个特色文化馆，4个重点文物保护单位和10家可以住的私人博物馆，使南浔文化旅行与其深厚的历史底蕴相匹配。

e．乐活南浔

以体现“快乐生活，快乐旅游，活力南浔”为宗旨的产品项目体系，重点解决旅游活动“吃、住、行、游、购、娱”六要素中吃、住、娱、购的部分，在古镇这些游客最密集的地方，建造枕河人家民宿街、餐饮文娱街、旅游商品购物街和原真生活老街，形成游客欢乐、娱乐、消费的中心。

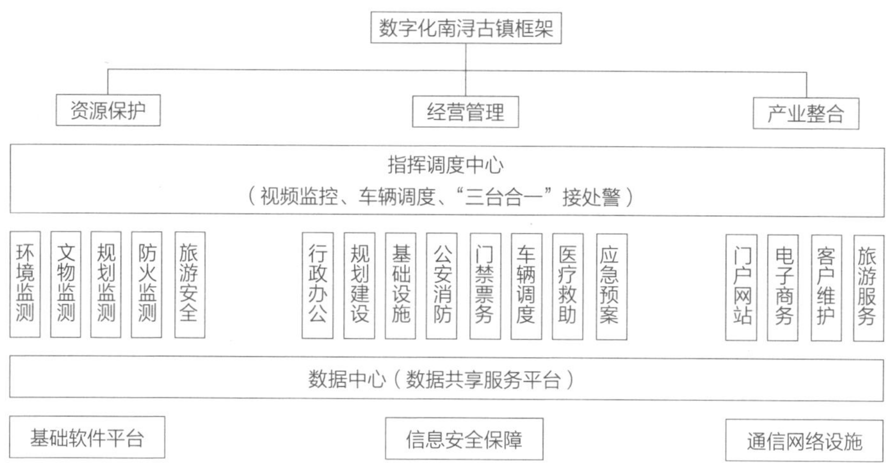

图 3-40　数字化南浔古镇框架

④ 智慧南浔，古镇新时代

南浔古镇实行景区智能数字化管理，利用监测系统、网格化管理、全球定位、遥感、地理信息、视频和物联网等新技术，实现旅游景区景点资源电子化、商务预订全球化、门票智能化、游客行为追溯、智能化引导和时空分流、景点游量测控等，对接现代游客旅游新需求和新趋势，打造智慧南浔新时代。

⑤ 居民调控

a. 居民搬迁安置

规划将古镇区现状2.5万居住人口，逐步疏解控制在1万人以内，古镇区迁出人口通过享受优惠政策、廉租房和购房补贴的方式，迁于新区开发的居住小区内安置。

b. 社区参与模式

一是居民自管模式。即在古镇原住居民内部成立古镇旅游开发管理机构，政府或投资商给予政策和资金上的支持，在必要的时候给予指引和帮助，实实在在地把管理权和决策权交给居民自己，由他们自己去想去做。

二是古镇社区共同管理模式。即当地政府、古镇居民、投资商三方共同形成古镇管理的主体，组成古镇管理委员会，共同利益者共同参与公共资源管理方案决策、设计和评估的过程。

c. 社区参与旅游发展方式

(a) 参与旅游发展决策

社区参与旅游发展决策包括居民自行决定旅游发展目标、参与旅游发展规划、对旅游发展的战略方向和目标提出建议、参与旅游发展的具体目标和措施的确定、参与选择具体的旅游形式等。

(b) 参与旅游产品规划

社区居民可以参与农林休闲度假产品的生产、旅游纪念品的创新设计、管理旅游购物品销售现象等旅游产品的规划。

(c) 参与旅游社区营销

要求社区居民了解本地发展旅游的潜力和前景，并体现旅游地特色，增强旅游意识，自觉保护当地文化符号，尤其是在民居建筑、服饰、语言及相关的礼仪、节庆活动等方面。

(d) 参与管理旅游服务

在景区旅游经济活动中，社区参与是对整体旅游服务的很好补充，对完善旅游地服务系统、美化旅游地旅游形象具有很大的推动作用。

(e) 参与旅游利益分配

参与旅游决策的多层面和高强度保证了居民的收益机会，包括不断增加的就业机会和商业机会、本地居民优先被雇佣的权利、旅游商品尽量采用本地原料进行加工，以及向居民开放为旅游者兴建的服务设施和环保设施等。

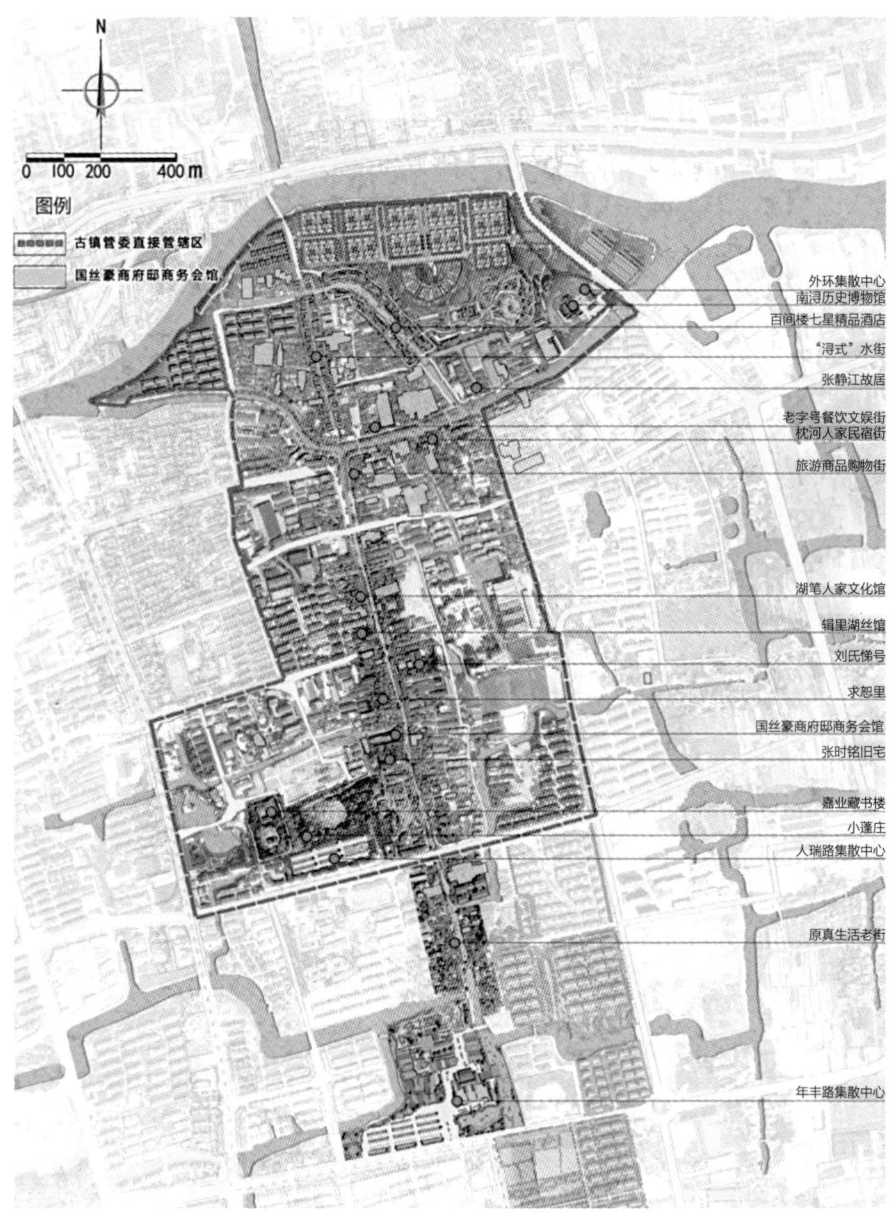

图 3-41 南浔古镇总平面图

案例3 江苏省南通市如东县栟茶古镇旅游总体规划

第二批国家级特色小镇

委托时间： 2016年

委托单位： 如东县栟兴建设发展有限公司

（1）规划背景

栟茶镇坐落于江苏省南通市如东县西北部，东临黄海，距如东县城约40公里。南通市位于苏中地区。栟茶镇交通连接上海和苏南，贯通南通全市，海陆空三线交通正逐步完善。栟茶镇处在长三角经济圈、沿海经济发展轴和沪苏通经济圈上，直接接驳各种政策、经济、产业的利好（图3–42）。2017年栟茶镇被列入第二批国家级特色小镇名录。

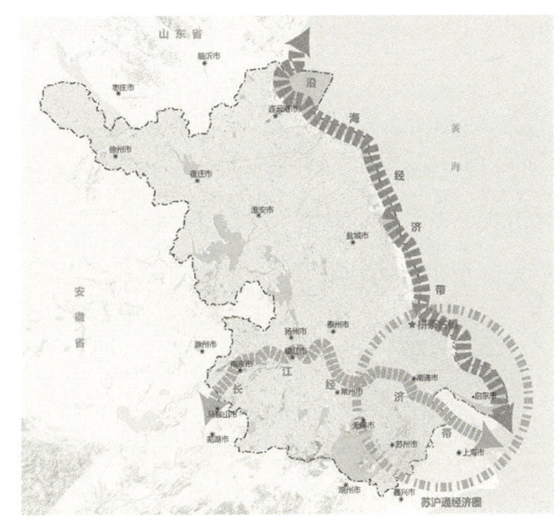

图3-42 栟茶古镇区位图

（2）开发难题

如何从“古镇观光”转型？如何突破传统的古镇开发，实现品牌塑造和度假氛围营造，同时还要处理好古镇活化与旅游的关系？如何表现栟茶文化，塑造核心吸引力，助力古镇重生？如何运营管理，实现旅居一体，营造度假氛围？如何实现在全域旅游发展理念下的新型城镇化发展？这些都是栟茶镇未来旅游开发的难题。

① 国家AAAAA级景区标准对比：景观过于单调，有待丰富多样化

环境质量方面，生态品质较高，但景观单一，旅游吸引力不强；市场影响力方面，市场知名度低，市场辐射力较弱；服务质量方面，产品体系尚未成立、游览与设施配套不足，缺乏多样化的步道以及完整的游览体系。

② 旅游度假区标准对比：度假氛围不足，有待加强系统化

从休闲度假功能来看，生态优势较为明显，度假氛围营造不足，休闲度假产品开发欠缺；从接待服务能力来看，接待服务、公共服务等尚不足；从未来发展潜力来看，地处华东旅游市场腹地，未来发展潜力较大。

③ 旅游度假目的地标准对比：吸引力不足，有待全面提升

风景资源质量上，拥有滨海、运河、田园等资源类型，主题风景资源类型不足；区域环境质量上，街巷肌理保护较好，古镇建筑风貌保存一般；旅游开发利用条件上，开发初级，基础设施条件与内部游览交通等有待加强。

（3）古镇资源

栟茶因海而生，是具有“海”气质的古镇，海岸线长12.2公里，滩涂面积10万亩，近海生物资源丰富。栟茶始建于唐朝，拥有1400多年的历史，成陆于西周，发端于唐，发展于宋，具有丰富的历史文化资源，历史沉积在民居、在街巷、在寺庙、在饮食、在栟茶人的身上以及栟茶人的生活之中。

古镇发展历程如下：

两晋南北朝：海水冲击、聚沙成陆

唐代：煎盐场亭，以栟茶二树为标，设摊易货，搭棚为居，始建栟茶。

明代：一批江南人迁居至此，朱元璋驱使苏州阊门一带百姓来此服盐役。同时期设南沙书院。

宋代：栟茶设盐场。范仲淹主持修建范公堤。

元朝初年：属扬州府泰州宁海二十九郡，又属江扬州府泰州县。

清代：改属扬州府东台县。发生文字狱“一柱楼诗案”。建寿圣寺。

民国初期：栟茶建镇。商业迅猛发展，开设店铺154家，1928年建大东旅社。

（4）规划内容

① 总体定位

以美食文化为核心吸引，以文化创意为基本途径，以民俗文化、街巷文化，渔盐文化、教育文化为特色补充，依托全域旅游的理念，将栟茶古镇建设成为

"全国知名的文化休闲度假小镇"。以此为引领，将整个栟茶镇建设成"全国第一个以古镇旅游为引领的国家全域旅游示范区"。

② 发展思路

启动引爆项目，恢复历史建筑，塑造古镇形象，平衡各方利益。

③ 两个引爆点

家味·栟茶：以美食为主题特色，打造全国第一家美食古镇，以及国内"别具风味"的特色小镇。

文创·古镇：以文创为主打要素，结合当地产业、产品打造长三角地区的时尚古镇。

④ 空间布局

规划一期从2017~2019年，规划的空间布局如下（图3-43、图3-45）：

启动区（一期的核心区）——启动东部的成长乐园项目，包括电影公园的合作招商工作，弥补古镇景区开发周期长的困境。

改造栟茶古镇的中市街及岔栟河两岸——通过滨水景观的提升、内部街巷立面及环境的改造、业态的注入，让人们看到古镇的新颜。

古镇文化创意园一期——已经完成合作招商，是古镇文化创业休闲的先行区与示范区。

寿圣寺禅院——已开始寿圣寺的新址建设工程。

图3-43　栟茶古镇功能分区图（一）

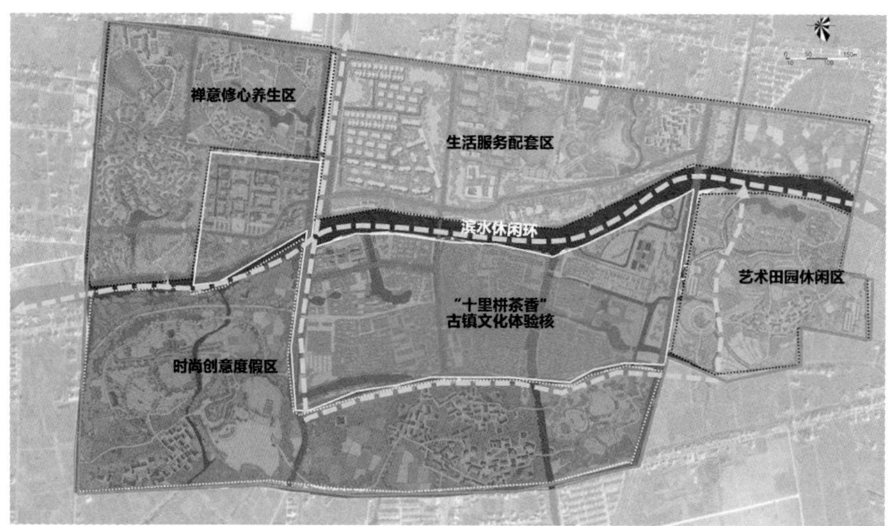

图 3-44　梯茶古镇功能分区图（二）

图 3-45　梯茶古镇项目布点图

⑤ 重点建设内容

a. 点——十大景点+接待中心

十大景点分别为：圈门早市（东圈门）、石桥掠影（东石桥）、一柱傲梅（一柱楼文化苑）、中市酒香（中国酒文化博物馆）、老街客栈（大东旅社）、百家讲堂（南沙书院）、留影时光（民国照相馆）、印象流年（民俗博物馆）、纵横四海（海军纪念馆）、稻香温泉，接待中心为：入口服务中心（图3-46）。

b. 线——两河一线

引入美食陆港的项目，重点开发沿栟茶运河南岸，以海鲜美食为主，形成海鲜一条街；重点开发岔栟河西岸的地块，以全国精品美食为主，穿插酒吧、茶吧、咖啡吧；岔栟河东岸以打造滨河景观为重点，作为后期发展的预留地块。

c. 面——三街六面

进行立面整改工程及景观塑造工程，对严重破坏古镇风貌的现代建筑进行拆除，融入文创理念，促进当地产业转型发展。

图 3-46　栟茶古镇游客服务中心效果图

案例4　四川省柳江古镇旅游区总体规划

第二批国家级特色小镇

委托时间： 2011年

委托单位： 四川省洪雅县旅游局，柳江古镇管委会

图 3-47　柳江古镇旅游核心区鸟瞰图

(1) 规划背景

柳江古镇旅游区地处成都都市圈腹地，是四川省实施“旅游经济强省”战略框架的黄金节点，是眉山市打造“川（成）南休闲旅游目的地”的重要支撑，也是洪雅县把旅游业建设成为实施战略性支柱产业目标的品牌核心（图3-48）。

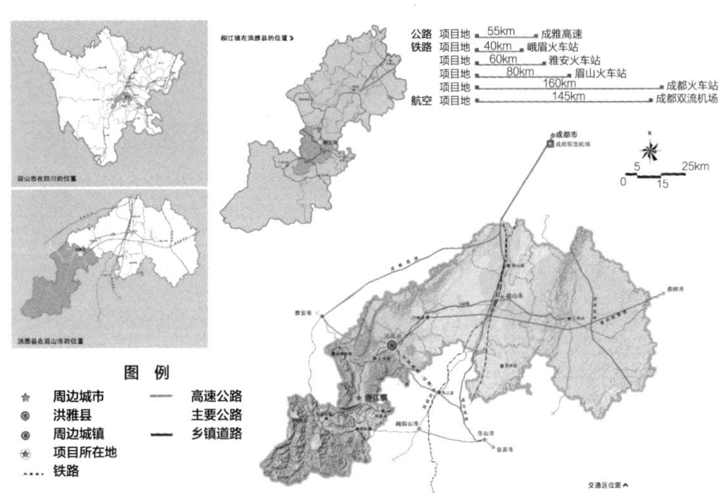

图 3-48　柳江古镇区位关系图

（2）古镇肌理

柳江古镇旅游区是一个融合古镇（清代、民国年间修缮的、木构吊脚楼风格的老街）、山（玉屏山、侯家山、祁山、峨眉山）、水（花溪河、杨村河，以及数十条溪流、山谷）、森林（地处国家森林公园重要林区，并镇上古榕）、田园（带有浓郁的川西民居风格）等景观风貌为一体的综合型旅游景区。

柳江古镇旅游区不仅有着悠久的历史文化，有近8万平方米的文化建筑遗存至今，同时还有一些绵延数千年的故事传说、民俗习惯、生活方式延续至今，薪火相传；喜闻乐道的名人轶事更是意蕴深长，极富文化气息（图3–49）。

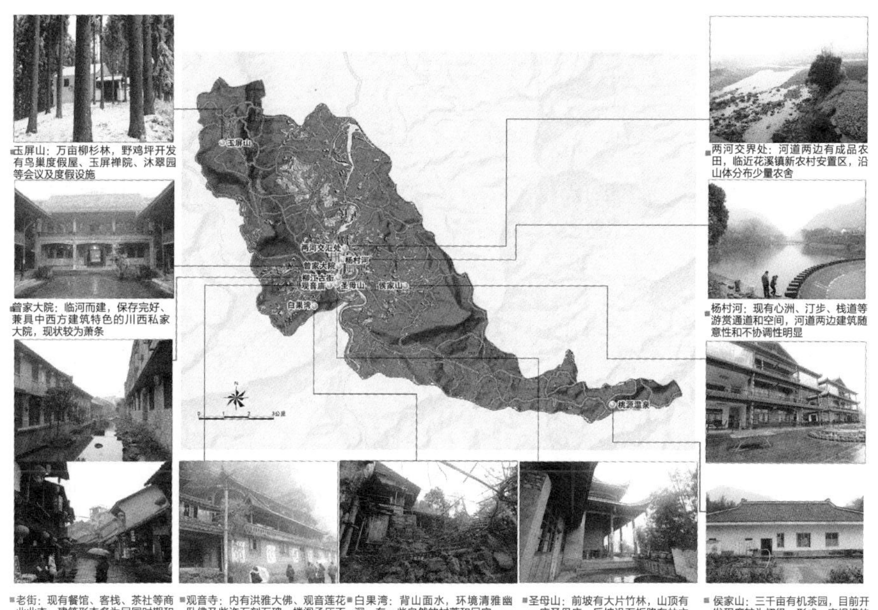

图3-49 柳江古镇旅游区场地现状图

（3）规划内容

①目标定位

针对柳江古镇面临“旅游消费模式升级”（从观光到综合休闲度假）、景区发展模式升级（从单一到综合开发）、地产开发模式升级（从传统住宅地到综合休闲地产）的宏观诉求，紧抓四川省成都平原都市群的建设契机，立足于眉山国家级旅游目的地体系建设，把握好洪雅县生态战略的实施和旅游全面腾飞的诉求，把柳江古镇建设成为：川西古镇旅游综合体、中国旅游名镇、AAAAA级旅游景区。

② 功能分区

柳江古镇的功能分区为一心·两带·四片区（图3–50、图3–51）。

a. 一心

柳江古镇旅游区核心区。是从花溪河、杨村河交汇处北扩约500m，至圣母山以南约500米的地域。旅游区核心区根据引擎项目特点和产业发展方向，分为古镇文化体验区、半岛度假区、滨水娱乐区、夜色生香休闲区、综合服务区五个分区。

b. 两带

分别为：田园度假带——花溪牧歌、温泉产业带——桃源温泉。

c. 四片区

分别为：蝉唱玉屏——玉屏山高山休闲度假区、禅香乐道——光明寺佛教文化旅游区、茶山竹海——侯家山山地运动度假区、柳江新区——生态新镇示范区。

图 3–50 柳江古镇旅游区规划总图

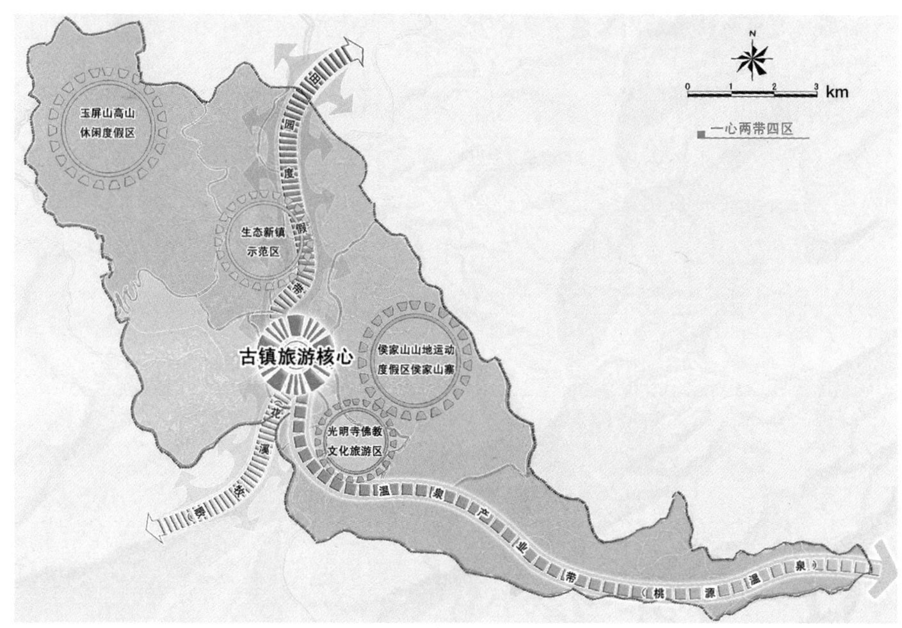

图 3-51　柳江古镇旅游区空间结构图

③ 核心板块

柳江古镇旅游区核心区根据引擎项目特点和产业发展方向，分为以下板块（图3-52、图3-53）。

a. 古镇文化街区

以古镇文化体验、原生态生活方式体验为核心吸引力，重点是保护好柳江老街（两街十八巷）7万余平方米的老建筑群，恢复反映旧时风物的四大家庭院子，更加合理便捷地提高古镇观光体验。核心项目是“中国创意影视基地”。

b. 半岛度假区

以与AAAAA级旅游景区相适应的度假酒店、会议中心、主题会所、创意街区为卖点。其中，度假酒店的特色是原生态住宅与奢华服务品质的完美结合；会议中心的特色是川南地区规模最大的、依托于文化旅游景区的地区性重要会议中心；主题会所主要有具有川西民俗特色的主题会所；创意街区的最大功能是弥补柳江老街可游赏空间狭小的不足，其特点是现代创意与古镇文化之魂的完美融合。该区的两大引擎项目是烟街雨巷（或名“一里花街二里柳巷”）、花溪酒店。

c. 滨水娱乐区

面向女性、儿童市场，做大水休闲、水娱乐文章，彰显山水古镇特点，成为成都一小时经济圈当中水休闲品质最高、规模最为集中的溪河水娱乐大都会。该区引擎项目包括面向儿童的“嬉水乐园”，面向爱美女性的“香溪谷”，以及兼具文化演艺功能、夜间参与功能的大型“雅·颂”实景演出项目；此外，花溪河湿地公园的重要地段即在该区域。

d. 夜色生香休闲区

该区域是柳江古镇夜生活最为集中的带状休闲区，最大功能是将夜生活的业态集中呈现，起到延长游客停留时间、丰富游客夜间休闲体验的作用。该区域的主要业态是酒吧。

e. 综合服务区

该区域以提供高度人性化、节能高效、功能完备、服务舒适的国内一流综合旅游服务为最大特点。

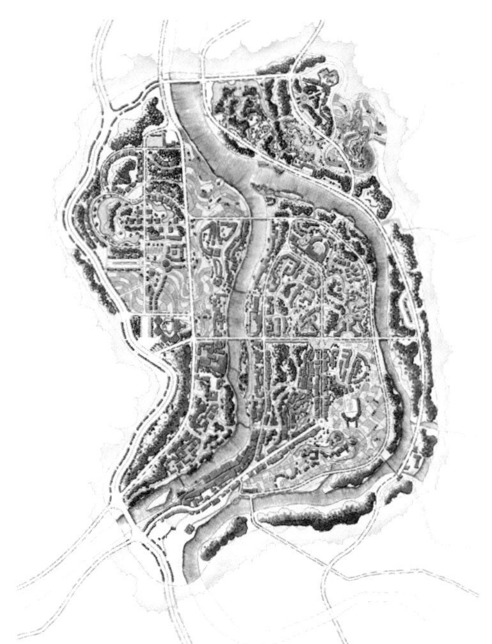

图 3-52　柳江古镇旅游区核心区规划平面图

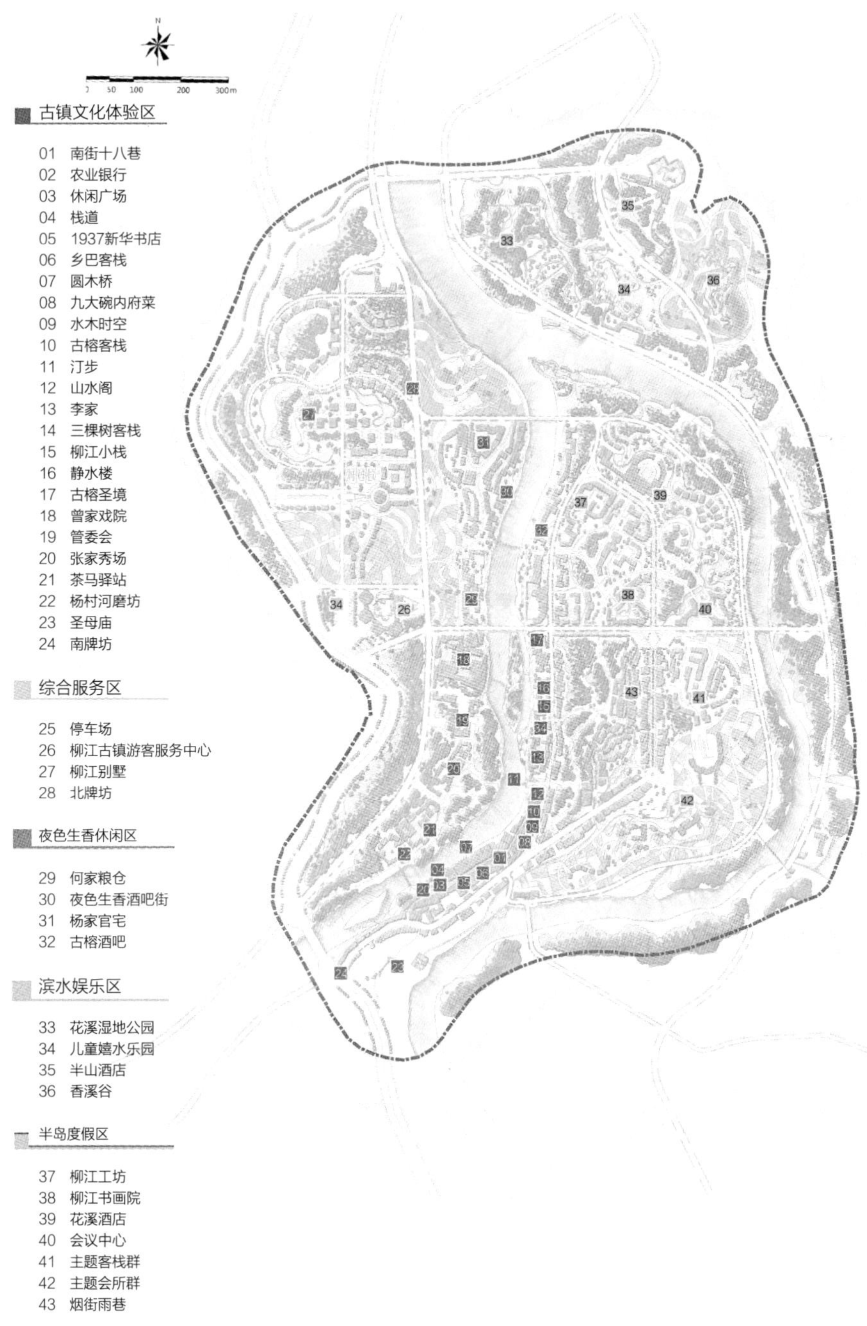

图 3-53 柳江古镇旅游区核心区项目布局图

（4）景观、生态、文物、古建筑保护

① 保护目标

保护柳江老街的完整性、原真性（图3-54）。

② 费用保证

全年用于景观、文物、古建筑、生态系统、珍稀名贵动植物的保护费用占旅游区（景点）全年门票收入的10%以上。

③ 保护措施

图 3-54　柳江古镇旅游核心区景观效果图

采取适合的保护措施。柳江老街要特别注意防火、防盗、防洪；蝉唱玉屏、侯家山寨要特别注意防火、防捕杀，以及防泥石流、山体滑坡等地质灾害。旅游区要制定专门的《环境保护管理办法》《污水排放管理办法》《文物保护管理规定》《森林防火应急预案》《消防应急预案》等具体的保护制度。安全监控点等设施设备要完善，人员职责要明确。

第4章

创意兴镇

4.1 模式解读

西安，作为一个历史文化古都、全国知名旅游目的地，从华山到兵马俑，从唐长安到大明宫，用一周的时间，仅仅走马观花地想把它及其周边在全国叫得出名的景区全部走一遍已经很难。当然，在西安周边建立一个新的旅游景区或旅游小镇也绝非易事。而袁家村，一个“关中印象体验地”，自2007年开始发展旅游以来，10年间已被打造成为“陕西的丽江”，荣获“中国十大美丽乡村”荣誉称号，是国家AAAA级旅游景区。2015年，年游客接待量超过300万人。而国庆期间，袁家村景区每天的游客量都保持在10万人次以上，7天总共接待游客88.5万人次。相比袁家村惊人的吸客能力，世界第八大奇迹的兵马俑也只能自愧不如，秦始皇帝陵博物院共接待中外游客42.6万人（数据来源:《国庆“袁家村们”有的比兵马俑人还多，秘密是啥?》咸阳新闻 华商网–华商报 作者：李程 2015–10–12）。在现代互联网与信息技术日益发达的今日，只要真的好玩、好看、好吃、好住、有特点，打败传统景区的游客量与旅游收入绝非奇迹。

除了陕西的袁家村，还有江苏无锡灵山拈花湾、浙江湖州莫干山等旅游特色主题小镇，在近些年都获得了巨大的市场认可与经济效益。虽然提到袁家村更多的人想到的是美食，对于拈花湾想到的是佛禅文化，莫干山则是以其良好的环境与度假品质作为其主打特色，但这类旅游小镇之所以能够形成良好的人气与市场认可，其成功并非如传统观光类景区那样依靠某个独立的、有故事的，或者有历史的、知名的核心吸引物，而更多的是依靠小镇自身所具有的强大的特色。

4.1.1 什么是“创意兴镇”

创意兴镇是指通过具有震撼力的创意策划和设计来带动旅游小镇的开发。创意可以是名字创意，如“拈花湾”；可以是建筑创意，如长城脚下的公社；可以是产品创意，如德清裸心谷和袁家村美食；也可以是节事创意，如通过博鳌论坛带火的博鳌镇。创意依托的小镇可以是以上“老镇新貌”的古镇，如袁家村；也可以是平地新建的一座小镇，如拈花湾。

4.1.2 项目选址

创意兴镇类型的旅游小镇选址分为两种类型。以原有古镇古街为基础，通过创意途径打造的小镇，其选址规律与老镇新貌类型的古镇类似；新建型旅游小镇的选址则面向市场，满足休闲度假游客的需求，从交通、人口和经济水平三个维度来考虑。

交通也就是我们通常所说的旅游的可达性和可进入性，可进入性越好，可达性越强。如Club Med面向家庭度假市场，其选址就要求下飞机不转乘其他交通工具即可抵达的区位为第一选址区位。

人口包括两个指标，一个是小镇所依托的腹地人口，腹地人口基数越大越好，如长三角、京津冀和珠三角地区就具有天然优势；另一个是腹地旅游区旅游人次达到百万以上为最优。

经济水平也就是旅游的消费能力，腹地市场消费能力越强，越适宜开发旅游项目。尤其对于创意兴镇这类旅游小镇来说，旅游消费指数偏高，如裸心谷一晚房价高达五千元左右。

4.1.3 建设要点

（1）大手笔的创意是灵魂

创意兴镇，顾名思义，小镇成败的核心因素便是大手笔、具有震撼力的创意。创意可以是建筑创意，也可以是产品创意、节事创意等。整个小镇以创意为旅游吸引物的核心，吸引游客前来猎奇和旅游。

（2）项目缘起源于市场需求

创意兴镇开发的立足点是面向市场，提供满足休闲度假游客需求的供给侧产品。根据市场的热点与最新需求，设计具有创意性的旅游体验产品。创意应基于小镇自身资源基底与文脉特征，而不是没有根据地“空降”，如灵山拈花湾项目就是以灵山大佛的佛教为创意核心而诞生的禅度假小镇，袁家村的特色小吃也是关中小吃而不是西餐或者川菜。

（3）创意与产品、产业的融合

一个好的创意要渗透到产业、产品、业态、建筑、景观等各个方面。如灵山拈花湾小镇的禅意体现在小镇的方方面面，首先拈花湾的名字就来源于佛教经典的“拈花一笑”；在建筑景观上，有竹篱笆、青苔、小沙弥石头雕像等；在产品业态方面，有禅修酒店、抄经、经行、五道十馆等。

4.1.4 核心诉求

创意兴镇型的旅游小镇除了本身有着强大的特色与旅游魅力之外，几乎都是在很短的时间内取得了人流、收入双丰收的巨大成功。当然，伴随而来的就是越火爆越知名，越知名越多人。其实这类景区是大多数开发者以及地方政府所追求的旅游类型的小镇，不仅因为它们将旅游的社会收益、品牌收益、经济收益都做出了很好的成绩，同时也因为它们对区域发展的拉动有着巨大的作用与益处。也正因这些旅游特色小镇的存在，才给了更多后来的投资者以信心，也才让大多数人都相信，旅游，其实可以很赚钱！

然而，纵观全国这类特色小镇，按比例而言，叫得上名的其实寥寥无几，就住建部公布首批127个、第二批276个特色小镇名单中，在全国能叫得上名的也不到30个。而后续的特色小镇，尤其是旅游特色小镇，想要脱颖而出，必须有着强大的调性与主题特色，否则很容易形成产品同质化、品质平庸化、特色雷同化、品牌模糊化等实质性问题。

4.1.5 COD特色导向型模式开发建议：三个重点

（1）以小镇特色主题为发展重点

抓住小镇潜力资源与周边市场机遇，尽可能地突出1～2个重点特色，避免大而全、广而泛的“万金油”产品。避免内部同质化产品的恶性竞争与互相拖累，尽可能让所有的旅游产品、度假产品、体验产品，以及整体区域风貌围绕特色小镇最初所设定的主题得到打造与延伸。

（2）以现有市场稀缺性主题为打造重点

这类小镇最怕的就是看到全国其他案例的成功，争相效仿，这样做，往往最后的结果是别人成功而自己失败。主要原因是人们总会认为第一家店才是真正的老字号，才是正宗，而后续的只是复制品或者模仿品。当然，并不排除后来者居上或者后面的特色小镇超过之前的。但试想，想要超过袁家村的关中印象体验这一主题特色，恐怕要付出的努力和财力远远比塑造一个全新的、市场空缺的特色产品要难得多。

（3）以品牌塑造为小镇运营主要关注点

创意兴镇除了要有很好的主题和特色外，引爆品牌、将创意与市场影响力相结合是该类特色小镇取得成功的重要路径。因此，在运营过程中，绝不能仅仅当作一个景区去运营，而应该通过多样的活动、丰富的运营内容，将特色小镇风貌、主题、特色等渗透到游客的心中。

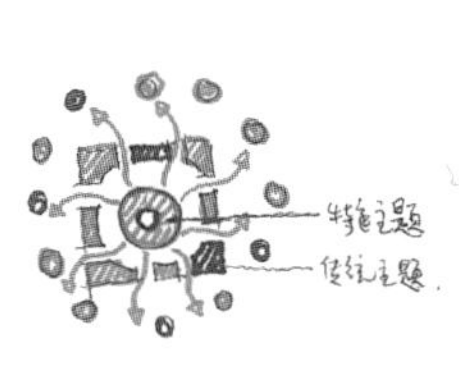

1. 以小镇特色主题为重点

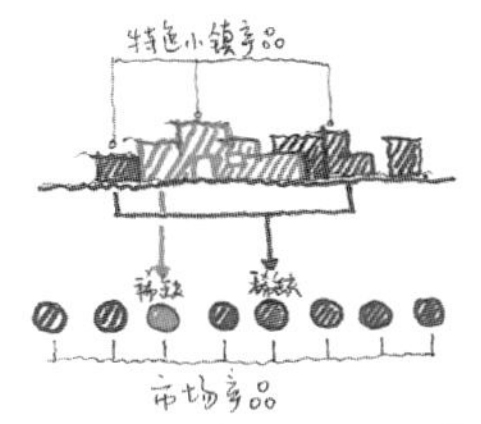

2. 以现有市场稀缺主题为重点

3. 以品牌塑造为重点

图 4-1　创意兴镇 COD 模式开发建议

4.2 经典案例

案例1　袁家村，从无到有的关中民俗第一村

基本信息

位置： 袁家村坐落在陕西省咸阳市礼泉县烟霞镇北面举世闻名的唐太宗昭陵九嵕山下。袁家村交通区位良好，处在西咸半小时经济圈内，距离西安市78公里，车程约1小时

面积： 全村总面积1138亩，开发前有村民62户286人，目前约有400多村民

投资： 整体约一个多亿的投资，其中村集体和村民投入共计六七千万元

袁家村是地地道道的关中小村，十年前是户籍人口只有62户、全村人口286人的自然村，倚靠农作物种植生存和发展。袁家村作为关中平原上众多承载关中民俗文化的一个非常普通的小乡村，虽然距离著名的唐昭陵（唐太宗陵墓）仅有4公里，坐享旅游区位便利，但乡村旅游发展几乎为零。但仅仅过了十年，袁家村便成为陕西省乃至全国最受欢迎的乡村旅游胜地，被誉为“关中第一村”，主打关中民俗和美食文化，创建民俗、民风体验一条街，集中展示关中农村自明清以来的农村生活演变，是目前最受欢迎的乡村旅游地之一。目前，袁家村无论在旅游知名度影响力还是在旅游接待人次和旅游收入上都远超唐昭陵景区。现在袁家村日客流量达数万人，日营业额超过200万元，年收入达10亿元以上（图4–2、图4–3）。

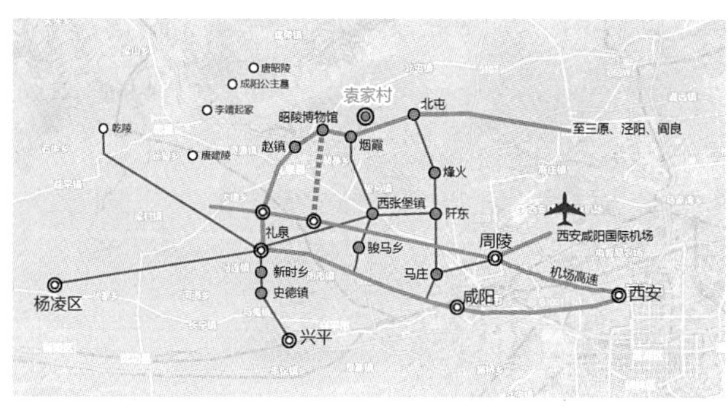

图 4–2　袁家村区位图

图4–3　袁家村　陈淼/摄

（1）资源依托

袁家村本身可以说没有任何资源可依托。20世纪70年代以前，袁家村全村37户人家，不足200口人。400亩耕地都分布在弯曲不平的古河道上，“地无三尺平，沙石到处见”，是“跑水、跑土、跑肥”的贫瘠地。闹年馑时，村上不少人外出乞讨。村民们大都居住在破旧、低矮的土墙房里，还有15户居住在低洼潮湿的地

窑里。“耕地无牛，点灯没油，吃粮靠救济，住房潮湿破旧，小伙子难讨媳妇，群众选不出‘好头’，不仅村里多年没有积累，还欠了上万元的债务”，这是人们针对当时村里曾在10年间连换35任村干部，且7年间村民没分过一分钱时的感慨，以及对村里自然条件、生产条件和居住条件极其恶劣、饥寒和贫困严重困扰着村子时出于无奈的形象描述。

1971年，在第36任村长郭裕禄的带领下，村民们开始摆脱一贫如洗的样子，并且让袁家村开始从传统农业跨入了现代农业的新阶段。郭裕禄上任后的第一仗是打响了积肥、整地、打井、办副业的创业四部曲。村办企业不但使群众个人收入猛增，集体经济实力壮大，同时也为调整优化农业内部结构和农业的现代化生产提供了条件，加强了农业的地位。粮食单产稳定在800公斤以上，总产跨上了15万公斤的新台阶。此外，村里兴办了一个25亩的园林场，培育花卉苗木几十种，既发展了林业，也绿化、美化了村庄。1990年集体栽植果园115亩，1992年按人划拨土地栽植家庭果园，实行户栽村管双层经营体制。全村90%以上的劳力转移到第二、三产业中来，工农业产值比重发生变化，农业仅占0.5%，工商业则占99.5%。

2007年袁家村开始做乡村旅游。最早办了5家农家乐、几间作坊，还曾去丽江、平遥等地考察学习。最开始是从短短的一条街做起，也就是现在的“康庄老街”，之后逐渐发展，规模越来越大，进行一系列改革之后，成立了股份有限公司。

袁家村所依托大的资源基底可以概括为关中文化和非物质文化遗产。袁家村地处关中，关中之名始于战国时期，一般认为西有散关、东有函谷关、南有武关、北有萧关，取意四关之中。在关中见到各个地方的特色并不意外，因为这里是四关之中、文化融合并存的地方。此外，袁家村有很多中国第一批非物质文化遗产，如目前已经运用到开发当中的皮影戏、弦板腔、童济功伏茶等，袁家村已经具备了非物质文化遗产小镇的雏形。

（2）创意途径——美食

① 种类丰富的地方小吃

袁家村有近500家商户和500道陕西地方小吃，有麻花、油茶、油泼辣子、茯茶、廖化糖、陕北馃馅、琼锅糖、空心挂面等美食。在村里可以看到所有美食的制作过程，不仅遵循老传统，而且使用以前人们用到的工具，延续以前人们的生活习惯。走进袁家村，驴拉着磨研着辣面，白嫩的豆花，醇香的粮食醋，无一不刺激着味蕾。

② 引导村民自主创业

为寻找最正宗的关中传统小吃，袁家村村民深入关中民间、四处寻访，只为寻找手艺精湛、口味地道的关中美味，并邀请手艺人加入袁家村团队，提供专业平台，从根本上保证了袁家村食品原始、传统的自然风味，使食客获得优质的饮食体验。所有美食皆为村民自制自销，以因地制宜为立足点，专注于袁家村本来的样子，营造地地道道的关中民俗生活。

③ 搭建食品质量管理体系

袁家村农副产品的生产原材料，产地都可追溯，如磨豆腐的黄豆、榨油的菜籽、磨面的小麦等都有固定的协作种植基地，村干部带领群众统一采购、检验、入库和保管，质量有保证，在源头上严格管控。

图 4-4　袁家村　王宝坤 / 摄

袁家村农产品的加工，如榨油、酿醋、磨豆腐等都采用民间传统工艺，拒绝过度加工，绝无添加剂。通过现做现卖、现场展示、游客体验、鼓励参观的方式，把这一概念展现给市场，获得了消费者的认可，将传统手艺保护、开发、传承、发展。每家商铺从自身做起，衣帽整洁、餐具消毒、食材新鲜，谨记食品安全的重要性，自发成立的食品安全协会每天抽查。

（3）运营管理

① 成立了袁家农工商联合总公司

1993年，袁家村成立了袁家农工商联合总公司，是一个农工贸为一体的集团型企业，下辖12个子公司，甚至在省会西安都有袁家村的房地产产业。如此雄厚的经济基础和实力，支撑着袁家村按照自己的规划一步步打造乡村旅游项目。

② 社群型自组织管理模式

从2007年起，由村长带头建立的袁家村，经过不懈的坚韧努力，通过集体经济的模式，做出了自身独具特色的社群型自组织管理模式。这种模式的核心思想就是商户分组自治制度。袁家村村委会将商户按照经营品类和所处位置分成了若干组，每组设立经营的组长。由组长统一负责管理卫生、品质、产品特色等，并设立动态打分和淘汰机制。

③ 免租金、统一经营管理的方式

对于关系到民生的食品原料进行统一供货，对于自营加工厂、调味品厂、酸奶厂、油厂、面粉厂等关键的原材料加工部分，将商户经营业绩与村集体的经营收益挂钩，并且效益可观。这种绩效紧密挂钩的模式，远远超越了购物中心式的租金模式，而是让物业所有者与经营者的利益紧密捆绑。袁家村对运营管理细节上的把控极为严格，甚至到了苛刻的程度。在所有的小吃餐饮店铺中，村里规定不允许有冰箱，以保证食材的新鲜，甚至村里面对灶台的大小、位置和设计风格都有严格的把控，以保证情景体验的原汁原味。

（4）BES观点

袁家村的成功归纳起来有以下四点。

① 量体裁衣，专注于自己能做的

2007年的袁家村，还是一个地地道道的关中自然村，没有什么旅游资源。能把旅游做到这个程度，袁家村郭书记认为他们最大的立足点就是因地制宜，专注于本来的样子，专注于自己能做的。袁家村的主题是关中民俗，他们要做关中地地道道的农村生活。他们说的话、他们的衣着、他们的很多东西都是关中民俗的一部分。

② 全民皆兵，共同富裕

最开始搞旅游，是要解决农民的问题，要让农民致富。袁家村与一般景点不同，是纯粹地在村子里做旅游，参与者都是农民，有本村的也有周边村的，袁家村把自己的生活做成旅游，现在基本上是“全民皆兵”。自己的问题都是自己来解决，没有借助政府，全民之间彼此信任、互相监督。

③ 以餐饮为核心，做到极致

拿小吃街打个比方，这条街上如果有100个商户，就需要100种小吃。比如说有锅盔、有豆腐脑、有炸麻花等，每家店选择制作工艺完美，味道做得最好的商户。并且每个月统计销量后五名，调整这些商户的经营方式，或者更换商户和所售产品。另外，食品质量是袁家村成功最关键的因素。袁家村搭建了食品质量管理体系，并由此与游客建立起了信任体系。袁家村因关中小吃而走红，所有游客都是来吃小吃的，而袁家村的小吃让所有游客都放心，因为村里要求所有店主在门口竖牌子标明供货来源和货源厂家联系方式等，供游客监督。

④ 郭书记本人的不可复制性

20世纪70年代以前，袁家村是远近闻名的贫困村，各项基础设施建设薄弱。袁家村前任党委书记郭裕禄带领村民改土造田，连续九年实现了袁家村面貌的全面改变。1979年改革开放，郭裕禄带领村民大力发展集体经济和协办工业，袁家村的村集体经济发展模式至今仍然是国家级新农村的建设典型。现任村书记郭占武，是袁家村关中印象体验地创始人和设计者，在袁家村的旅游发展中起着相当重要的作用。袁家村乡村旅游发展起步时，他将创始人的精神传达到每个干部、每个作坊、每个村民。发展比较成熟后，郭占武就主要负责村里的发展方向和村干部队伍的管理，将村里的企业全面推向市场。袁家村的收益村干部不拿走一分钱，他们都是做的事业心，整个景区运营人员不到五个人。

案例2 灵山拈花湾：将禅文化用到极致的世界级文旅小镇

基本信息

位置： 灵山拈花湾位于无锡市马山半岛，距离上海、南京、杭州约1.5小时车程，离灵山大佛景区约5公里

面积： 规划面积1600亩，建筑面积约35万平方米，景观面积55万平方米，水域面积20万平方米，容积率0.45，建筑密度0.23

投资： 总投资53亿元，是灵山集团历时五年打造的世界级禅意旅居度假产品

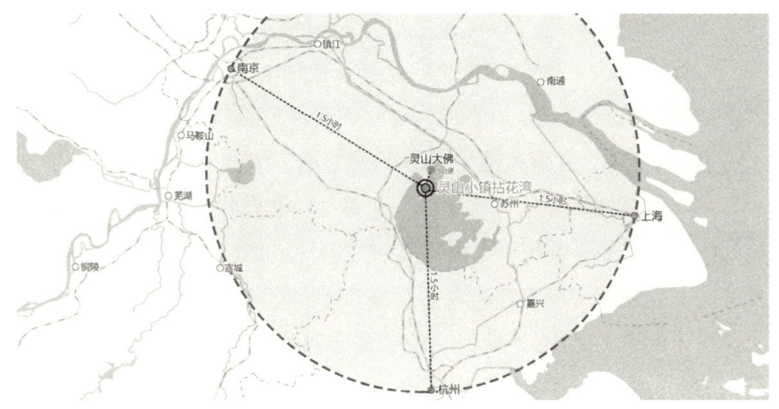

图 4-5　灵山拈花湾区位图

（1）“拈花湾”的由来

拈花湾的命名，一方面源于灵山会上佛祖拈花而迦叶微笑的经典故事，同时也缘于它所在的地块形似五叶莲花的神奇山水。拈花湾的产品设计将禅文化非常精巧地运用于每个方面，不仅品茗、行走，抄经、打坐充满了禅意，甚至雕栏发呆，懒散地晒着午后的太阳，嗅着阳光下花草中的甘香味，也无不境由心生。“懒度庸人意，且拂明镜台。我自拈花笑，清风徐徐来”。

（2）拈花湾是灵山景区的第四次产品升级

拈花湾的建设是灵山景区产品升级的一个重要表现形式，首先，拈花湾是灵山景区二十年来旅游发展从观光旅游向休闲度假旅游转型的一个桥头堡工程。灵山作为一个佛教文化景区，在现在休闲度假旅游发展的大趋势下，要面向未来，对接市场，必须实现从观光型向休闲度假型转型；其次，

图 4-6　拈花湾实景图　图片来源：拈花湾 / 提供

拈花湾所处的区域叫马山佛旅游岛，马山佛旅游岛本身是一个大的旅游区，作为一个旅游岛，必须要有相应的能够解决游客吃、住、行、游、购、娱等旅游需求的地方。

① 一期工程——灵山大佛（1994 ~ 1997 年）

1997年建成的灵山大佛坐落于无锡马山秦履峰南侧的小灵山地区，占地面积约30公顷，该处原为唐宋名刹祥符寺之旧址，为保存古迹，弘扬文化，落实宗教政策，由修复祥符禅寺建造大佛立像筹建委筹划。大佛所在位置是唐玄奘命名的小灵山，故名“灵山大佛”。主要建设项目有天下第一掌、百子戏弥勒、祥符禅寺、灵山大佛（核心项目）及佛教文化博览馆、万佛殿。

作为一期工程的主体灵山大佛，灵山大佛高88米，连同三层石头基座在内通高101.5米，是目前世界上最高的青铜释迦牟尼立像。灵山大佛从建成之初就迅速形成了品牌知名度，已经成为无锡旅游的标志。灵山大佛的意义不仅体现在宗教、历史和文化上，还体现在旅游上，灵山担负着带动太湖国家旅游度假区相关产业共同发展的重任。

② 二期工程——灵山文化园（2002 ~ 2003 年）

灵山文化园区占地25万平方米,其中绿化面积约14万平方米，园区以中轴线为景观主线,从外至内有大照壁、五明桥、门楼、佛足坛、五智门、菩提大道、九龙灌浴、降魔、阿育王柱等景点。

③ 三期工程——灵山梵宫（2006 ~ 2009 年）

作为2008年“世界佛教论坛”的主会场，灵山胜境三期工程规划用地面积34.09公顷，由佛教修学中心、灵山书院、灵山梵宫、五印坛城等主要建筑组成，规划布局与现状景区有机联系。

作为三期工程的主体建筑，灵山梵宫总建筑面积达4.7万平方米，由圣坛（佛教表演剧场）、廊厅（佛教展示馆），以及佛教餐饮和会议中心组成。三期工程使灵山景区延伸和扩大，进一步完善了景区配套设施建设，实现景区整体结构与功能的优化和提升。

④ 四期工程——拈花湾（2010 ~ 2015 年）

灵山小镇拈花湾打造的是一个自然、人文、生活方式相融合的旅游度假目的地，追求身、心、灵的独特体验和人文关怀，让人们体验无处不在的禅意生活，从而开创“心灵度假”的休闲旅游新模式。可以说，拈花湾是灵山景区继梵宫之后的又一次升级，真正实现了休闲度假综合体的开发。

目前，无锡灵山已被确认为世界佛教论坛永久会址，作为核心会址的灵山小镇·拈花湾，已成为融东方禅文化内涵和禅文化特色的禅意度假小镇。

（3）创意途径

具有震撼效果的大手笔创意是拈花湾成功的关键因素。拈花湾有三大创新，如下。

① 围绕禅佛文化的主题创意

拈花湾依托背后的灵山景区，在一片空地上进行全新的创意、规划、设计、建设和经营，同时将禅文化与旅游相结合，以小镇为载体，创造了主题鲜明的文旅度假型目的地，为整个旅游界树立了新的典范。

② 丰富多彩的活动创意

作为度假小镇，拈花湾创造性地打造了禅主题活动和夜间休闲活动。拈花湾晚间非常美轮美奂，通过灯光、音乐、表演等，让人完全沉浸在唯美的禅意世界里。根据禅意文化和游客体验，设置了禅灯、抄经、禅食、茶道、花道、香道等禅意文化主题（图4-7）。随处可见游客在拈花湾抄写经文，很多家庭在拈花湾插出漂亮的花束，用许愿灯放飞自己的心声，在拈花湾的小街道上、花海中，戴着斗笠、穿着禅服、手捧禅钵，用心地走路，每个人都进入到禅的境界。

图4-7　拈花湾抄经　图片来源：拈花湾 / 提供

③ 面向市场的产品创意

通过对旅游市场趋势的准确把握，迎合当下的度假时代，拈花湾打造了一站式的旅游目的地型度假小镇，这是度假时代应运而生的一种全新模式。

（4）空间布局

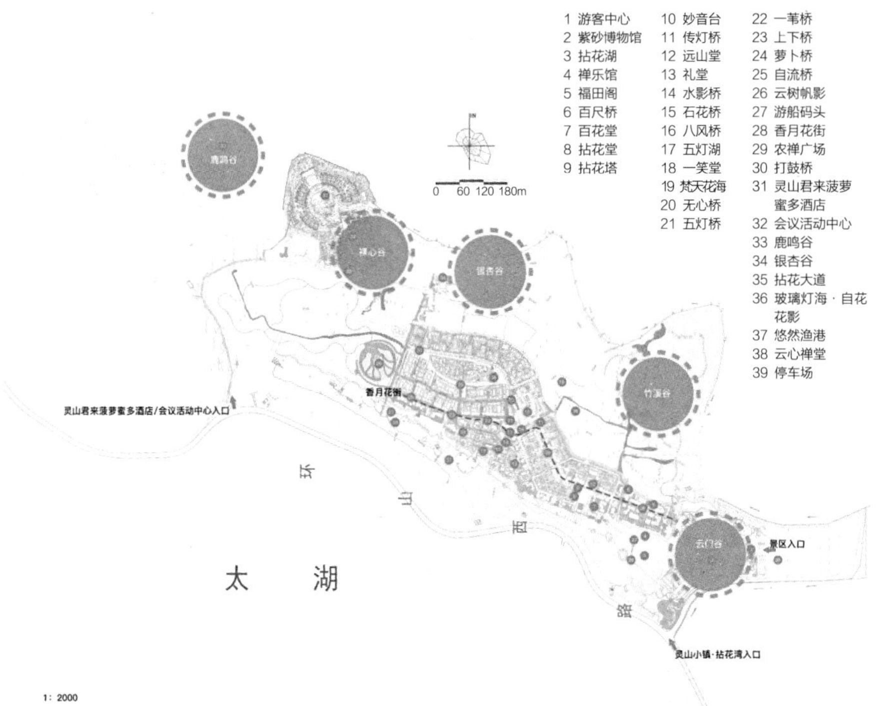

图 4-8 灵山拈花湾空间布局

拈花湾以“五谷”“一街”“一堂”为主体功能布局，并配以禅意的命名体系，形成以佛祖拈花手掌为原型的总平面。其中，“五谷”分别为云门谷、竹溪谷、银杏谷、禅心谷、鹿鸣谷，形似佛祖的五根手指，主体功能涵盖会议、酒店、度假物业；“一街”即香月花街组团，位于手掌心，是拈花湾的核心商业街区；“一堂”即胥山大禅堂，位于手掌底，也是拈花湾的大型禅修体验场所（图4-8）。

（5）商业业态

拈花湾提出商业即景点、景点即商业的理念，把商店打造成景点，人们逛商店就是逛景点，拈花湾每家商店都是一个景点。用商业来构建小镇，在小镇中打造生活方式。拈花湾的招商非常严格，对商户进行统一管理和监督，其中甚至包括店铺的装修、策划、开业等环节（图4–9）。

图 4–9 拈花湾商街实景图 图片来源：拈花湾 / 提供

① 建立科学的旅游商业体系

小镇的招商首先要进行商业策划和商业主题定位，确定不同业态的配比。在策划的时候，有多少家零售店、多少家院落性商铺，都必须提前设计好，招商的时候要严格按照策划定位以促进不同业态的落地。招商前要把什么业态具体落在什么街区和地段都设计好，包括餐饮、零售、休闲娱乐、文化体验，住宿场所的具体大小、位置、是否临街、院落式还是单间式等细节。在选择商家和招商谈判的时候，依据的是整体主题文化、度假需求和业态规划，商家要提供相应的策划书，经过拈花湾方审核通过后才能正式签署合同。

根据对游客规模的预测，提出旅游商业的规模容量。旅游商业具体由零售、住宿、餐饮、休闲娱乐、文化体验五大业态构成。

a. 零售业态

零售业态与禅佛文化紧密结合，如禅文化的文创产品——茶叶、茶具、香料、禅福等，以及禅意主题的素斋和一些有格调的餐厅。

b. 文化体验业态

一个以文化主题为引领的旅游小镇，它最重要的业态就是文化体验式业态，拈花湾的茶道馆、香道馆、花道馆、抄经馆、禅茶馆等都是禅文化主题的文化体验业态。

c. 住宿业态

度假小镇的核心是过夜的住宿，住宿业态对于度假小镇商业的重要性非常关键。因为游客的人群构成和消费能力不同，住宿业态又要分成不同的体系来实施，因此一个度假小镇的住宿体系要进行全方位构建。

拈花湾有四大住宿产品，第一类住宿产品是菠萝蜜大酒店领衔的主题度假酒店，第二类是以禅意文化为特色的精品酒店，第三类是小镇上比较多的禅意文化主题客栈，第四类是禅意文化的青年旅社。根据不同的客户，定价不同，产品不同，形成针对不同游客的住宿体系，每一个酒店都有自己的文化特征、空间设计、装修风格，每一个酒店都营造了不同的生活方式。从拈花湾住宿业态的配比来看，主题度假酒店约占30%，小型的禅意精品酒店约占10%，青年旅舍占3%左右，剩下的就是主题禅意客栈（图4-10）。主题禅意客栈主要是针对一些家庭度假游客、旅行团以及一些OTA的散客群体。

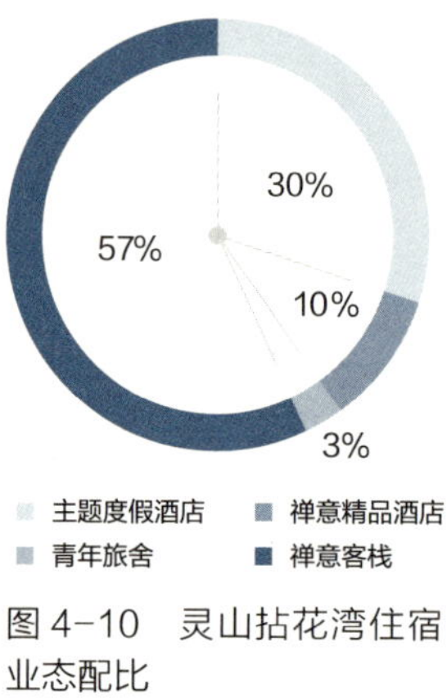

图 4-10　灵山拈花湾住宿业态配比

② 长效的商业业态审核机制

首先，拈花湾对于商家的产品、室内设计、店面装饰以及人员的着装等都会进行界定和培训。拈花湾所有店铺的室内设计方案都要由拈花湾整体审核和验收才能开业，商家所有的产品和用到的东西都要经过统一审核才可以正式投入使用，具体到产品包装等细节。

其次，成立专门的商业管理公司，对商家店面的氛围和效果、店面外围体系的维护，以及店内货品的陈列、质量、价格、人员服务水平等方面形成一个综合的监控体系。商业经营管理公司针对商业经营过程中的各个要点，每天进行巡视，发现问题，及时提出整改建议，限期进行整改，如果限期内没有整改的话，会劝退，重新招商。

③ 香月花街商业业态设计

香月花街是拈花湾小镇现阶段最主要的产品，总建筑面积约3万平方米，有近300家商铺，包含文创购物、主题餐饮、休闲娱乐、客栈民宿等多种业态。

a. 业态布局

香月花街前半部以精品购物为核心业态，主要产品有拈花塔、拈花堂、百花堂、妙音阁；中段以餐饮业态为主，核心产品包括一笑堂美食广场；后段以住宿为主，包括了13家禅文化主题的精品客栈，客栈全部自持自营。

b．业态配比

香月花街的餐饮、购物、住宿和娱乐四大业态的配比为37：39：12：12，最主要的业态类型为餐饮和购物（图4–11）。

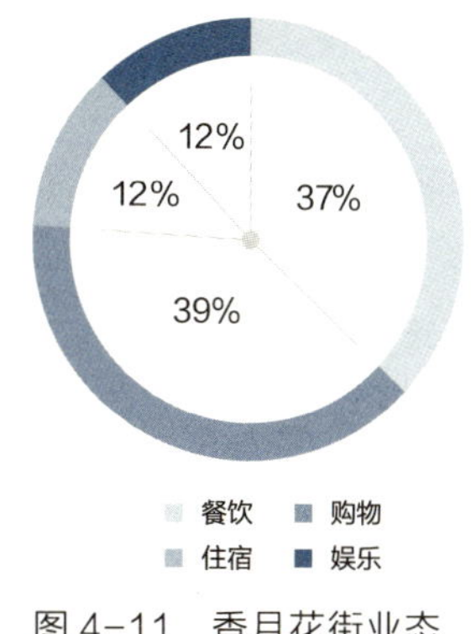

图 4–11　香月花街业态配比

（6）运营管理

2015年拈花湾开放，灵山游客量达到350万人次，实现旅游综合收入6.2亿元。2016年国庆黄金周7天时间内，灵山+拈花湾双园共接待游客28万人次，创历史纪录；拈花湾景区2016年10月4日创造了单日入园人数26299人次、瞬时在园人数10046人次的记录，这些数据都表现了市场对灵山小镇·拈花湾的追捧。

拈花湾开放后，灵山整体的营收实现了较大幅度的增长。2015年拈花湾建成后，灵山景区的旅游营业总收入有了明显的提高，从2014年的6.17亿元上升到2015年的7.7亿元，并且2016年第一季度营业收入就达3.43亿元（图4–12）。另外，从净利润来看，灵山景区从2013年至2016年3月期间，净利润也有了明显增长，尤其值得关注的是2016年第一季度的净利润达0.23亿元，已超过2015年全年的净利润值，这说明灵山景区产品结构的变化逐步显示了较好的经济效益（图4–13）。

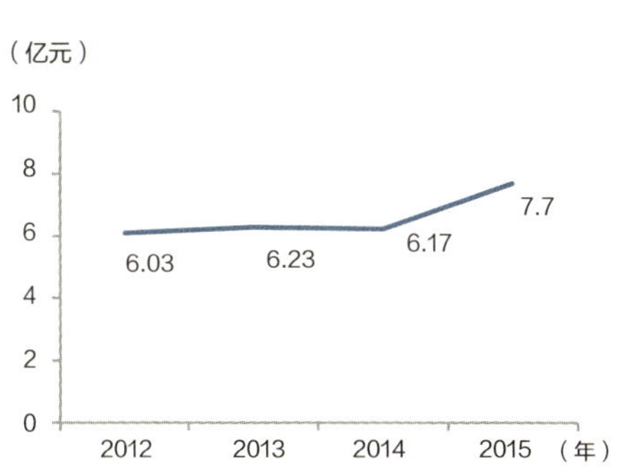

图 4–12　2013 ~ 2016 年 3 月灵山景区营业总收入

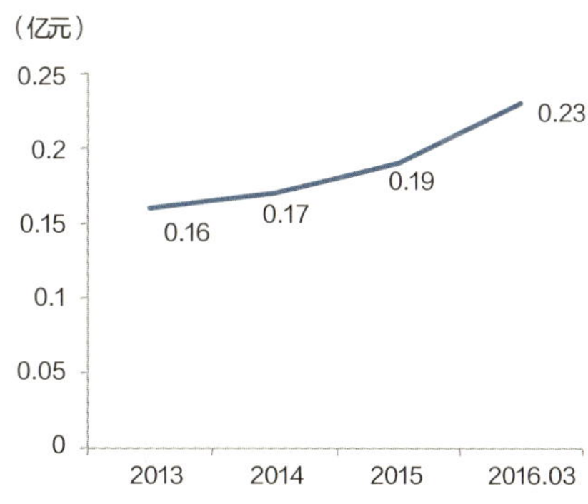

图 4–13　2013 ~ 2016 年 3 月灵山景区净利润

① 盈利模式

拈花湾最早采取了旅游地产模式，后因政策原因及时做出调整，采取“旅游门票+商业业态”综合发展的模式，餐饮和购物成为其重要的商业业态，同时，住宿，尤其是禅文化民宿深受市场追捧。总体来说，拈花湾开业两年来已经取得了不错的经济效益。

② 运营管理

灵山集团对拈花湾项目进行全程管理与监控。作为一个综合型文旅小镇，拈花湾涵盖的物业包括酒店、客栈、商业、度假物业等多种类型，在招商中实行严格的筛选制度，并建立日常巡查管理体系。以客栈为例，拈花湾采取的是“多主题，小体量”的策略：一是配合相对较多的酒店数量，可进行不同主题与风格的装修；二是较好地控制客房数量，提高运营效率。

（7）BES观点

① 拈花湾的建成促进了灵山的第四次升级

灵山景区通过四期工程不断转变经营模式，从观光型旅游区转变为休闲度假型旅游区，尤其是在拈花湾建成后，休闲娱乐、度假设施、禅修体验项目更加完善。拈花塔、梵天花海、福天阁、君来波罗蜜多酒店、禅意客栈、民宿等景观和度假酒店的运营，为灵山景区300多万的游客提供了多次消费的产品布局。

② 将禅文化主题做到极致

灵山小镇·拈花湾与灵山胜境一脉相承，以禅文化为主题，打造世界级禅意旅居度假目的地，大到业态布局、建筑风貌、活动设计，小到一树一木一石的景观营造，都与“禅文化”相呼应，宗教文化贯穿上下对小镇的成功起到了关键作用。

③ 工匠精神，要求建设“精进”的产品

工匠精神在拈花湾小镇的设计与落地过程中得到了完美的贯彻。从建筑到景观，都追求将“禅意”做到自然，每个建筑和景观都整合多个专业机构和企业资源进行设计和打造，力求呈现最自然的禅意，从常见的屋顶茅草，到简单的庭院竹篱，再到不起眼的路边青苔，都透露着拈花湾主创的完美主义情怀与精益求精的匠人精神。

在拈花湾，仅一个小小的茅草屋顶，就整合了18家专业机构和企业的资源与力量，前前后后“折腾”了十三个月的时间。为了让苫庐屋顶最大程度达到自然禅意的效果，他们从江苏、浙江、福建、江西、东北甚至印度尼西亚的巴厘岛等地选择了20多种天然材料，同时将能够找到的最好仿制品拿来，放在一起进行日晒雨淋等各种手段的反复试验比对。在其中初选出8个品种，请包括巴厘岛在内的当地工匠，在现场搭建茅草屋顶的样板，再进行为期一百天的户外综合试验。在这场严苛的试验中，淘汰了虽然防腐性能好，但是美感欠缺的所有仿制材料，也淘汰了虽然自然优美，但是不耐腐蚀、使用年限短的大部分天然材料，最终找到了两种既牢固耐用又美观自然的天然材料。简单的庭院竹篱是历经29种标准工具、43道标准工序而完美打磨出的艺术精品。看似不起眼的路边青苔却是来自全国名山大川的土著青苔，被农学专家悉心照料十二个月后的心血结晶。这种对景观、设计、建筑精致的追求，在佛家眼里，叫“精进”。

④ 灵山集团文旅产业链资源整合，为拈花湾提供强有力的营销及运营保障

作为拈花湾运营主体的无锡灵山文化旅游集团积累了丰富的运营管理经验，形成了涵盖旅游、文化、出版、地产、投资、酒店、食品、工艺品、餐饮等产业领域，以文化创意旅游为核心的产业链式投资发展格局，为拈花湾的成功运营提供了多维度的产业支撑。

案例3 德清莫干山小镇，洋家乐的另类崛起

基本信息

位置： 莫干山镇位于浙江省德清县西北部，莫干山风景名胜区东麓，西南接筏头乡，西北与安吉毗邻，东北连湖州市，东南与武康镇接壤。距杭州50公里、上海190公里、南京280公里

面积： 区域面积91平方公里，下辖8个行政村，农户4284户，总人口16000有余

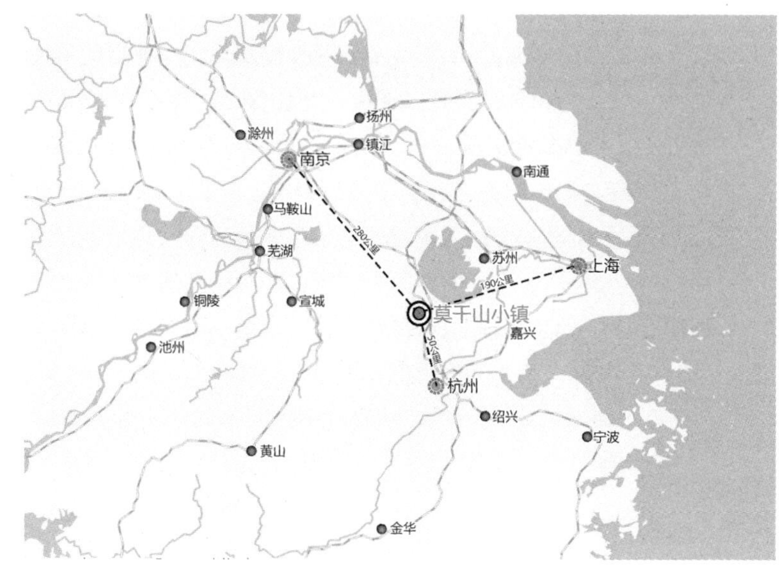

图 4-14　莫干山小镇区位图

莫干山镇是第一批国家级特色小镇，曾获全国环境优美乡镇、省旅游强镇、浙江省首批旅游风情小镇等称号。

（1）资源依托

① 自然资源丰富

莫干山镇位于长江三角洲的杭嘉湖平原，境内群山连绵，环境优美，自然资源丰富，有山林11.2万亩，森林覆盖率达到91.7%。除了千年银杏、千年红豆杉等珍贵树种外，大量的毛竹、茶叶、果树以及其他经济作物分布广泛。境内水资源丰富，共有水库58座，另有阜溪、埭溪两条溪流穿境而过，青山绿水，环境优美。空气质量好，负氧离子含量达60000/立方厘米，是一座天然氧吧。该镇地处亚热带季风气候区，四季分明，雨量充沛，阳光充足，年平均气温16摄氏度，气候十分宜人，素有“清凉世界”之称。《纽约时报》曾经将莫干山评选为全球最值得一去的45个地方之一；CNN将这里评价为：除了长城之外，15个你必须要去的中国特色地方之一。

另外，莫干山本身就是国家AAAA级旅游景区、国家级风景名胜区、国家森林公园，是中国四大避暑胜地之一。这里山峦连绵起伏，风景秀丽多姿，景区面积达43平方公里。它虽不及泰岱之雄伟、华山之险峻，却以清澈不竭的山泉、绿荫如海的修竹、星罗棋布的别墅、四季各异的迷人风光称秀于江南，享有“江南第一山”之美誉。

② 人文历史深厚

莫干山因春秋末年，吴王阖闾派干将、莫邪在此铸成举世无双的雌雄双剑而得名，是中国著名的休闲旅游及避暑胜地。近代以来多位重要人物曾来这里避暑办公，如毛泽东、蒋介石、周恩来、杜月笙、张啸林等。

立足浓厚的民国文化积淀，莫干山镇保留了每一处历史遗迹，也珍惜着每片历史瓦砾。在对老街完成细致入微的整修整改后，一条具有鲜明“民国建筑”风格的风情街呈现眼前。除此之外，该镇还营造了国际范儿的洋文化，景观不再局限于乡村的古朴，还透露着别样的异域风情，开启了闻所未闻的文化集市。

③ 建筑遗存众多

由于莫干山本身就是传统的避暑胜地，因此，大量名人留下了难以计数的诗文、石刻以及200多幢式样各异、形状美观的名人别墅。这200多幢别墅形象丰富、无一雷同，分别代表了欧、美、日、俄等十多个国家的建筑风格，使莫干山素有“世界建筑博物馆”之美称。这些数目繁多的建筑，本身就是独具魅力、文化底蕴深厚的住宿依托。其中，皇后饭店：毛泽东下榻处，张云逸在此疗养，陈毅多次前来探望；武陵村：蒋介石度蜜月、参加会议等多次在此下榻；白云山馆：国民党第一任外交部部长黄郛所建，周恩来与蒋介石在此进行国共和谈；静逸别墅：国民党元老张静江的别墅；林海别墅：杜月笙、张啸林的别墅。

（2）创意途径——洋家乐产品创意

在住建部公布的第一批中国特色小镇名单中，浙江德清莫干山镇荣登榜单，而在此之前因蓬勃发展的独特产品形式——洋家乐，莫干山镇早已名声在外。

① 洋家乐撬动莫干山二次创业

在裸心谷开发之前，莫干山是一个名不见经传的国家级风景名胜区，提起去莫干山避暑，可能只有长三角的居民略有耳闻。但自从2007年以裸心谷为代表的洋家乐兴起，可以说让莫干山的山上观光旅游时代转变为山下以洋家乐为核心产品的休闲度假时代。

图 4–15　大乐之野民宿　唐徐国　陈颢 / 摄

2007年，南非籍人士高天成到莫干山游玩，途径三九坞时，被这里幽静的自然环境吸引，就租下了几幢农民闲置的泥坯房，在不改变原有房屋结构、不破坏整体风格的基础上融入低碳、环保理念进行了装修，成立了裸心谷。裸心谷主要以提供自助餐、烧烤、住宿的方式，将整幢房屋交给客人自由使用，给客人足够的空间和自由，让客人享受难得的清净，这种回归自然、低碳生活、享受自由的生活方式备受上海等大城市的外籍人士、白领的青睐，吸引了许多都市人前来休闲度假。

在高天成的带动下，先后有瑞典、韩国、荷兰、西班牙、英国、法国等多个国家的友人及上海等地客商来此租房。目前，整个休闲度假路线已延伸到岭坑，共租用农房14幢，影响较大的除高天成投资的裸心谷外，还有老树林、枫华、西坡29、香巴拉、小木森森等。美国《时代周刊》曾两次刊登图文，其低碳生态的特色旅游已成为德清乡村旅游的一张金名片。

经过多年的摸索，莫干山镇突破了以往小农耕作的经济方式，率先开创了以洋家乐为代表的民宿经济，大力发展特色鲜明的休闲旅游业，带来了奇迹般的发展（图4–16）。目前，全镇已有以裸心谷、法国山居等“洋家乐”为代表的中高端低碳民宿400多家，仅2016年上半年就接待游客106.7万人次，旅游收入达10.8亿元。

图 4-16　莫干山小镇主要民宿分布　图片来源：德清旅游局 / 提供

② 洋家乐创意核心

a．建筑材料就地取材，设计新颖

与传统高档度假酒店不同，莫干山洋家乐更多采用就地取材的方式，使现代科技介入造成的不和谐感降低到最小限度，而这同时也降低了装修建设与能源消耗的成本，充分体现经济、自然与环保的理念。洋家乐的建筑原身为当地废弃农房，风格由旅游企业创立者亲自设计、改造、装修。改建的民房保留原有泥坯房材质，所有后期建造的别墅并非辟地营建，而是架空悬隐于山林之中，充分保护植被。因而在整体格局设计上，现代建筑与自然环境完美融合，和谐雅静。此外，建筑均采用可持续材料装卸组建，室内装潢及设施均强调就地取材，大多从当地农家旧家具改造而来，例如以树墩做圆桌，稻草编制灯罩，农家土罐做烟灰缸。

b．休闲活动创新

洋家乐对游客提出诸多要求，如旅客被要求节水节电，禁止室内抽烟，没有电视。饮食可以自己动手，也可以请当地阿姨代劳，拒绝铺张浪费。在交通方式上，更是建议游客乘火车而非开私家车前来。此外，洋家乐提供的休闲活动项目中几乎没有可供娱乐的景点设施，而是崇尚回归简单的休闲方式，如爬山、垂钓等，既保护原生态，又舒缓身心。

c. 创新低碳环保理念

洋家乐充分强调低碳环保、增强体验的模式，如鼓励游客自己动手做饭；改建农房没有空调、煤气，夏天靠电扇，冬天以木屑压制的柴火取暖；门前蓄水池承接雨水，循环使用。所有活动产生的垃圾将进行分类处理。推行低碳住宿，改变一天一洗惯例，不每天提供毛巾，减少一次性用品的使用，控制能源消耗（图4–17）。

d. 创新将国家级风景名胜区作为度假大环境而非旅游核心吸引物

传统的旅游项目开发，基本是围绕景区、风景名胜区等来开展一系列的吃住行游购娱的项目和活动，而莫干山的发展则是把山下的洋家乐作为吸引游客前往的核心吸引物，把景区作为住下来的游客进行休闲活动的空间场所。莫干山被誉为“万国别墅博览园”，美轮美奂的西洋别墅遍布整个景区。与此同时，莫干山集镇以民国文化为基础，营造了特色的民国情调，使小镇的民国风和莫干山景区浓郁的海派风相得益彰。莫干山的乡村沿河谷、道路分布，随着洋家乐的进驻，沉

图 4–17　大乐之野民宿　唐徐国　陈颢 / 摄

闷的乡村建筑被赋予了新的内涵。环莫干山异国风情观光线全长23公里，集黄金长廊、水杉长廊和银杏长廊等特色段落于一体，是一条以“自然、生态、异国、人文”为主题的精品观光线路。

（3）运营管理

① 民间资本向乡村渗透的新型城乡互动开发模式

莫干山旅游业的发展并非完全是政府主导的模式，更多是民间资本向乡村渗透的新型城乡互动模式。莫干山镇坚持以原生态为依托、以民宿产业为主导、以洋家乐品牌为支撑、以裸心谷养生为特色发展高端乡村旅游产业，形成了以“低碳环保、中西融合”为理念，以洋家乐为代表的民宿经济为支撑带动乡村发展的莫干山模式。德清县在2015年接待游客1745万人次，旅游总收入178亿元。2015年全镇共培育民宿426家（洋家乐70家），仅民宿就接待游客130.3万人次，占旅游总人次的93.8%，实现直接营业收入5.14亿元，占旅游总收入的82%（图4-18）。

莫干山镇遵循“绿水青山就是金山银山”的发展理念，探索以“低碳环保，中西融合”为特色的绿色城镇发展模式。镇政府高度重视规划引领作用，在规划

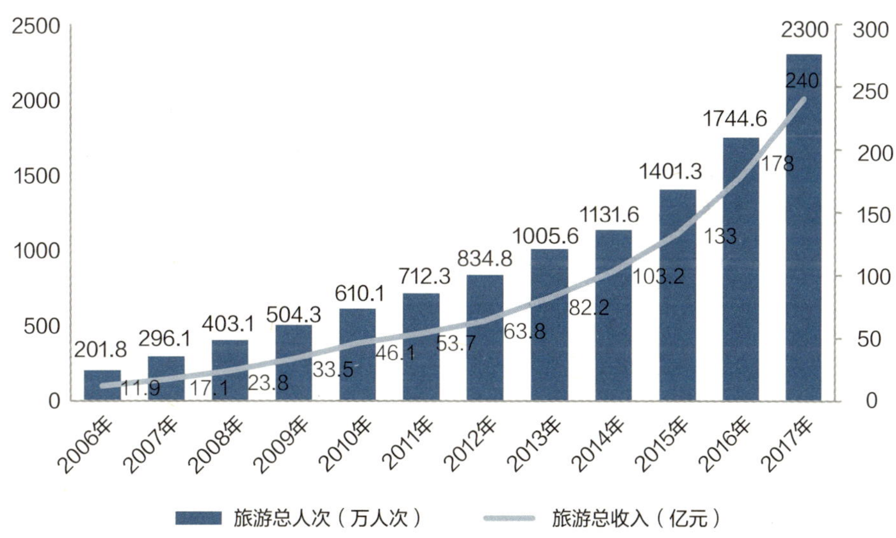

图4-18 莫干山小镇2006～2017年旅游收入及旅游人次

编制过程中，明确要求各项规划坚持多规合一。社会管理不断适应社会发展的需求进行改革创新，大力推广社区居民和村民自治，探索民宿行业管理与自治，并开展服务外包。与此同时，一直在追求机制体制的不断完善，积极构建城乡一体发展、产业创新发展、绿色低碳发展的体制机制。

德清作为全省体制改革试点，多项改革举措助推了莫干山镇的活力发展。土地要素、环境保护、消防安全的高要求在创新体制下，都不再是完全意义上的对立。同时，在灵活的体制下，居民本身破旧的废弃宅，经过设计和扭转，摇身一变，参与了市场运营，成为一棵棵“摇钱树”，而农民的利益却并未损失。

② 出台一系列乡村旅游政策标准

2014年1月，德清出台了国内首个《德清县民宿管理办法（试行）》，进一步规范民宿经营行为，提升管理和服务水平，突破了民宿的消防问题和特种行业许可证问题。同年，德清又发布了全国首部县级乡村民宿地方标准规范《德清县乡村民宿服务质量等级划分与评定》。这一系列政策的出台，有力地促进了德清全县乡村旅游的健康可持续发展。为了方便业主了解在德清开办民宿的报批流程和要求，还专门编写了《德清县民宿创办手册》，做到提早介入、提早引导，做到规范、有序。

③ 为当地农民提供就业，带动农民增收财富

目前，德清洋家乐吸收县内直接从业人员4000余人，平均年人均收入为4.5万元左右，大大增加了村民的收入。而且，土地流转也增加了当地农民的收入，乡村的房屋已经变得很值钱，通过房屋出租平均每幢每年收入6万多元。很多农产品也无需再拿到县城去卖，而是用到民宿里面，民宿以高于市场价的价格对这些农作物进行销售。比如，裸心谷大量收购附近村民种植的蔬菜、食材，法国山居则每年都会以高于市场价20%的价格收购当地果农种植的水果用于酿酒。同时，大量有消费实力的游客涌入农村，带动了德清县特色农产品土特产的销售，如茶叶、笋干等。

（4）BES观点

① 通过洋家乐产品业态创意占领市场

洋家乐的兴起，让德清的绿水青山真正变成了金山银山。从洋小伙改造当地民居为原生态酒店以来，越来越多的洋家乐落户莫干山，形成一道独特靓丽的风景。洋家乐规模小、模式多样、倡导慢生活和心体验。洋家乐明显不同于农家乐的地方在于它们大多经过精心设计、装修精致、注重细节，甚至形成某种文化或价值取向，更符合一些游客的精神需求和品质生活需求。洋家乐在自身的经营中各自形成了精准的客源定位，在经营中倡导低碳环保，树立了良好的社会形象，接待的基础设施已相当完善，经营与策划也日趋成熟。洋家乐在莫干山的成功，影响着湖州及周边地区民宿业的发展方向，它以其独特的性格，推动着莫干山的旅游事业。

② 充分利用长三角雄厚的客源市场

莫干山在区位上处于长三角中沪、宁、杭金三角的中心。杭州和上海地区与德清相邻，人缘相近，文化相通，经济相融，关系密切。长三角是中国经济的发动机，物产丰饶，经济开放程度处于全国领先地位。当地政府视野开阔，城市国际化程度也相对较高。发达的经济也促进了活跃的文化交流，地区文化包容度很高。随着人民群众生活条件不断向好，人们的休闲旅游度假需求尤为突出，不同层次的收入群体产生了对旅游产品不同的需求。莫干山瞄准了长三角地区外商、中青年金领等高端消费人群，开创了洋家乐这样的产品形式，并且以它的个性和人文气质形成了独特的发展模式，成为当下莫干山高端休闲度假的一面旗帜。

③ 创新营销方式

洋家乐的营销方式，是直接针对目标客户，不过分依靠渠道。一是借助国内主流媒体、各类旅游时尚类杂志进行宣传，国内主流媒体有二十多次宣传德清民宿，2016年，单央视就有7次专题报道，如《经济半小时》《生财有道》等；二是通过微信、微博、网站和自媒体平台进行宣传，如优酷、携程、爱驾、几何民宿、一条、二更等；三是借助各种特色活动进行创新宣传，通过挖掘各类民俗、农事活动，开展有影响力的节庆和体验活动，如配合完成国内首条乡村旅游航线——上海—莫干山首飞仪式、铁人三项赛、莫干山徒步越野赛、国内首个闪电试骑会、Discovery嘉年华等，这些活动都深受游客喜欢。

④ 从洋家乐到乡村旅游的纵深发展

德清县政府认定精品民宿是乡村休闲旅游的发展方向之一，在旧屋改造上给予了相对宽松的政策。2015年5月，德清县发布全国首部县级乡村民宿地方标准规范，有规划地引导民宿差异化发展，并通过成立莫干山民宿学院，为从业者提供专业化的民宿课程培训。投资者、村民、当地政府，多方要素的有效组合，使莫干山民宿成为乡村创新发展的出色范本。2016年10月，莫干山镇入选首批中国特色小镇名单。

4.3 BES案例

案例1 山东省灵山湾冰雪童话小镇规划设计与实施运营

项目时间： 2015年1月

委托单位： 青岛临港建设开发有限公司

创意类型： 冰雪主题创意

建设成效： 项目得到青岛西海岸新区政府的高度好评，市领导亲自带队考察3次，并将灵山湾冰雪童话小镇项目作为市政重点民生工程进行宣传，15天接待游客120万，赢得青岛市民的口碑

（1）建设内容

① 编制系列规划

2015年1月，青岛临港经济开发区管理委员会委托北京大地风景旅游景观规划设计有限公司编制《灵山湾冰雪童话小镇旅游发展总体规划》《灵山湾冰雪童话小镇修建性详细规划》和《灵山湾冰雪童话小镇建筑景观设计》，希望能够寻求差异化路线，快速聚集人气，快速见效果，突出主题特色，引爆青岛冬季旅游。为了克服时间紧的问题，所有建筑以木屋临建为主，建筑风格以欧式为主，保证了冰雪童话小镇在2～3个月时间迅速落地运营。

② 制定项目的整体品牌营销

冰雪童话小镇项目从规划、设计、建设到开门营业仅用了58天时间。虽然时间短，但通过一系列的营销手段，快速获得了市场认可。春节期间，15天接待游

客120万，赢得青岛市民的口碑。

③ 成为青岛冬季旅游的标杆性项目

2015年2月11日，冰雪童话小镇开幕，结合灵山湾旅游度假区城市阳台景区现有场地资源条件，以夜晚灯光秀、欢乐雪场、儿童室内娱乐场、木屋街区、圣诞集市、主题演艺六大亮点撬动青岛冬季旅游市场，成为黄岛区、青岛市民冬季旅游的爆款产品。2015年春节期间，营业15天，接待120万游客。

④ 带动周边居民就业

冰雪童话小镇木屋街区和圣诞集市布置了餐饮、酒吧、演艺等大量业态，带动了周边居民就业，提供创收增收渠道。投资方第一年免费提供木屋空间以吸引企业、个体户入驻，开业期间新疆小伙靠卖羊肉串日收入达8000元。

（2）项目背景

灵山湾冰雪童话小镇位于青岛市黄岛区，在市民广场西侧、滨海大道以东，总规划面积19.5公顷，约293亩，规划场地东西跨度约590米，南北跨度约600米，红线周长2300 米。青岛黄岛区位于胶州湾西畔，又称“青岛西海岸新区”，由原开发区和原胶南市组成，与青岛市区隔海相望（图4–19）。随着青岛市“拥湾发展”战略的确立，青岛城市经济重心逐步开始向西海岸转移。项目为解决灵山湾旅游度假区、黄岛区冬季旅游短板问题，以冰雪为创意点建设冰雪童话小镇，引爆青岛冬季旅游市场。

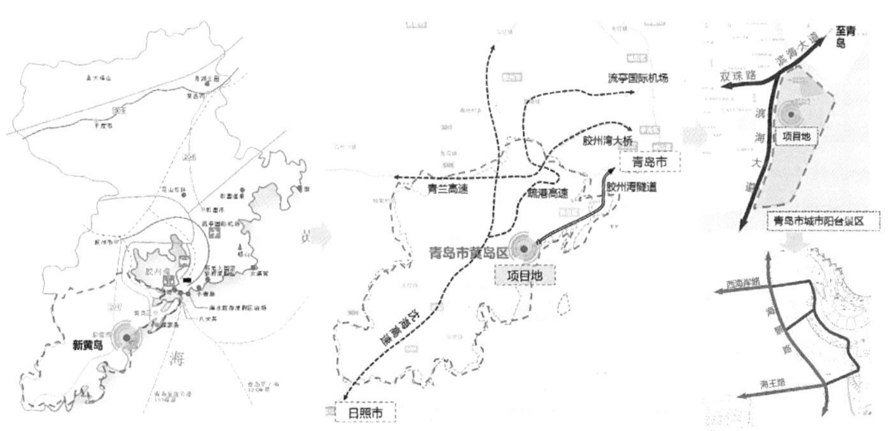

图 4–19　冰雪童话小镇区位图

（3）规划内容

① 规划理念

以欧洲圣诞集市为参照，结合灵山湾城市阳台景区现有的场地资源条件，以六大亮点——夜晚灯光、冰雪项目、木屋、演艺、集市、儿童项目，撬动青岛冬季旅游市场，项目定位为居游共享·冰雪童话小镇。

采用游览与居住功能共享、节日与庆典复合、创新驱动引领和可持续发展模式等发展理念，以灵山湾已建成的音乐广场为依托发散，承载冰雪项目及室内体育馆等娱乐功能，衍生住宿、观赏、饮食、表演等一系列配套功能。通过与其他旅游景区错位发展，以冰雪主题带动建设，依托度假区现有资源，为灵山湾旅游度假区吸引更广泛的客群，为度假者提供舒适的冰雪体验，从而打造居游共享的冰雪童话小镇。

② 空间结构：一轴六组团

“一轴”为核心景观体验轴，“六组团”为包括冰雪童话组团、主题集市组团、欢乐冰场组团、室内娱乐组团、音乐节庆组团、沙滩娱乐组团。

③ 功能分区

共有六大功能分区，分别是冰雪童话小镇区、主题集市区、欢乐冰雪场、室内娱乐区、音乐节庆活动区、沙滩娱乐区（图4-20、图4-21）。

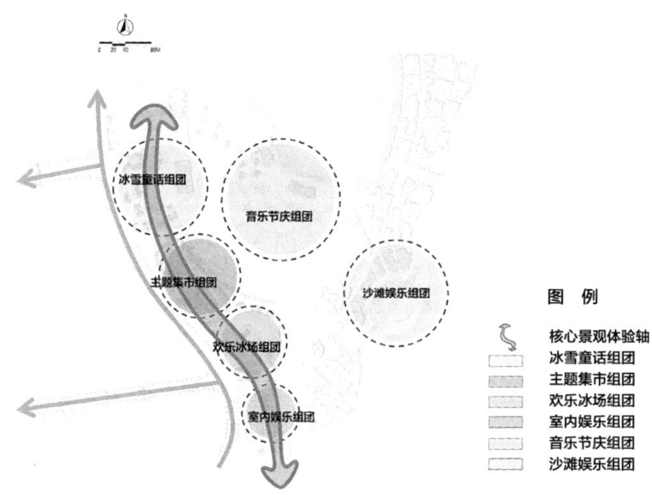

图 4-20　冰雪童话小镇空间结构图

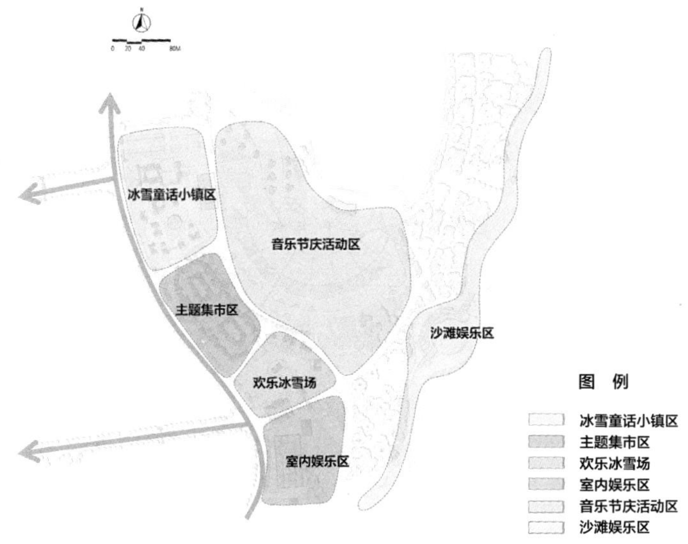

图 4-21　冰雪童话小镇功能分区图

④ 重要节点

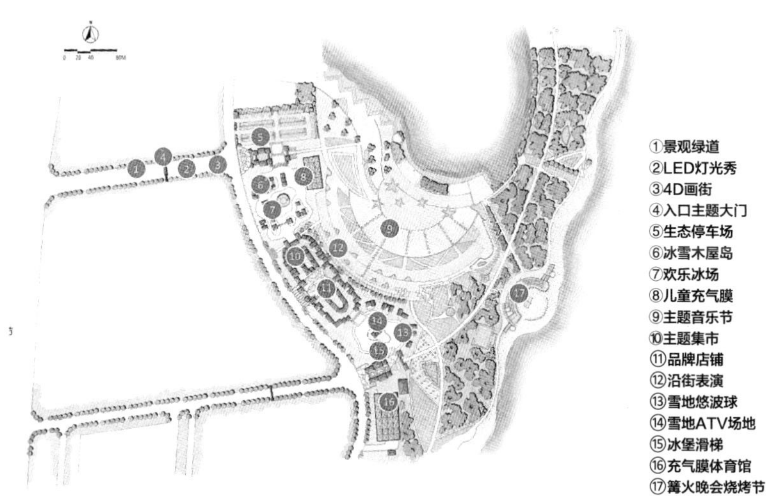

图 4-22　冰雪童话小镇重要节点规划

a. 景观大道区

包括海景路与西海岸路和海王路交界段，及西海岸路200米、海王路200米。定位为梦幻景观文化体验大道，是景区主入口的景观道。利用高科技及景观绿化方式，打造科技梦幻、欢乐祥和、互动体验于一体的文化主题大道（图4–23、图4–24）。

图 4–23　冰雪童话小镇景观大道 A–A 立面图

图 4–24　冰雪童话小镇景观大道 B–B 立面图

b. 冰雪童话小镇区

包括入口街区和大门。木屋面积1170平方米。设大门及两排对应街区，以综合服务及小型婚博会为主，引进小型婚博会、小型摄影展、画展等业态（图4–25～图4–27、表4–1）。

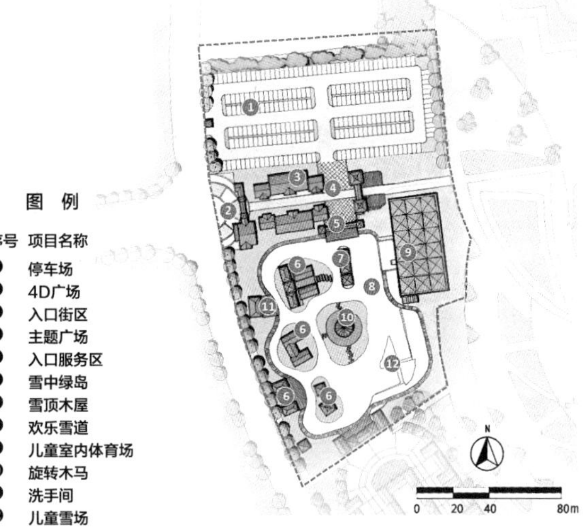

图 4–25　冰雪童话小镇平面图

冰雪童话小镇规划内容 表 4-1

序号	项目名称	功能定位	面积
1	停车场	服务	6580m^2
2	4D 广场	集散、休闲	465m^2
3	入口街区 + 大门	服务、商业	705m^2
4	3D 广场	集散	430m^2
5	入口拱门	综合服务	宽 14m
6	绿岛木屋	商业、餐饮	1740m^2
7	雪顶木屋	休闲、娱乐	64m^2
8	欢乐雪场	运动、娱乐	3260m^2
9	儿童室内体育场	娱乐、健身	1250m^2
10	旋转木马	娱乐	280m^2
11	洗手间	服务	54m^2
12	儿童雪场	娱乐、体验	940m^2

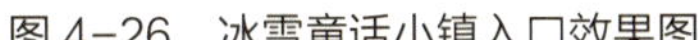

图 4-26 冰雪童话小镇入口效果图

图 4-27 冰雪童话小镇入口街区和木屋效果图

c．主题集市区

主题集市区有木屋108栋，汇集商家62家，以特色小吃、手工艺制作、鲜花展销等业态为主。雪场有雪上飞碟、空中探险、香蕉船、悠波球、ATV摩托等雪上运动项目。以低成本、短周期、高效率、见效快的特点创造了崭新的开发模式（图4-28～图4-30、表4-2）。

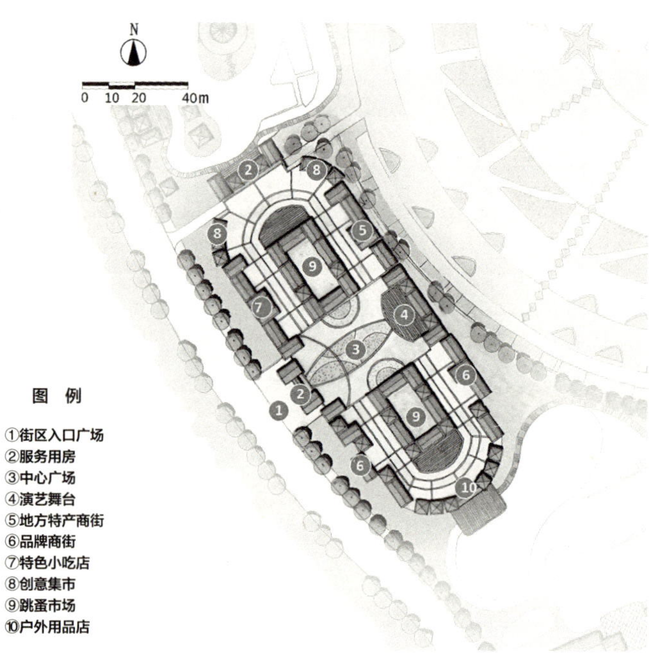

图 4-28 主题集市区项目布局平面图

主题集市区规划内容　　表 4-2

序号	项目名称	功能定位	面积
1	街区入口广场	集散	$318m^2$
2	服务用房	服务	$188m^2$
3	中心广场	集散、休闲	$1405m^2$
4	演艺舞台	娱乐、商演	$345m^2$
5	地方特产商街	商业、售卖	$202m^2$
6	品牌商街	商业、售卖	$422m^2$
7	特色小吃店	商业、餐饮、售卖	$202m^2$
8	创意集市	商业、售卖	$127m^2$
9	跳蚤市场	商业、售卖	$655m^2$
10	户外用品店	商业、售卖	$127m^2$

图 4-29　主题集市区品牌商街效果图（一）

图 4-30　主题集市区品牌商街效果图（二）

d. 欢乐冰雪场区

衔接主题集市区南部，占地0.82公顷，为冰雪娱乐运动、体验区。使用人工造雪技术，搭建坡度雪道，提供滑雪运动场地，可开展雪上赛车活动等（图4-31、图4-32、表4-3）。

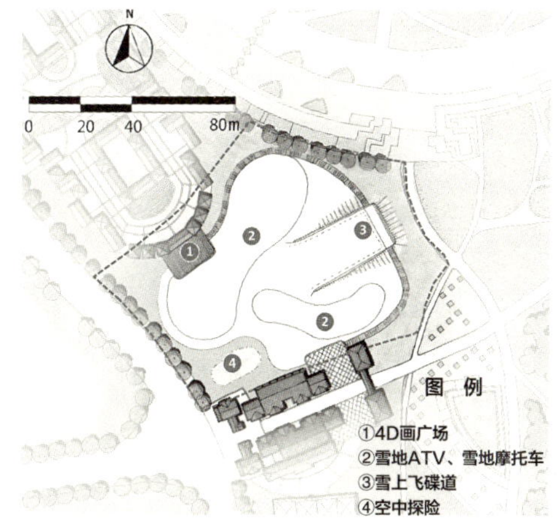

图 4-31　欢乐冰雪场区平面图

欢乐冰雪场区建设内容　　表 4-3

序号	项目名称	功能描述
1	4D 画广场	集散游览、参观
2	雪地 ATV，雪地摩托车	雪地赛车场
3	雪上飞碟道	娱乐
4	空中探险	娱乐

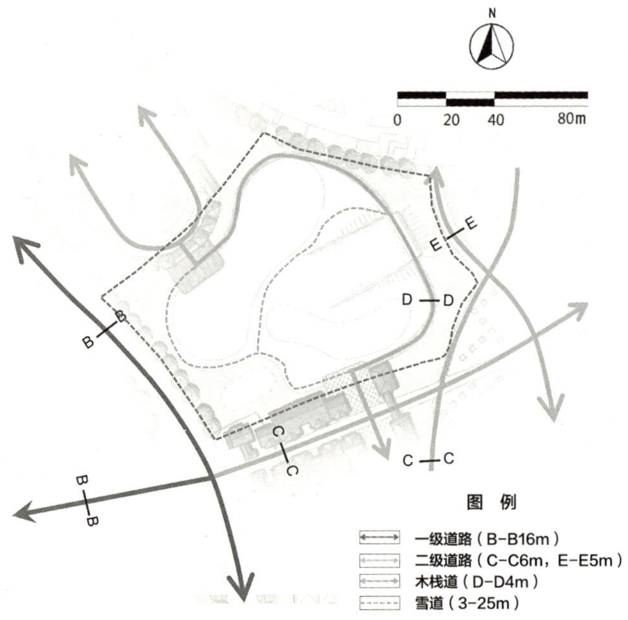

图 4-32 欢乐冰雪场区道路交通规划图

案例2 陕西省白鹿原影视艺术小镇策划与概念规划

项目时间： 2017年10月

委托单位： 霍尔果斯贰零壹陆影视传媒有限公司

创意类型： 影视文化创意

（1）规划背景

西安位于关中平原中部偏南，距离洛阳、银川、成都、兰州直线距离均在800公里以内，是甘、宁、川、豫几省的重要连接点，也是世界著名的风景游览城市和历史文化古城，属于典型的旅游城市、国际门户。项目基地所在的蓝田县是西安城市未来发展的重要组团之一。项目基地位于西安市蓝田县东南，距市中心约1小时车程（图4-33）。

图 4–33　区位分析图

（2）资源基底

项目地内无文物遗存，自然景观不具优势。但白鹿原承载着厚重的关中民俗文化、黄土文化，存在内在发展的深厚潜力。

① 自然资源

a. 黄土台塬、坡陡谷深

鹿走沟区域为典型的黄土台塬地貌，塬面与谷底交叉，生态环境良好。区域内植被较单一，野生灌草植被丰富，具有当地特色。沿谷地形成多个自然村落，形成大面积沿缓坡开垦的坡耕地。台塬地貌是现状场地的最大特色和资源，因此，设计将对此进行充分挖掘和保留展示（表4–4）。

黄土台塬地貌区域自然资源　　表 4-4

名称	资源描述
林	杨树与松柏科植物为主，集中于鹿走沟
村	分布零散、多集中于凫峪沟区域，鹿走沟有少量旧村
田	沿塬脚和低坡度开垦坡耕地为主，土地质量较好
渠	水渠较深，主要分布在凫峪沟村道沿线
塬	分布于项目区南北两侧及中部，塬面上较平坦开阔

b. 黄土丘陵、沟壑纵横

董岭区域为典型黄土丘陵地貌，地形破碎，生态环境优美。区域内植被覆盖度高，野生灌草植被丰富。受地形限制，自然村落多沿谷地依山分布。由于多变的地形和优美的生态环境，现状场地在影视拍摄中可体现关中文化的特色，在后期开发时应重点利用（表4-5）。

黄土丘陵地貌区域自然资源　　表 4-5

名称	资源描述
林	主要以核桃树为主，不易于利用，后期须根据情况进行变更
村	山中散布村落多数已集中搬迁，后期可作为建设用地开发
田	成片开发土地较少，多以小型坡耕梯田为主
渠	沿牛角沟向西，沿路蔓延，水路蜿蜒，水流缓慢，适宜亲水
峁	集中于董岭西部，与徐家岭之间由沟分割，可适度开发

② 文化资源

a. 陕西是人类文明的发祥地之一、文化大省之一，它的根脉性、多元性、多样性、多层次性彰显着中华文化的巨大魅力。

b. 蓝田旅游资源得天独厚，白鹿原因陈忠实的长篇小说《白鹿原》而名扬天下。

c. 白鹿原文化对研究中国民风民俗、进行爱国主义教育、挽救民族传统文化有着重要的历史意义和现实意义。白鹿原古名“长寿山”“霸上”，因有白鹿出现而名，根据《后汉书·郡国志》载：“新丰县西有白鹿原，周平王白鹿出。”《水经注》《太平寰宇记》也有“平王东迁时，有白鹿游于此原，以是名”之说。白鹿原初名东塬，森林茂密，狼鹿虎豹等动物皆有，气候凉爽，土地肥沃，物产丰富，因而是帝王将相狩猎避暑的佳地。鸟瞰白鹿原，就像浐灞两河怀抱中一颗生态明珠，同时又是一方革命热土，为革命输送了一大批优秀分子。

③ 影视资源

a. 陕西影视产业具有得天独厚的文化资源，产业历史积淀深厚

20世纪80年代，西影厂作为旗帜，曾铸就了“影视陕军”这一辉煌品牌。目前陕西全省有影视公司382家，2016年生产电影45部，产量居全国第四、西部第一。7部电影荣获国内外大奖，全年票房11.5亿元，票房增幅10.7%，居全国前列。

b. 由影视带火的文化IP，被更多人认知的白鹿原

影城发展态势良好，且旅游产品差异化带来的旅游收益已初见成效。2017年五一黄金周期间，白鹿原影视城已通过一期建设项目成功吸引游客30万人，影视主题项目的开发已初见成效。但纵观影城发展现状，仍以观光游为主，缺乏体验性项目和二次消费项目，景区整体消费难以长期滚动发展，没有形成夜游，难以留住客源。

c. 陕西走出的影视人撑起了中国影坛的半边天，更多的明星、名人活跃在文化、娱乐圈中

陕西影视名人列表　　表 4-6

影视明星	张嘉译、闫妮、景甜、文章、尤勇、白冰（陈东）、董维嘉、王姬、张延、苗圃、张铁林、周杰、凌潇肃、戴春荣、郭达、李琦、石国庆、郭涛、陆树铭、刘晓虎、孙菲菲、冯远征、胡蝶、柴璐、刘怡君、张涵予、王筱磊、马跃、吴京安、贾青
歌手	王杰、张恒、许巍、吴旸洁、张楚、郑钧、孙浩、孙萌、黄鑫、苏醒、付辛博、党宁、韩真真、吴向飞
导演	张艺谋、顾长卫、刘进、简川訸、黄建新、王全安、李杨、冯小宁、侯咏、张子恩、刘惠宁、吴天明、广龙、李少飞、丁黑、杨树鹏
运动员	田亮、秦凯、司雅杰、郭文珺
作家	贾平凹、陈忠实、京夫、叶广芩、路遥

④ 企业资源

丰硕的影视资源，有待落地转化。企业拥有近年来火热的影视文化资源，同时也具备影视旅游复合开发的综合实力，为项目开发导入新的发展内涵（表4-7）。

陕西影视作品列表　　表 4-7

分类	作品名称	成绩
电视剧	《北平无战事》	2015 年获得第 21 届上海电视节白玉兰奖“最佳电视剧奖”、“最佳编剧奖”；第 17 届华鼎奖中国电视剧满意度调查全国观众最喜爱的电视剧; 第 30 届中国电视剧飞天奖“优秀电视剧、优秀导演、优秀编剧、优秀男演员奖”
	《琅琊榜》	2015 年先后获得澳门国际电视节“优秀电视剧奖”、国剧盛典“年度十大影响力电视剧奖”、中国电视飞天奖“优秀电视剧奖”、华鼎奖“中国百强电视剧第一名”、中美电影节金天使奖“最佳中国电视剧奖”等奖项，2017 年该剧获得第十一届电视制片业“电视剧优秀作品”奖
	《三生三世十里桃花》	2017 年收视率双台破一，是东方卫视首部仙侠剧，浙江 G20 剧场开播以来首部单日破一、平均破一的影视剧集
	《芈月传》	2015 年获第一届上海电视剧制播年会暨中国电视剧品质盛典观众最喜爱电视剧、品质大奖、年度最受欢迎女演员
音乐	《小苹果》	2014 年，该歌曲获得全美音乐奖“年度国际最佳流行音乐奖”、Mnet 亚洲音乐奖“中国最受欢迎歌曲奖”

（3）规划内容

① 发展步骤：三步走

第一步：打造影视高地。植入旅游消费系统，打造旅游核心吸引力，聚人气。

第二步：融合外延产业。促进周边产业发展，提升农旅、文旅、商旅等产业融合，发展农业产业、文化产业、创意工业，实现经济转型与可持续发展。

第三步：构建特色小镇。构建旅游产业集群发展模式，实现以旅游为核心引擎的全域社会与经济发展。

② 总体目标

打造中国首个全维度、全生活的影视主题特色小镇。服务人员与工作人员都是影视人，体验时空穿越之旅，眼前所见都是外景地，让每个在这里的人都生活在影视之中，让每一处建筑、花草、景观都成为一个故事（影视）。

③ 形象定位：影视梦塬 · 景韵蓝田

构建影视、投资、互联网、旅游、居住全产业链模式，形成完善可持续的工作生活娱乐休闲复合空间。

④ 功能定位：影视产业 + 旅游娱乐 + 度假生活

a. 中国最高端、最全面的影视文创产业基地

（a）比肩好莱坞的影视产业区；

（b）高附加值的商业推广平台；

（c）培训能力的影视培育基地。

b. 国内领先的影视主题游乐体验中心

（a）独一无二的山地体验；

（b）三位一体的实景娱乐地标；

（c）放飞理想的圆梦平台。

c. 秦岭山麓最具格调的度假休闲胜地

（a）绿色生态的私密休闲空间；

（b）格调独具的明星创意酒店；

（c）风格迥异的关中度假民宿。

⑤ 规划结构：一核两翼，三区联动

图 例

两翼：影视产业、影视休闲

一核：影视娱乐

影视产业区

影视娱乐区

影视休闲区

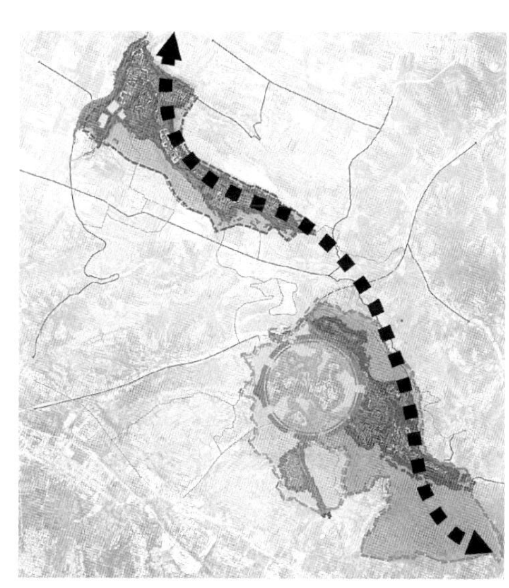

图 4-34　白鹿原影视艺术小镇空间结构

图 4-35　白鹿原影视艺术小镇总平面图

⑥ 重点片区规划

a. 影视产业发展片区

本区旨在打造创意与自然相融于绿境中的影视探索与文创清新生活。融入影视人理念，打造不同风格类型的影视拍摄风貌与景观建筑形式，为影视发展提供创新活力和滋养沃土，打造一个“娱乐高地”（图4-36 ~ 图4-38）。

图 4-36　影视产业发展片区鸟瞰图

图 4-37 影视产业发展片区总体平面图

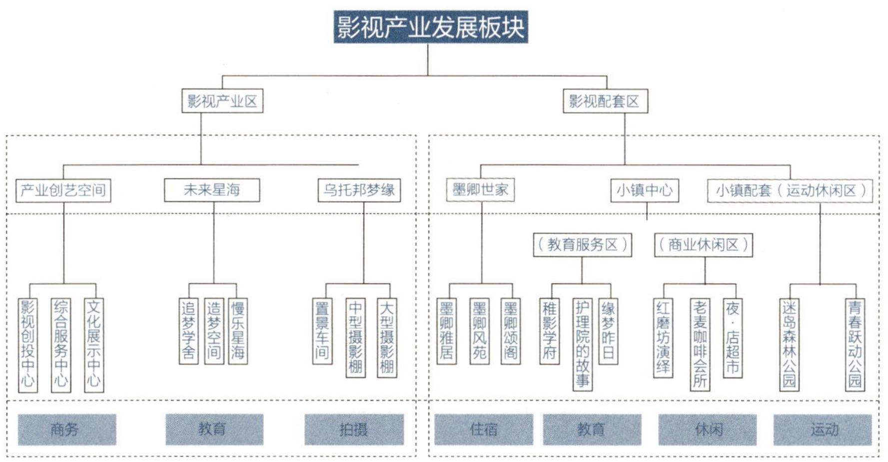

图 4-38 影视产业发展板块项目体系

（a）影视产业区

这是一个富有创意、包容万象的内景影视拍摄中心，以影视前后期制作为核心，将影视拍摄、声音录制、数字制作、动漫特效、设备租赁、光盘生产、影视教育等众多功能融为一体的现代化影视生产基地。在这里不仅只为专业人士提供影视产业生产线服务，还为大众提供影视圆梦平台，可参与电影拍摄、影视艺术表演等活动。鼓励所有人参与其中，参与自己中意的角色（表4–8）。

影视产业区项目列表　　表 4–8

项目名称		项目规模（公顷）	建筑面积（平方米）	土地类型
影视产业区	产业创意空间	4.27	12811	A2 文化设施用地 B3 娱乐康体设施用地
	未来星海	6.24	18720	A3 教育科研用地
	乌托邦梦缘	7.64	22922	B22 艺术传媒用地

（b）影视配套区

服务影视产业发展，旨在做好影人生活配套，进行影视配套区打造，这里有生活所需的配套商贸、基础医疗、幼儿与成人教育机构和运动休闲场所，是西部影人度假休闲的不二选择。项目以桃李春风为借鉴，结合陕西三秦之地的历史、文化深远的特点，形成不同类型的文化社区组团，以文化与影视相结合打造社区的核心内涵（表4–9）。

影视配套区项目列表　　表 4–9

项目名称		项目规模（公顷）	建筑面积（平方米）	土地类型
影人配套区（墨卿世家）	小镇商业中心	6.51	19521	B1 商业设施用地
	小镇教育中心	4.17	12518	A2 文化设施用地
	小镇配套区	6.04	18112	G1 公园绿地
	墨卿世家	40.45	121336	A2 文化设施用地 R2 二类居住地

b. 影视娱乐体验板块

图 4-39　影视娱乐体验板块鸟瞰图

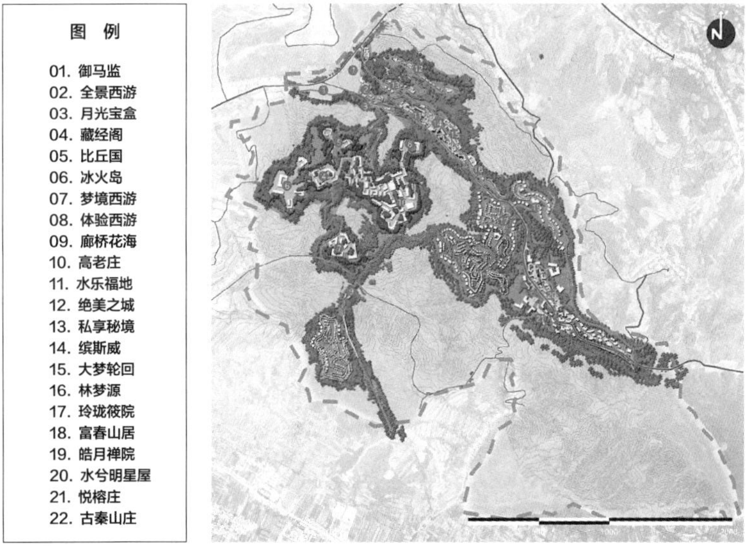

图　例

01. 御马监
02. 全景西游
03. 月光宝盒
04. 藏经阁
05. 比丘国
06. 冰火岛
07. 梦境西游
08. 体验西游
09. 廊桥花海
10. 高老庄
11. 水乐福地
12. 绝美之城
13. 私享秘境
14. 缤斯威
15. 大梦轮回
16. 林梦源
17. 玲珑筱院
18. 富春山居
19. 皓月禅院
20. 水兮明星屋
21. 悦榕庄
22. 古秦山庄

图 4-40　影视娱乐体验板块总平面图

坐落于自然山水间的影视主题娱乐产业集群，以影视拍摄、论坛经济、夜景体验、特色商业等驱动蓝田影视产业发展，筑造最具活力之核，拉动影视文化旅游及影视媒体产业的全面生长（图4-39～图4-41）。

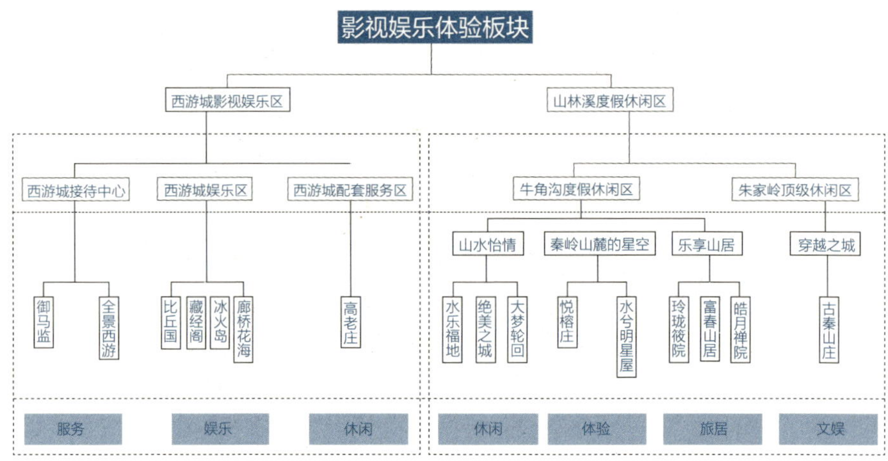

图 4-41　影视娱乐体验板块项目体系

按照项目区休闲娱乐的整体定位和发展方向进行片区内项目的业态配比，除住宿外，设计餐饮、购物、休闲、展示、娱乐、服务和配套的业态比例为15：25：18：8：28：2：3（表4-10、图4-42）。

影视娱乐体验区业态配比　　表 4-10

名称	建设面积（平方米）	百分比
购物	21750.06	15%
餐饮	37179.58	25%
休闲	27006.58	18%
展示	11687.72	8%
娱乐	40679.34	28%
服务	2899.63	2%
配套	4908.26	3%

图 4-42　西游城影视娱乐区业态配比规划图

⑦ 土地利用规划

土地利用规划表4-11、图4-43。

土地利用规划　　表 4-11

<table>
<tr><th colspan="2">代码</th><th rowspan="2">用地性质</th><th colspan="2" rowspan="2">用地面积（公顷）</th><th colspan="2" rowspan="2">占规划建设用地面积比例</th><th colspan="2" rowspan="2">占规划总用地面积比例</th></tr>
<tr><th>大类</th><th>中小型</th></tr>
<tr><td rowspan="2">R</td><td>R1</td><td>一类居住用地</td><td rowspan="2">79</td><td>56.5</td><td rowspan="2">40%</td><td>29%</td><td rowspan="2">11.0%</td><td>7.9%</td></tr>
<tr><td>R2</td><td>二类居住用地</td><td>22.0</td><td>11%</td><td>3.1%</td></tr>
<tr><td rowspan="2">A</td><td>A2</td><td>文化设施用地</td><td rowspan="2">17</td><td>10.5</td><td rowspan="2">8%</td><td>5%</td><td rowspan="2">2.3%</td><td>1.5%</td></tr>
<tr><td>A3</td><td>教育科研用地</td><td>6.0</td><td>3%</td><td>0.8%</td></tr>
</table>

续表

<table>
<tr><th colspan="2">代码</th><th rowspan="2">用地性质</th><th rowspan="2" colspan="2">用地面积（公顷）</th><th rowspan="2" colspan="2">占规划建设用地面积比例</th><th rowspan="2" colspan="2">占规划总用地面积比例</th></tr>
<tr><th>大类</th><th>中小型</th></tr>
<tr><td rowspan="3">B</td><td>B1</td><td>商业设施用地</td><td rowspan="3">91</td><td>39.0</td><td rowspan="3">46%</td><td>20%</td><td rowspan="3">12.6%</td><td>5.4%</td></tr>
<tr><td>B22</td><td>艺术传媒用地</td><td>9.0</td><td>5%</td><td>1.3%</td></tr>
<tr><td>B3</td><td>娱乐康体设施用地</td><td>42.5</td><td>22%</td><td>5.9%</td></tr>
<tr><td>G</td><td>G1</td><td>公园绿地</td><td>9.6</td><td>9.6</td><td>5%</td><td>5%</td><td>1.3%</td><td>1.3%</td></tr>
<tr><td>S</td><td>S4</td><td>交通场占用地</td><td>1</td><td>1.0</td><td>1%</td><td>1%</td><td>0.1%</td><td>0.1%</td></tr>
<tr><td>规划建设用地面积</td><td>—</td><td>—</td><td colspan="2">196</td><td>100%</td><td>100%</td><td colspan="2">—</td></tr>
</table>

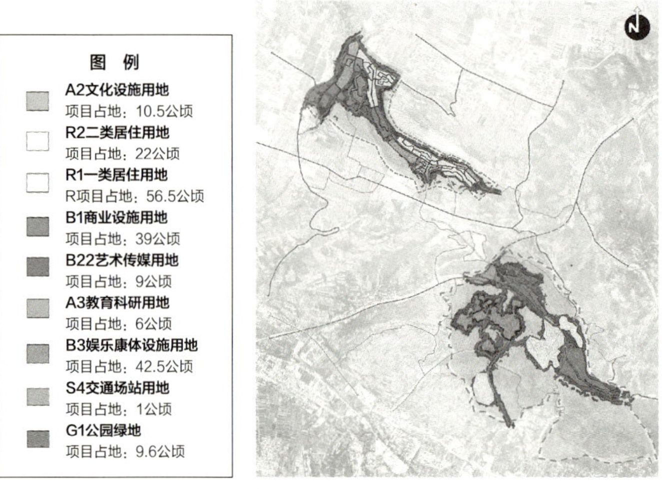

图 4-43　土地利用规划图

⑧ 交通规划

交通规划见图4-44。

图 例

现状交通　规划交通

图 4-44　交通规划图

⑨ 潜在风险

场地内由于已有人防、电力、自然保护要求现存的相关设置及生态红线，需进行规避或适度降低开发强度。根据《110kV～750kV架空输电线路设计规范》GB 50545—2010的要求：330kV线路电压等级高压线走廊宽度15～35m，项目根据场地现状在董岭区域进行建筑物规避设计（图4-45）。

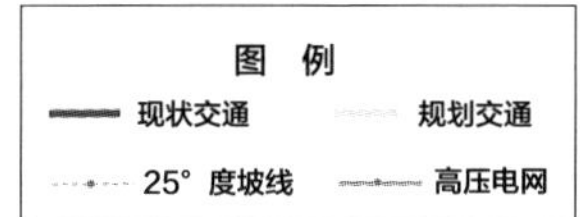

图 4-45　潜在风险示意图

河南省浚县古城保护与旅游发展总体规划

委托时间： 2012年

委托单位： 浚县住房和城乡建设局

创意类型： 遗产活化开发利用创意

（1）规划背景

浚县古称黎阳，位于河南省北部，隶属于鹤壁市，居鹤壁市东部，是国家级历史文化名城、中国民间文化艺术之乡、中国民族民间文化保护试点基地、河南省文化建设先进县和文化改革发展试验区。古城位于浚县县城，城池面积约2平方公里，连带东侧大伾山片区总面积约5平方公里（图4-46）。古城历史上因黄河、运河漕运而兴，是隋唐大运河沿线重要的水运商埠古城、黄河文化孕育下的乡土民俗繁盛之地。项目位于河南省鹤壁市浚县的中心城区。

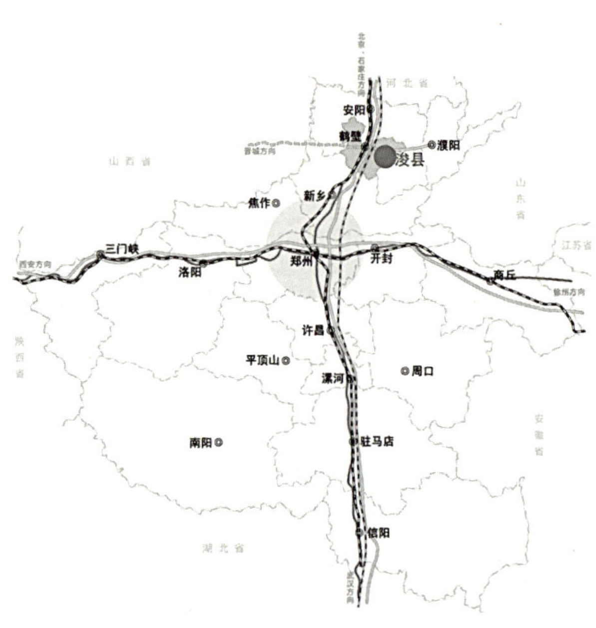

图 4-46　浚县古城交通区位图

（2）发展问题

① 浚县古城与国内知名古城镇的现实差距

通过与中国其他古城古镇发展特征对比，浚县古城面临“五有五无”的现状，在这种环境下浚县古城如何发展才能在中国众多古城镇中突围？

a. 有运河，无水韵

有保存较丰富的隋唐运河遗存，但缺少运河古城的水韵风貌。

b. 有古城，无风貌

河南唯一的县级国家历史文化名城，但缺少古城风貌遗存。

c. 有街巷，无商业

保留古城历史风貌的街巷肌理，但缺少独具特色的商业街区。

d. 有文化，无体验

拥有运河文化、民俗文化、子贡文化以及宗教文化，但缺少文化体验产品。

e. 有机遇，无资本

拥有隋唐大运河和春节申遗、国家文化产业繁荣、建设华夏文明传承创新区等良好的发展机遇，但缺少足够的资金和市场运作机制撬动古城的发展。

② 浚县古城不可以做什么

a. 不能单打明清古城

大众对明清风貌和文化审美疲劳，缺乏足够的市场号召力。

b. 不能单打庙会古城

淡旺季差距大，市场层次难以提升，经济价值低，管理难度大。

c. 不能单打运河古城

运河品牌已被杭州、扬州、济宁等城市和台儿庄古城捷足先登。

（3）资源基底

① 古城山水格局

浚县古城是中国北方山水古城形态遗存的典型代表，同时也具有鲜明的个性特征，“山水城一体”是构成浚县古城格局特色的关键。

古县城与大伾山、浮丘山两青山紧依相连，有“登浮丘即朝东岳，攀大伾如游三壶”之称，而古城墙包围了半个浮丘山，形成东西窄、南北长的布局，具有“两架青山一溪水，十里城池半入山”的特色格局。卫河，即隋唐大运河，是古城格局的重要组成部分，历史上浚县县城自浮丘山南引卫河水，绕南、东、北流过，至西北注入卫河，形成环状护城河。

历史上，浚县城的自然山水格局关系基本可概括为：

a. 古黎阳县城的自然山水格局关系：黎阳古城在现浚县县城之东北，位于黄河故道之西、大伾山之北，即黄河故道在黎阳古城之东，大伾山在黎阳古城之南（图4-47）。

b. 老浚县县城的自然山水格局关系：老浚县县城东依大伾山，南接浮丘山入城，西临卫河，即卫河在浚县县城之西，大伾山在老浚县县城之东，浮丘山在老浚县县城之南（图4-48）。

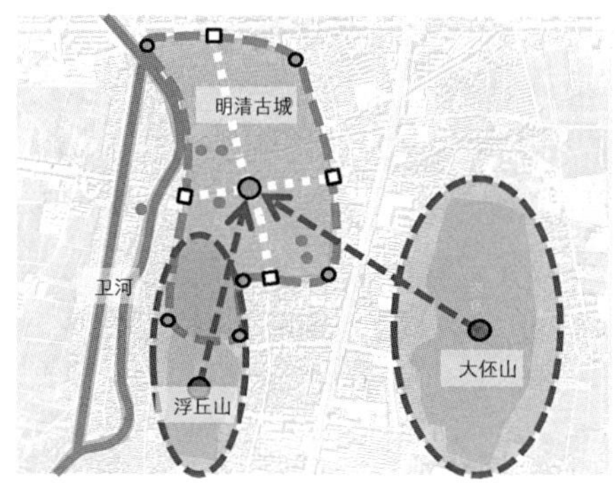

图 4-48　山水格局分析图

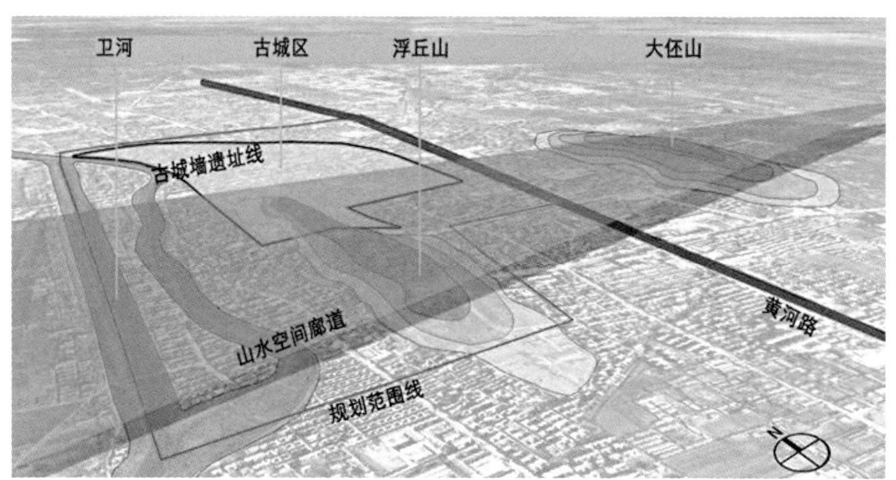

图 4-47　山水格局分析图

② 城池格局

a. 城墙、城门及角楼、护城河

城墙依卫河与浮丘山而建，围合形成古城轮廓，东南西北四面分别设有城门以及瓮城，西城墙有允淑门和观澜门，东北、东南、西北、西南设置有角楼，其中只有东北角楼存遗址，其他三个角楼均已毁。

b. 街巷体系

以文治阁为中心，主干街巷为东西大街、南北大街。

东西大街以北——横向次街：北小西门里—北仓口，南小西门里—东后街；纵向次街：关帝庙街；小段街道：新小西门里、县前街、文庙街、礼门、东斜街、马号口、后水坑、枣园街、北菜园胡同、东关丁字拐、东顺城街等。

东西大街以南——纵向次街：南山街、王爷庙街、东城墙街；横向次街：辛庄街等。（图4–49）

c. 标志建筑及其他

标志建筑分类见表4–12。

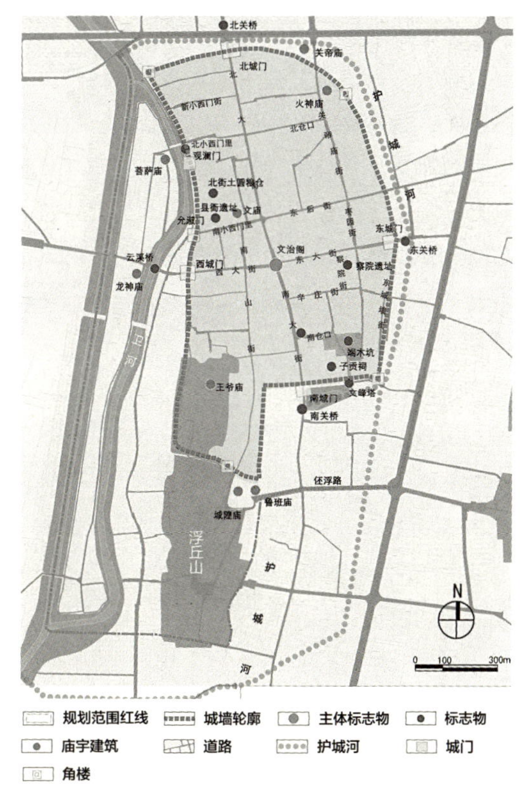

图 4–49　城池格局分析图

标志建筑分类　　表 4–12

序号	类别	代表
1	官署建筑	县衙、察院（已毁）、文治阁
2	坛庙建筑	文庙、子贡祠、关帝庙、城隍庙、火神庙、龙神庙、菩萨庙、王爷庙、鲁班庙
3	宗教建筑	菩萨庙
4	仓储建筑	北街土圆粮仓
5	风水建筑	文峰塔（“告天笔”）
6	其他	端木坑、云溪桥、牌坊（均已毁）、古树名木

③ 古城建筑色彩

浚县古城建筑群落以豫北四合院建筑形式为主，延续了明清时代的布局，是豫北地区的典型代表形态。

现状整体风貌由空间、材料、色彩以及建筑高度几方面共同维系。浚县古城风貌在高度方面控制较好，基本为低层建筑，核心区外围存在少量多层建筑，不影响整体风貌。建筑材料及色彩方面由于风雨的侵蚀，保护现状较差。此外，现代化的生活方式造成原有传统院落空间部分被破坏，影响了古城的风貌。所以，依此现状，古城风貌保护工作任重而道远。

④ 古城建筑价值

对现状建筑价值的判断，从建筑质量、建筑风貌、建筑结构、建筑高度、建筑年代、建筑屋顶形式等要素出发，通过要素叠加的方式来判断建筑的价值及其分布规律。从浚县古城建筑分析综合叠加图可以读出，建筑价值较高的地带主要集中在县前街与北小西门里街形成的区域、子贡祠与端木坑周边区域、南山街与浮丘山形成的带型区域、顺河街与卫河形成的带型区域。以上四个价值较高区域，是古城保护与活化以及旅游发展的重点地带，其历史文化、建筑风貌价值能更好地体现古城的风貌与特色（图4–50、图4–51）。

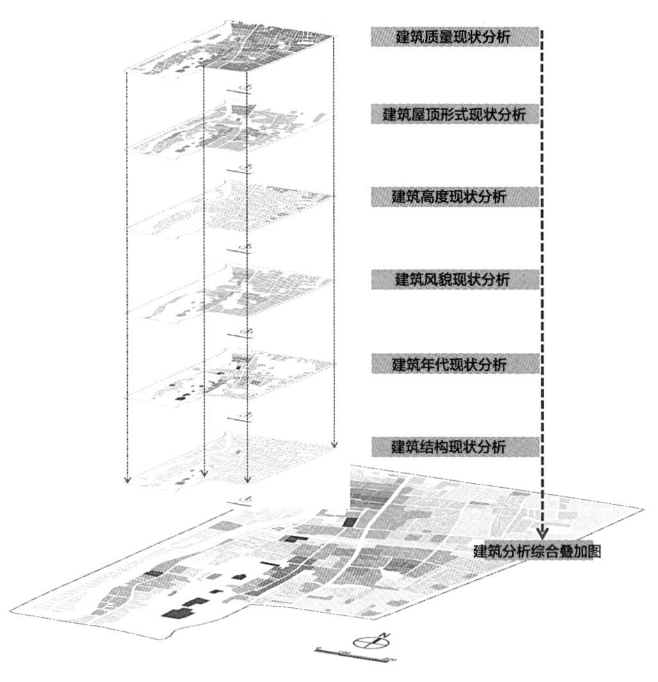

图 4–50　古城建筑价值分析图（一）

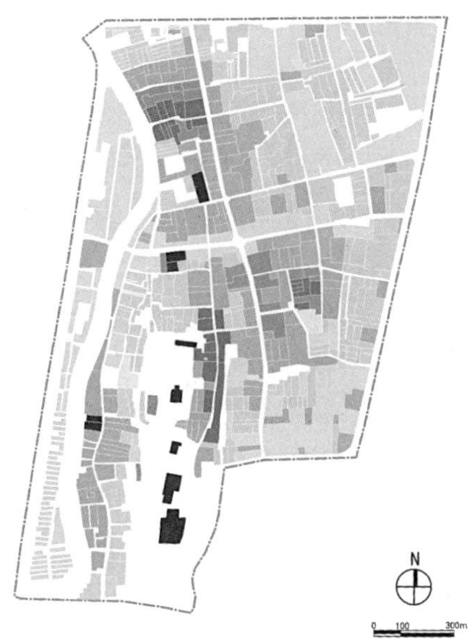

图 4-51　古城建筑价值分析图（二）

（注：色彩越重表示建筑价值越高）

（4）规划内容

① 遗产活化理论在浚县古城的运用

a. 遗产活化的目的及必然性

遗产活化是指在保护遗产原真性的同时，通过技术手段和艺术手段，直观再现历史文化景观，使非专业人士也可了解、接受文化价值，实现文化遗产的传承和传播。它是对传统文化遗产排他性保护理念和手段的一种改进，同时强调物质外壳和非物质文化内涵的传承。

遗产活化的目的是使原本湮没于荒野和时间长河的遗产价值能被更多市民及外来者所认识、了解并吸收，让人们在日常生活中熟悉并吸纳遗产所携带的丰富历史信息，既发挥遗产价值的教育功用，也利于遗产价值的延续。

遗产活化的必然性是指一个国家对文物的有效利用，体现了文化创意产业的发展水平、国家文化竞争力、国家软实力。文物保护与利用理念需要响应中华民族伟大复兴的时代要求。

b. 遗产活化途径与方法

规划采用北京大学旅游研究中心研究成果“遗产活化理论与方法”作为古城遗产活化评价理论和方法支撑。

遗产活化利用表现分为三种外在形式和两种内在功能。三种外在形式是指原体式、修复式、新体式，两种内在功能是指展示功能和活用功能（表4–13）。

遗产活化利用等级　　表 4–13

浅层活化	中层活化	深层活化
①原体式 + 展示功能	③修复型 + 展示功能	⑤新体式 + 展示功能
②原体式 + 新功能	④修复型 + 新功能	⑥新体式 + 新功能

遗产活化利用分为六种组合方式：原体展示方式、原体活用方式，修复展示方式、修复活用方式，新体展示方式、新体活用方式（图4–52）。

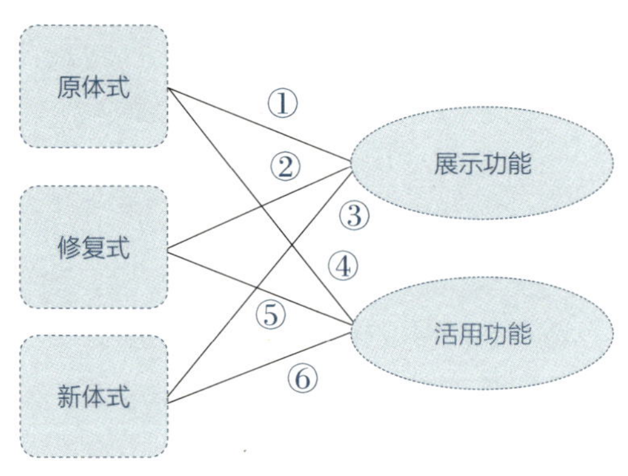

图 4–52　遗产活化利用方式

c. 遗产活化评价体系

遗产价值综合评价指标体系　　表 4–14

分类指标	指标要素	因子	因子详解	权重
历史文化价值指数 HCI	内在文化价值要素	HC01	与历史事件相关	0.15
		HC02	与历史人物相关	0.15
		HC03	历史地位	0.2
		HC04	非物质文化遗存	0.1

续表

分类指标	指标要素	因子	因子详解	权重
历史文化价值指数HCI	外在表现价值要素	HC05	历史时代特征	0.1
		HC06	建筑艺术	0.1
		HC07	历史建筑规模	0.1
		HC08	空间布局	0.1
市场开发价值指数MDI	区位要素	MD01	交通区位	0.15
		MD02	客源市场区位	0.15
		MD03	集聚区位	0.1
	开发要素	MD04	活化之后市场吸引力	0.1
		MD05	土地供应和资金投入	0.1
		MD06	开发模式和盈利预计	0.1
		MD07	现实可利用性	0.1
	配套要素	MD08	旅游基础设施	0.1
		MD09	城市基础设施	0.1
教育科研价值指数SPI	考古发现要素	SP01	遗迹保留完整性	0.15
		SP02	遗迹特殊典型性	0.15
		SP03	遗迹发掘规模	0.15
		SP04	考古发现偶然性	0.1
	保护要素	SP05	环境敏感度	0.1
		SP06	保护措施	0.1
	社会要素	SP07	社会和教育功能	0.15
		SP08	地方认同和依附	0.1

d. 浚县古城遗产活化评价

浚县古城活化是在古城保护的基础上，深入了解古城资源并以合理的方式呈现或融入新的空间。根据资源特色与历史规律，充分尊重资源历史价值，一一进行活化利用。活化理念的根本是文化活化，活化的目的是打造前瞻性的生活方式。在活化过程中，将现代的、便捷的、生态的生活方式与生活设施引入古城，促进古城可持续发展。

② 总体定位

以打造华夏历史文明传承创新示范基地为指导思想，以建设国际文化旅游名城为目标，以遗产活化为核心理念，以隋唐大运河资源、浚县和中原地区繁盛的民俗文化资源为依托，以两山一水一城为空间载体，塑造集遗产观光、民俗体验、文化休闲、品质度假、产业创新等功能于一体的隋唐运河上的旅游目的地（图4–53）。

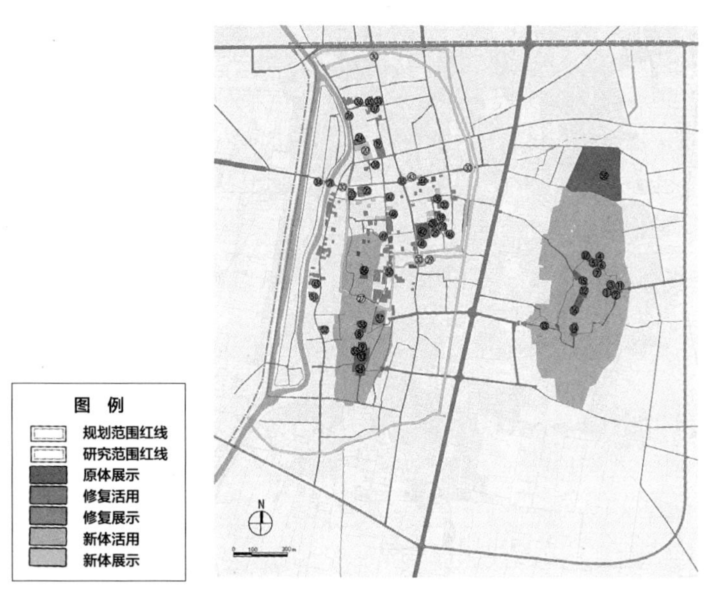

图 4-53　浚县古城遗产活化

带动古城实现四个转化：一处华夏文明传承创新基地，一方民俗民艺活态演绎舞台，一个文化旅游产业孵化平台，一座生生不息世界遗产古城。

③ 发展目标

a. 近期：古城开发起步阶段（2012 ~ 2015年）

至2015年年末，初步构建“山—水—城”互动的旅游空间格局，打造成在中原地区拥有较高影响力的民俗文化古城。实现年游客接待量达到100万人次，年旅游收入达到5亿元，成为河南省重点扶持的民间艺术文化产业集聚区。

b. 中期：古城品质提升阶段（2016～2020年）

至2020年末，基本完成山、水、城三大片区的主体项目建设，打造成中国著名、国际知名的民俗文化活力古城。实现年游客接待量达到200万人次，年旅游收入达到16亿元，成功创建国家AAAAA旅游景区。

c. 远期：古城全面复兴阶段（2021～2025年）

至2025年，完成全部规划项目建设，实现古城全面复兴，打造成具有国际影响力的民俗文化古城旅游目的地。实现年游客接待量达到260万人次，年旅游收入达到31.2亿元，带动旅游及文化产业增加值占地区生产总值18%以上。

④ 布局结构

浚县古城的规划依托浮丘山、大伾山、卫河，以及人文历史资源和优秀的民间艺术，统筹建筑、道路、景观、遗迹、水景、山体等要素，构成整个浚县古城的格局。

规划为三类功能区，两条景观带。三区是指文化游赏区、市井生活区、生态协调区，两带是指运河遗产风情游憩带、环古城墙游憩带（图4–54）。

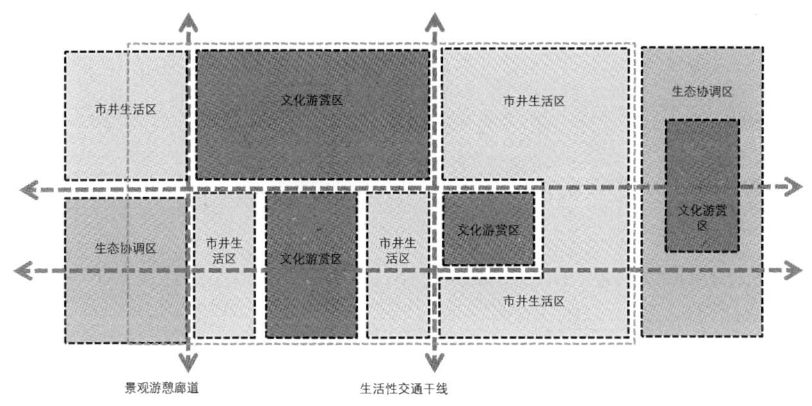

图 4–54　浚县古城布局结构图

⑤ 总体布局

a. 文化游赏区

主要包括古城及运河重要历史文化资源集中的区域、浮丘山和大伾山两山丰富的宗教文化资源分布区，以及黎阳仓遗址区域，突出浚县古城文化资源的保护与展示活化，是旅游活动的核心区域。

b. 市井生活区

规划区内以居住为主，基础设施较差，公共空间缺失严重，宜居性不佳。规划通过居住区的改造与更新以及旅游项目的建设与进入，适度舒缓古城内的居住密度。同时，市井生活区也是展示古城风貌的重要部分，按照《浚县历史文化名城保护规划》要求，对市井生活区从建筑风格、建筑高度、天际线几个方面进行风貌保护和整治。

c. 生态协调区

以琵琶岛、浮丘山及大伾山为依托，营造丰富的生态斑块，以生态修复和生态景观建设为主，同时可增加多样化的休闲游憩设施，为居民和游客提供户外游憩活动的机会。

d. 环古城墙游憩带

依托考古专家的推测与论证，落实古城墙和护城河的位置，并在此基础上加以活化与保护，形成一条蓝绿交融的为本地居民和游客共享的游憩带。

e. 运河遗产游憩带

以卫河及河道沿岸带作为隋唐运河风貌的展示和保护带，通过卫河河道清理、水系恢复以及解说设备的完善等措施，修复隋唐大运河风貌，开展水上游赏活动。

图 4-55 浚县古城总体布局图

3大工程 · 12大项目 · 1个体系

三大重点工程	十二大重点项目	一个民俗文化活动体系
古城肌理保护修复工程	“喜乐黎阳”民俗街区	品牌节庆
民俗文化高地培育工程	运河遗产文化带	主题活动
宜居古城创建工程	入口服务区	特色演出
	琵琶岛文化生态岛	
	端木海历史文化街区	
	“古城风华”西大街	
	“黎阳人家”古城民宿街（南山街）	
	“文化观澜”精品酒店街（观澜街）	
	中原民间艺术学校	
	浮丘山道教文化旅游区	
	大伾山佛教文化旅游区	
	黎阳仓国家遗址公园	

图 4-56　浚县古城重点工程与项目体系

⑥重点工程与项目策划

a. 引擎项目：“喜乐黎阳”民俗街区

（a）占地规模

3.7万平方米。

（b）投资规模

约2～3亿元。

（c）项目定位

传承创新并举、活态呈现民俗、全景式民俗体验街区、民俗文化保护与创新示范项目。

（d）特色定位

食住行游购娱学演会，构建全景民俗体验街区。民俗文化包装全业态，打造可以住的民俗、可以吃的民俗、可以行的民俗、可以买的民俗、可以玩的民俗、可以学的民俗、可以演的民俗、可以会的民俗。

从文化到形态、到业态，都很“民俗”。精彩纷呈的民俗演艺与活动+新民俗设计酒店+创意民俗商铺+民间美食集群+民俗景观小品+民俗公共家具+……

呈现一部色彩纷呈的中原民俗艺术大片。从街区局部设计，到每一民俗本身，深入民俗文化背后的故事、地域文化及历史内容，淋漓尽致、多层次地把民俗文化展呈出来，每个元素、每个细节，力求精致化，构建一处唯美的民俗体验空间。

（e）街区结构

西动东静，四个板块，三种格调，六类业态。

设民艺星光大道、“好戏连台”四合院街、中原艺坊、黎阳IN巷（图4-57）。

图 4-57 “喜乐黎阳”民俗街区布局图

b. 引擎项目：“运河史记”文化商街

（a）街区规模

长560米，总面积约2.4万平方米。

（b）投资规模

约1.5亿元。

（c）项目定位

以浚县段运河四个代表历史时期为主题轴线，打造特色鲜明、商业繁荣、业态多元、充满活力的运河商埠。

（d）打造要点

一条轴线，串联四个时期（文化主题）。街区建筑统一于古城的明清建筑风貌，通过局部细节、街头景观及具有标志性的重要节点，展现浚县段运河所经历的四个典型阶段的时代特征（图4-58）。

（e）项目特色

以史为脉讲故事：漕运百工、战事风云、商埠兴衰……流淌在运河里的大小故事，活跃在街区的街头巷尾，为游览体验平添味道和厚度；

以水为魂做品质：临河酒吧茶舍、枕河水驿，面河小座……与运河相依的半边水街；

以商为体兴活力：特色美食、文化购物、商埠老店、娱乐、住宿、演艺、夜休闲，千年商埠繁荣再现。

⑦ 活动体系

季季有节会、月月有庆典、周周有活动、天天有精彩。政府搭平台，专业公司市场化运作，全民参与。

a. 正月·中原新春古庙会文化节（每年阴历正月初一至二月二）

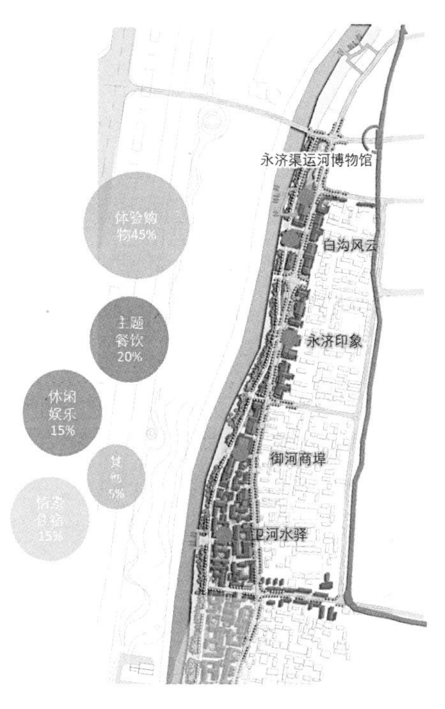

图4-58 “运河史记”文化商街布局图

全面整合提升浚县古庙会，打造中原春节庙会第一品牌；每年阴历正月初一至二月二，设一个月民俗时尚狂欢季。

b. 五月·黎阳曲艺音乐节（五一小黄金周）

打造中国传统戏曲音乐艺术盛宴，以传统曲艺+草根音乐的内容呈现。

c. 十月·中国（鹤壁·浚县）·世界民俗文化博览会（中秋至十一黄金周，两年一次）

打造民俗文化版的世博会，令世界共享中原民俗。

d. 全季候·“最炫中国节”传统节日与时令民俗主题系列活动

e. 全天候·常态化小型艺术演出

设大戏院、小剧场、露天秀场，水上、陆上，街区里、大院中，精彩演出迭出。

第5章

死镇复兴

5.1 模式解读

贵州省平塘县克度镇原本是一个正在消失中的小镇，2008年前全镇只有3个旅馆，农业收入占全镇总收入95%以上，人均年收入不足4000元。克度镇因为天眼的选址而最终成为当下热门的旅游目的地，从而使正在走向消亡的小镇获得了起死回生般的复兴。

其实，像克度镇这类小镇在大多数投资者的眼里，基本上是被称为“经济死镇”的一类行政镇。基本上都具有交通不便、人口不兴、劳力不多、产业不明、发展不行等诸多不适投资的特点。然而，任何事情都具有两面性，这类小镇如果有幸遇到伯乐，也未尝不能成为真正的千里马。因为其土地的原始性、可塑性以及廉价性，反而更有利于将其打造成一个全新的事物。

如果说天眼只是一个特殊的案例、一种效应，或者说一种机缘，如同武侠小说里的主人公一生命苦，只因刹那间遇到了一本秘籍就称霸了武林，那么杭州的云栖小镇就可以算是运筹帷幄、集体努力的结果了，是武侠小说中那种资质平平，但一直努力不懈，终有一天有所大成的人物。云栖小镇的选址2002年8月经杭州市政府批复之后，园区起初的定位是传统工业园，由于招商等多方面原因，2005年园区再次改变定位，主导发展生物医药、电子信息、机电一体化、新能源等为主的高科技产业和企业总部型产业。之后收效并不理想，于是继续调整定位。2012年10月，园区再次调整发展思路，决定把“云产业”作为未来发展的主打方向。“从传统工业转型升级成科技经济，再到智慧经济，每一次定位的变化，都可以看出政府腾笼换鸟、转型升级的决心以及对绿水青山的重视”。小镇负责人表示，从产业上看，这是一产到三产的转变，是生产、生活、生态的融合发展。

终于在2016年，小镇已累计引进包括阿里云、富士康科技、Intel、中航工业、银杏谷资本、华通云数据、数梦工场、洛可可设计集团在内的各类企业433家，其中涉云企业321家。产业覆盖大数据、APP开发、游戏、互联网金融、移动互联网等各个领域，已初步形成较为完善的云计算产业生态。2016年1~8月，小镇实现财政总收入2.45亿元，同比增长108.18%。随着云计算产业集聚效应的产生，小镇又紧紧围绕创新创业，构建“创新牧场—产业黑土—科技蓝天”的创新生态圈，推动产业发展。其中，“创新牧场”就是草根创业者的舞台，整合世界一流的设计、研发、制造、检测、电商、融资等基础服务，专注于扶持和帮助创业创新的中小企业成长，并通过全新的服务体系，让云栖小镇真正成为“大众创业、万众创新”的沃土（来源于“2016杭州·云栖大会拉开帷幕”，网易新闻）。

5.1.1 什么是“死镇复兴”

死镇与老镇的区别在于原著居民的生活状态及小镇本身的活力。从字面也不难理解，死镇就是指被荒废，或者失去了本身的文化特征、经济基础，或者是正在逐渐消失的小镇。从这个角度上来说，死镇复兴的关键在于挽救、恢复、保护与有机更新。

死镇复兴指依托古镇原有的资源，甚至是传说、习俗、仅存的残缺建筑等，在保护的基础上对其进行大刀阔斧的提升，包括恢复、复原原来的生活空间、小镇肌理格局，对其进行新业态、新产业、新风貌的全面升级等。

5.1.2 项目选址

死镇的选址与老镇新貌类型相似，与小镇本身的位置和资源密切相关。

5.1.3 建设要点

（1）产业是复兴首先要考虑的因素

产业是支撑一个地方经济发展的核心，死镇之所以“死”，核心还是产业的衰落。因此，在进行死镇复兴的时候，恢复、构建和创新产业发展机制是核心内容。小镇应结合本地产业基础与特色，适当引入新型产业业态，加速产业融合，构建科学合理、有当地特色的产业结构。

（2）生活方式的重塑是根本

生产生活密不可分，在产业构建的同时，应注重社区及生活方式的重塑。生活方式的重塑不仅关系到本地居民的幸福指数，而且有特色和富有生活气息感的生活方式也可以构成小镇的核心旅游吸引力。

（3）人气是死镇复兴的核心诉求

生产生活方式重塑后，最终提升的就是小镇的人气，是否具有人气是评判死镇以及当前很多新区的核心指标。发展旅游是提升当地人气的重要途径之一，此外，旅游的富民效应也可以加快死镇提升人气的速度和质量。

5.1.4. 核心诉求

死镇复兴的核心要点是其改变了自身原本的发展模式与发展方向。试想如果平塘县克度镇依然打造农业旅游，拉动生态环境旅游，也许并不能形成今天的效果。而云栖小镇如果不调整产业发展方向，将依然面对招商难、发展难、起步难的多重困难。因此，死镇复兴的构建模式与老镇新貌的打造方式恰恰相反。如果说老镇新貌更多的是加强多方面的细节工作，死镇复兴则要大刀阔斧地进行自我革新与重塑。尤其是其本身的发展模式，是一定要打破的。换个角度思考，如果不换发展模式就能够发展起来，恐怕也不会成为人们口中的“经济死镇”了。因此，只有大胆且坚定地进行全面变革，才能凤凰涅槃，获得重生。

5.1.5 COD特色导向型模式开发建议：三个塑造

（1）塑造核心产业

这里所说的核心产业绝不能以旅游本身作为出发点进行打造，因为如果出发点本身就是依托旅游收入这类受季节影响较大的行业，很容易造成经济来源的不稳定性、不自主性、不持续性。应该以功能性产业为出发点，如云栖小镇的科技产业，其自身就有造血功能。无论能不能成为知名景区，都有其重要的存在意义，如中国天眼。

（2）塑造旅游环境

旅游环境是实现品牌和社会影响力的前提条件。假如云栖小镇不具备良好的人居、休闲旅游环境，最终只能塑造出一个工业园或者产业园。虽然良好的旅游环境并不一定能带来游客与外来人口，但产业不注重环境也是无法成为特色小镇的。

（3）塑造区域的唯一性

死镇想要复兴，远没有为一个兴旺的小镇锦上添花容易。既然要起死回生，必然需要与众不同的特效药，也就是说，唯一性、稀缺性，或者品牌性是必不可少的要素。如果不能突显其稀缺性或者唯一性的特色，那么更建议投资者将资金投在本就不太萧条的小镇里，至少风险会降低很多（图5-1）。

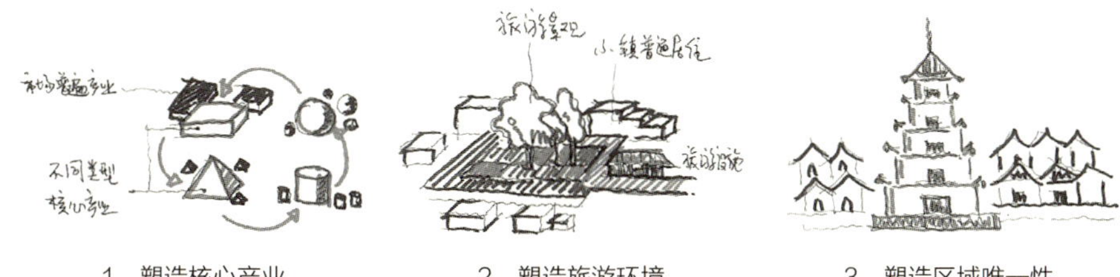

图 5-1　死镇复兴 COD 模式开发建议

5.2 经典案例

案例1　克度镇，一个从贫困县走出来的世界级科技小镇

基本信息

位置： 贵州省南端平塘县的一个普通小镇，隶属于黔南布依族苗族自治州平塘县，位于省会贵阳南部100公里处、县城西南部50公里处，是平塘县著名的文化老区

面积： 总面积287平方公里，辖13个行政村，198个村民组，总人口4.55万人

投资： 总投资约120亿元

（1）资源基底

① 先天不足的产业环境：国家级贫困县

平塘县位于贵州省南部，地处云贵高原向广西丘陵过渡的地带，为黔南布依族苗族自治州的12个县市之一（图5–2）。全县土地面积为2825平方千米。2007年年末，全县总人口为30.5万人。平塘县地貌的一大特点是山地较多，山地面积占全县土地总面积的86%。境内山脉众多，重峦叠嶂，绵延纵横，山高谷深。全县国民经济以传统农业生产为主，农业人口占全县总人口的比例高达96%。长期以来受特殊的地理环境制约，平塘县的经济与社会发展以一种自然、渐进、缓慢、非现代的传统方式进行着，至今还是国家级贫困县之一。

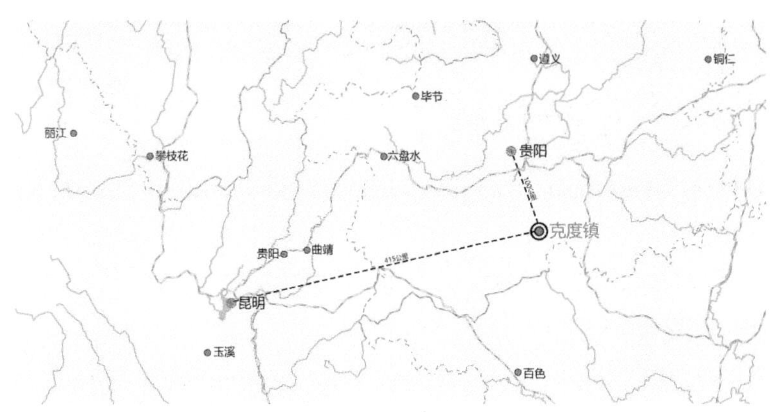

图 5–2　克度镇区位图

② 悠久的历史文化

克度镇位于平塘县城西南部，是平塘县著名的文化老区，始建于元世祖至元二十八年（1291年）十一月，名称为“瓮郎客都等处蛮夷军民长官司”，洪武四年（1371年）废司为寨，洪武六年（1372年）升设为里，更名为“克度里”。镇内至今仍存在着大量古代风格的木瓦房，还有传承数千年的农耕时代的物件和仪典，如石臼、石磨、水撵、木制织布机、纺纱机、民族节日、祭典文化等。

③ 丰富多样的旅游资源

平塘地处中亚热带岩溶喀斯特地区，喀斯特岩溶地貌发育非常典型，造就了山奇水秀的绚丽风光，有着“世界地质奇观旅游县”的美称。全县拥有各类风景点100

多个，有世界最大的平塘天坑群，有集瀑布、沙滩、竹海于一体的甲茶风景区，有享有“玉水金盆”美誉的县城等众多景区景点。出产的牙舟陶已有600年文化传承，被列为国家级非物质文化遗产。目前，平塘县已取得国家级风景名胜区、国家AAAA级景区、国家地质公园、中国最美小城、美丽中国之旅十佳山水城市等旅游名片。

④ 丰富多彩的民族风情

平塘还是一个少数民族占总人口近60%的地区，全县境内30多万人当中生活着24个不同的民族，全中国五十六个民族五十六朵花，有近一半在这里争奇斗艳。其建筑、服饰、歌舞、饮食各具特色，形成了别具一格、丰富多彩的民族风情。

（2）复兴途径——项目撬动

曾经的平塘因山多、坑深而贫穷落后，除了“国家级贫困县”的帽子，身上再无其他标签。2008年12月26日，平塘因独特的地质结构，引来国家500米口径球面射电望远镜项目（FAST）落户，由此平塘县因大射电项目而声名远播。

FAST全称为Five Hundred Meters Aperture Spherical Telescope（500米口径球面射电望远镜），这具望远镜是国家科教领导小组审议确定的国家九大科技基础设施之一，采用我国科学家独创的设计，并依托我国贵州南部的喀斯特洼地的独特地形条件，建设一个约30个足球场大的高灵敏度的巨型射电望远镜。FAST是世界上最大口径的射电望远镜，FAST与号称“地面最大的机器”的德国波恩100米望远镜相比，灵敏度提高约10倍。与排在阿波罗登月之前、被评为人类20世纪十大工程之首的美国Arecibo 300米望远镜相比，其综合性能提高约10倍。作为世界最大的单口径望远镜，FAST将在未来20～30年保持世界一流设备的地位。

① 打造引擎项目，形成核心吸引力

a. 重点建设引擎型项目——中国天眼景区

中国天眼景区投资约50亿元，配套天文时空塔、时光钟摆、时光刻度、喀斯特地质公园、科幻酒店、天幕商业街等13个项目，打造天文科研、科普旅游和青少年科普教育基地，为科普旅游提供了必要的硬件条件。

b. 打造独具优势的寓教于学的科普旅游

作为首批中国十大科技旅游基地，中国天眼景区自2016年9月25日正式开园以来，以天文科普为代表的平塘旅游备受世人瞩目、关注，慕名而来的青少年、学校团体与日俱增，科普旅游经济初见雏形。

中国天眼景区成为平塘旅游的引爆点，独特的寓教于学的科普旅游有着独一无二的优势，更是吸引了许多家长、高校想借此为契机，完善教育活动。所以，以青少年为主的科普教育旅游成为平塘旅游深入挖掘的重点旅游线。

c. 吸引了大批亿万级旅游投资项目

自2016年以来，平塘县投资120多亿元，按照国家AAAAA级景区建设标准，重点规划建设漩涡星系广场、中轴迎宾广场、FAST访客服务中心、暗夜观星园等15个项目。获得了“国家科普示范基地”“首批中国十大科技旅游基地”等荣誉。天文小镇的基础设施建设，正在以争分夺秒的态势刷新着历史，构筑天文小镇观天探地的根基元素，每天都在持续加码，目标是将平塘天文小镇建成集天文科普、宇宙探秘、旅游度假、文化交流为一体的科技旅游目的地。

② 打造以科技旅游为核心特色的全域旅游目的地

a. 旅游产业实现飞速增长

FAST高端人文景观和大自然恩赐的唯一独特的旅游资源，使平塘的知名度不断飙升。越来越多的省内外游客慕名而来，平塘旅游实现了“井喷”效应。据平塘县旅游部门初步统计，2017年上半年，平塘县接待游客513.63万人次，同比增长43.07%，实现旅游综合收入46.23亿元，同比增长42.43%。其中，中国天眼景区上半年游客接待量就达374.86万人次。

现在的克度镇可谓是“百米一酒店、十米一餐馆”。2014年全镇只有6家宾馆、14家餐馆；2016年10月克度镇只有酒店24家，截至2017年6月，酒店数量达到46家，饭店数量达101家，8个多月时间里，镇上就暴增22家酒店，这个总面积287平方公里的小镇拥有的酒店比有些县城还多。镇中心原来8000多人，现在有14000多人，自“中国天眼”正式启动建设以来，平均每天在配套项目建设工地务工的群众达2万多人，有3.3万人直接或间接从事与大射电有关的旅游等三产服务，餐饮、住宿、运输等服务空前繁荣。

b. 以FAST为核心的科技旅游带动区域发展

中国天眼的启用引导贵州省内许多高校也抓住“中国天眼”这一品牌，大力培育天文学、物理学和电子等技术的应用人才。2006年，贵州大学引进了第一个天文学博士；2008年，中科院国家天文台与贵州大学共建的天文联合研究中心挂牌成立；2015年，贵州大学理学院教学实习实训基地在平塘国际射电天文科学旅游文化园正式挂牌成立；2016年，黔南民族师范学院成功获得设立天文学专业的资格。

c. 区域知名度和美誉度节节攀升

无论是央视《大家》栏目、《辉煌中国》纪录片的报道，还是《加油！向未来》栏目，都不约而同地把平塘的美景、民族风情与中国天眼的景点进行串联，通过拍摄天眼外景、内部等相关人物故事，呈现中国在科学前沿领域的实力，展现各重大领域的伟大建设成就，也展现着科学之奇、科学之美、科学之趣、科学之用，向全民普及科学知识，“中国天眼”景区科普氛围日趋浓厚。

随着FAST项目于2016年9月建成运行，平塘的吸引力不断放大，慕名前来视察、考察、旅游、投资的客商及游客不断增加，平塘将成为天文科学旅游和地质探秘旅游目的地，成为贵州展现给世界的新窗口，成为世人瞩目的国际天文学术中心。FAST天眼的落成使用，让克度镇拥有了一张响亮的世界级金字名片，提升了克度镇以至整个黔南乃至贵州的知名度和美誉度。依托这口全世界最大的“巨锅”，平塘县克度镇也摇身一变，成为世界第一、中国唯一、独一无二的天文小镇，把曾经的普通小镇打造成了“观天探地，世界唯一”的天文科学旅游目的地。

（3）BES观点

① FAST 项目助力平塘旅游实现跨越式发展

“中国天眼”给地方基础设施带来翻天巨变。当前，依托FAST项目重点实施的平塘天文科学文化园、S315航龙至土坝公路改扩建、FAST观景台等FAST配套项目已建成投入使用，可安置近万人的FAST核心区移民搬迁、平罗高速等项目建设如火如荼。同时，以打造生态天文科普旅游小城为目标，以满足未来游客“吃住行，游购娱”需要的克度省级示范小城镇建设正全力推进。

② 全民参与，旅游富民效应发挥显著

现在的克度与15年前的克度相比，不仅是镇政府所在地发生了变化，百姓思想也发生了变化，从对FAST项目的不理解到思考能带来什么效益，面对新的致富途径、方向、标杆，全民开始不停地积极思考如何通过旅游来脱贫致富，人们的思维观念上了一个新台阶，开始积极参与克度旅游发展。克度镇的百姓端上了旅游的金饭碗，返乡创业的当地农民越来越多。

③ 对区域整体发展起到了至关重要的作用

FAST项目不仅仅推动了平塘旅游的跨越式发展，而且对区域经济的发展也起到了很重要的作用。围绕FAST项目，发展了旅游、教育、农业等相关产业，促进了贵州省天文教育学科的建设发展，实现了区域产业链的构建。

案例2 横沔古镇，被遗忘的古镇如何重生

基本信息

位置： 横沔古镇位于上海浦东新区康桥镇，距县城30公里，东、北与川沙新镇（黄楼）、张江镇（孙桥）交界，西北、西南分别与原康桥镇、周浦镇接壤，东沿界浜，南濒七灶港，与原瓦屑镇为邻

面积： 东西长约6.5公里，南北宽约4公里，全镇总面积23.53平方公里

投资： 横沔老街城中村改造项目，预计投资67.7亿元。建设周期4年

横沔，因枕横沔港而名，在交通以水路为主的年代，横沔是川沙、南汇的重要商品集散地，四通八达的河道贯穿镇内，民居依水而建，石板街道、古石桥等显示这是一个典型的江南水乡古镇。1981年横沔乡政府迁往西面3公里外的新址形成新镇区后，此处成为横沔老镇或称横沔老街，逐渐衰败（图5-3）。目前古镇的房屋大多是明清以前的建筑，且保存较为完整，但由于年久失修，显得凌乱、萧条和破落，古镇脏乱差现象严重。同时，就居住居民结构而言，外地、暂住人口是本地人口的5倍，在改造之前，有一种被时代抛弃、被上海遗忘的感觉，横沔的一切似乎都在逐渐走向消亡和湮灭。但随着迪士尼的落地，与迪士尼只有一路之隔的横沔老镇被规划为历史风貌保护区，从2015年下半年开始进行整改，对古镇的产业、风貌和业态进行了全面更新（图5-4）。

图 5-3　横沔古镇区位图

图 5-4　横沔古镇　凡人客栈 / 摄

（1）资源基底

① 横沔的四条老街和三座古桥

横沔老镇四面环水，由多座桥与周边陆地相连，所以横沔古镇的空间肌理足迹表现在四条老街和三座古桥上（图5-5、表5-1）。

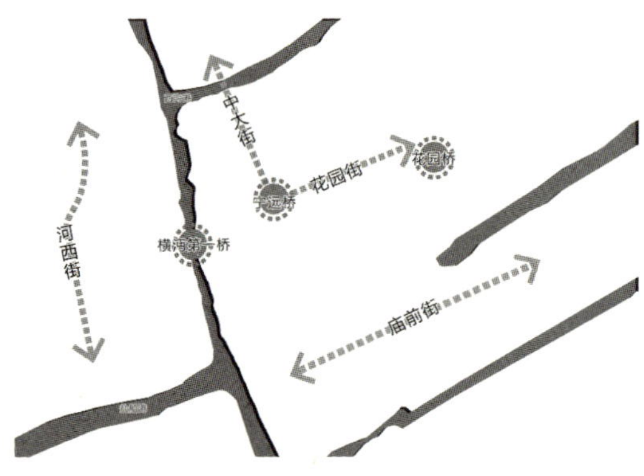

图 5-5　横沔古镇四街三桥分布

横沔古镇资源分析　　表 5-1

四条老街	中大街	纯居民住宅
		清末民初民居最集中，横沔古镇的主要街道，两侧都是两层楼的老建筑
		老街狭窄、宁静，青石铺路
		原镇政府所在地
	河西街	横沔第一桥
		店铺
		沿河而建
		“纯手工”打造的窨井盖
	庙前街	庙场街呈“U”形，现在没有庙
	花园街	凤家厅
		华氏宅
		翊园
三座古桥	横沔第一桥（破坏严重）	
	宁远桥（保存最完好的古石桥）	
	花园桥	

横沔古镇改造前的状况可以总结为以下几点：

a. 横沔古镇的古镇肌理保存较好，四条老街、三座古桥虽然有破坏，但依然存在。

b. 民居保存着清末民初的传统格局，其中翊园、华氏宅第、凤家厅最具代表性。

c. 保存了500间左右的明清建筑，其中还不乏“豪宅”，如凤家厅、华氏宅、翊园等，是典型代表。

d. 江南古镇风骨犹存，但由于长年失修，早已破败不堪。

② 古镇是浦东历史人文资源的重要组成部分

图 5-6　横沔古镇　凡人客栈 / 摄

横沔古镇的建筑群落有近500间传统民居连片分布，民居保留着清末民初的传统格局，同时还保留着很多名人记忆，是浦东历史人文资源的重要组成部分（图5-6）。如五代为医的华家，明代华少华医生有著名的医案传世；中外闻名的琵琶演奏家陈子敬，曾任清皇宫教席；著名老厨师周荣江，堪称“烹饪一绝”。

③ 改造前的古镇已破败不堪

a. 改造前古镇的很多老宅由于缺乏维护修缮，不少已成危房。原本白色的石灰墙面已变成灰色，且有大大小小的黑色斑块，有的甚至剥落，露出残破的青砖。

b. 当地居民已大量搬出，所剩人口以老年人为主，且以外来租赁户为主。

c. 古镇产业严重缺失，几乎没有产业。

（2）复兴途径——借势发展

横沔古镇目前还是资源形态，处于待开发状态，迪士尼建成开业后，开始有一部分旅游者以散客自由行的方式到访参观，这些散客旅游者大多是在游完迪士尼后顺路造访，渐渐地，横沔古镇再一次回归大众视野。可以说，上海迪士尼的建成开业给古镇的复兴带来了一次史无前例的机会。未来，横沔古镇将要进行大开发、大改造，将要成为迪士尼乐园周边的配套景点，也就是说，如今快要被遗忘的古镇横沔，将在距离它两公里的迪士尼乐园的带动下发生天翻地覆的变化。

在《上海国际旅游度假区"十三五"规划》中，上海国际旅游度假区规划范围北至S1公路，东至南六公路，南至周邓公路及周祝公路（S2–唐黄路之间段），西至S2公路红线以西约1公里，总面积约24.7平方公里。整个旅游度假区以上海迪士尼乐园为中心，将形成"一核五片"的空间发展格局。其中"一核"为占地7平方公里的核心区，即迪士尼项目园区；"五片"为17.7平方公里的发展功能区，由核心区外的南一片区、北片区、西片区、东片区和南二片区组成（图5–7）。

图 5–7　上海国际旅游度假区空间规划图

横沔古镇被纳入上海国际旅游度假区的西片区中规划开发，定位为生态保育旅游区，以横沔老街被市政府列为城中村改造项目为契机，打造以水乡郊野景观为基底，以横沔风貌区为核心，集生态保育、古镇休闲、文化体验、生态人居、郊野游憩等于一体的生态间隔带先行示范区，与迪士尼乐园形成中西文化交相辉映的格局，预计到2018年将会初现成效。

其中横沔老街城中村改造项目为横沔老街历史文化风貌区改造利用项目（包括公共文化、酒店、商业等），建设周期四年，预计投资67.7亿元。项目位于浦东新区康桥镇，S20外环以南，处于上海国际旅游度假区西片区内，紧邻上海迪士尼乐园。地理位置优越，交通较便捷。项目周边有大量的农田及水系资源。客群定位主要为区域及上海微度假客群、迪士尼高端休闲客群、中高端商务客群等。2017年实现年客流量约160万人（约占迪士尼年客流量的10%），持有型物业租金收入约2亿元/年。

（3）BES观点

① 依托上海迪士尼实现了古镇的二次发展

横沔古镇借助上海迪士尼的建成实现了古镇的新生，而上海国际旅游度假区也把横沔古镇纳入重点开发范畴，为古镇的开发注入利好政策与资金支持。此外，古镇本身的资源禀赋也为古镇复兴增砖添瓦。

② 古镇本身的资源禀赋是二次开发的基础条件

横沔古镇多为清末民国时期建筑，古色古香，静谧久远。这里的民居依然保存着清末民初的传统格局，其中翊园、华氏宅第、凤家厅最具代表性。住房城乡建设部发布的首批“中国传统村落”名录，康桥镇沔青村榜上有名。

③ 新规划、新开发、新运营

横沔古镇因划入上海国际旅游度假区范围内，其规划、建设和运营都将站在新的高度上统一开发。古镇的改造与开发将采取“政府+企业”的模式，由浦东新区康桥镇政府与上海申迪（集团）有限公司共同开发运营管理。

案例3 塞浦路斯瓦罗莎小镇，旅游天堂小镇的复苏

基本信息

位置：塞浦路斯瓦罗莎小镇（Varosha）位于地中海东部，欧洲与亚洲交界处的塞浦路斯岛国北部城市法马古斯塔的一个区域。塞浦路斯的最大特点是地理位置优越，它与希腊群岛、雅典胜地、埃及和黎巴嫩的距离都很近，离土耳其最近的海岸线大约64公里

面积：约6平方公里

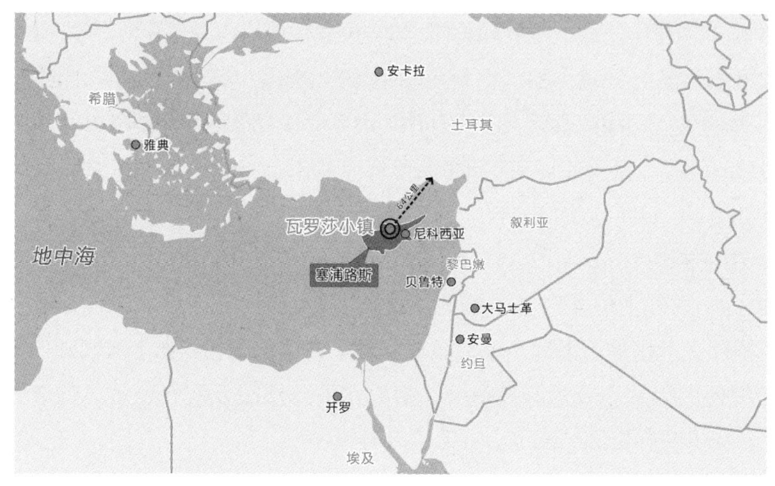

图 5-8 塞浦路斯瓦罗莎小镇区位图

在希腊神话中，坐落于地中海东北角的塞浦路斯岛是爱情女神梳妆打扮的地方，连女神都为此倾倒。原来的瓦罗莎其实是个悠闲而漂亮的度假胜地，1970年到1974年间，是瓦罗莎的鼎盛时期，在当时可以说是全世界最受欢迎的旅游地区之一。因为拥有海岸资源，所以有很多靠海的饭店与设施，是许多大人物和有钱人喜欢度假的好地方。后来之所以会变成鬼城，主要是战争的因素导致的。1974年，土耳其进攻塞浦路斯，分裂了这个岛屿，当地居民纷纷逃走。土耳其军队在其四周都围上铁丝网，完全控制了这座城市。除了他们自己人以及联合国的工作人员，谁也不准进入此城，于是这座城开始慢慢倒塌，变成了没人居住的鬼城，直到现在。

（1）资源禀赋

① 世界顶级度假天堂

绵延的海岸线、金色的沙滩、清澈透明的海水、健康的美食、亲切的人民，这一切都是塞浦路斯的魅力所在，每年吸引着上万游客蜂拥而至，使这个地中海岛国成了名副其实的度假天堂。除了007取景地候选之一的国家森林公园——格雷科海角，这里还有地中海第二大娱乐天堂——阿依纳帕、滑雪胜地——特罗多斯山等无数豪华海滨酒店，以及自然淳朴的乡村等。1960年塞岛独立后，塞政府和西欧人投资4亿多美元，在这里陆续修建了近50座高级旅馆，拥有一万多张床位和众多的旅游设施，每年接待的旅客超过全国旅客人数的一半，仅1973年就接待20万人以上，年旅游收入占岛国全年国民生产总值的7%。

② 千年人文历史积淀

塞浦路斯全岛面积9251平方公里，是地中海第三大岛，扼亚、非、欧三洲海上交通之要冲。人口不到百万，其中土耳其族人有20余万，其余大多为希腊族人。塞浦路斯在地理上虽居于亚洲，但在文化和政治上又是欧洲的一部分，至今已有8000年的悠久历史，拥有“欧洲和中东的历史博物馆”的美誉。“爱神”维纳斯从这里走来，太阳神阿波罗的神庙曾经在这里熠熠生辉，历史名城帕福斯被联合国教科文组织列入《世界遗产名录》。

③ 地中海式生活惹人醉

作为地中海的第三大岛，塞浦路斯属于亚热带地中海气候，冬季不会太冷，夏季不会太热，四季气候宜人。由于一年中有长达340天的日照时间，水果、蔬菜等可常年收获，直接促成了塞浦路斯独有的地中海美食。每年有大批来自世界各地的游客慕名而来，品饕餮美食，饮葡萄美酒，或是像当地人一样直接躺在沙滩上点一杯当地的浓咖啡，享受只属于自己的醉人时光。

④ 第二个迪拜，发展前景远大

除却旅游资源，塞浦路斯能量资源也很丰富。最近几年，塞浦路斯海域发现了储量达60亿立方英尺的海上天然气田，据说可以供应欧洲40%的用量。目前多国石油公司已开始开采，预计几年后向欧洲供气，届时，塞国居民收入与福利将大幅提升，该国也将成为欧洲乃至全世界最富裕的国家之一，前景不可限量。

（2）复兴途径——政策推动

安南曾经提出将瓦罗莎交由希腊族塞浦路斯控制的计划，但遭到希腊族塞浦路斯选民的拒绝，因此移交并未实现。但各政府希望恢复瓦罗莎昔日之美的愿望却是空前一致。2010年，控制该地区的北塞浦路斯土耳其共和国对外开放瓦罗莎。据塞浦路斯统计局最新报告，塞浦路斯2016年实现6440万欧元财政盈余，相当于国内生产总值（GDP）的0.4%，这是塞浦路斯八年来首次实现财政盈余。

① 拉纳卡码头发展战略

根据塞浦路斯交通运输部的全新规划，2017年8月将开始对拉纳卡码头进行拓建。2017年8月23日，塞浦路斯拉纳卡市长安德烈亚斯·维拉斯表示，目前拉纳卡港口和码头的开发计划正在进行之中，已有三个投标入围者。拉纳卡码头发展战略需要在两个规划中选其一：一个是修建一个可容纳750艘50米巨型游艇和1艘1300米邮轮的码头，另外一个是修建一个可容纳600艘50米游艇、25艘巨型游艇和1艘250米邮轮的码头。项目开发完成后，拉纳卡码头将是集居住、交通运输、商业、旅行于一体的现代码头，拉纳卡也将发展成主要的旅游中心。港口分为两部分，其中北部主要用于港口运营，给未来的投资市场提供了巨大潜力和迫切需求。

② 007 电影取景地

007电影从1962年10月5日公映后，一直风靡全球，历经五十年而不衰。最新的007系列电影目前正在筹拍阶段，预计将到塞浦路斯取景，格雷科岬角（Cavo Greco）、尼科西亚Eleftheria广场以及幽灵镇瓦罗莎（Varosha）都在考虑范围之内。

③ 中塞直航开通

中国与塞浦路斯的直航即将开通，这无疑将极大地促进塞浦路斯旅游、投资及经济的发展。交通的便利加上塞浦路斯经济呈现积极信号，将带动更多投资者和财团投资的积极性，塞浦路斯欧盟护照的含金量必将获得更大程度的提升。

（3）BES观点

① 小镇的复兴主要依赖于国家政策的推动

小镇因为战争和政治因素而衰败，又因为利好政策的推动而复兴。当地政府通过各种措施促进小镇的复兴，包括拉纳卡码头发展战略，以及中塞直航开通，等等。

② 影视拉动名气，节庆吸引人气

著名电影007来此选择拍摄场地，会带来更多的电影迷和明星的粉丝，从而在全球范围内提升小镇名气。除此之外，小镇每年2～3月举行一年一度的橘子节，街头、屋顶、公园、树木都用橘子装饰起来，游人和当地居民共同欣赏塞浦路斯多姿多彩的民间歌舞，尽情品尝各种柑橘，推举“橘子小姐”，高潮时刻人们簇拥着许多用橘子缀饰起来的花船在大街上载歌载舞。

③ 保留小镇原貌，新城与旧城之间形成风貌反差

小镇旧城保留历史原貌，主要以观光为主。新城主要实现旅游的吃、住、行、游、购、娱各方面的服务配套。

第6章 主题新镇

6.1 模式解读

既然是特色小镇，就一定离不开生活，而实现生活则需要小镇具备能够满足人们日常生活所需要的各种功能。只是不同的旅游特色小镇所偏重的功能不同罢了。如果说乌镇更偏重于旅游景区功能，有更多的噱头与看点；云栖小镇构建了一种商旅结合的产业发展模式；袁家村将关中民俗生活与餐饮演绎得淋漓尽致。那么，桃李春风与良渚文化村这类以特色居住与特色生活为主题的特色小镇，则更加注重人们对居住生活品质的打造。

6.1.1 什么是“主题新镇”

主题新镇也就是通常所说的旅游地产小镇，场地本身没有任何建设基础，往往是依托场地所属地区的资源和文脉而形成小镇自身的特色。所谓“主题”，可以是某一个社区理念、生活方式，也可以是一种产业形态，如桃李春风和乌镇雅园都是以养老颐乐，也就是养生养老产业为核心卖点和核心产业，而春风长乐则以农业为主题特色。

6.1.2 项目选址

主题新镇的选址与创意兴镇当中的新建小镇类似，主要以市场需求为第一出发点，选址所要考虑的因素包括交通区位、人口与旅游人数、经济消费能力等。

6.1.3 建设要点

（1）主题明确，定位清晰

主题新镇首先要解决的问题就是定位，明确小镇的客群市场是小镇能够获得青睐的直接因素。如乌镇雅园打造“健康医疗+养生养老+休闲度假”的养老地产模式，与乌镇形成差异化发展；蓝城农庄以农业产业为支撑，发展立体化农业，建设休闲度假产品；桃李春风以新乡约、新社区、新乡民为主题打造后乡土文化小镇。这些项目之所以能够取得成功，首先就得益于明确的主题定位，在创建之初就知道产品卖给谁，为后期的营销和运营都做好了准备。

（2）处理好地产与旅游的关系是核心

旅游地产小镇的核心问题是如何处理旅游与地产的关系。在对多年的旅游地产项目实践探索与总结的基础上，认为旅游地产项目在开发建设的时候，旅游项目与地产项目比重为7：3，但是在最终收益结构上，旅游项目收益与地产项目收益的比重为3：7。因此，在开发建设旅游地产小镇的时候，要特别注重旅游吸引物的建设，而不是把旅游项目变成地产项目的配套。

（3）通过地产方式运作的旅游小镇

不同于老镇新貌、死镇复兴和创意兴镇其他三种旅游小镇的开发与运营模式，主题新镇在开发建设上要更多地遵循房地产运作规律，而不是以景区开发主体的角度去切入开发。但在建设思维上要充分从旅游的角度去创意策划，充分满足旅游度假客的各种需求，才能将旅游项目真正做成核心吸引物，而不是配套项目。

6.1.4 开发主体与核心诉求

有不少人更愿意把桃李春风看作是一个大的房地产，或者说一个不错的旅游地产。但本书更愿意将其作为一种旅游特色小镇类型来讨论。之所以选择这个项目作为主题新镇类型的代表进行分析与研究，并不是因为它的成功，而更多是由于其项目本身的成功与大多数旅游地产有着根本的区别。旅游地产，更多的是以地产开发为根本商业目的的表现形态。于是在项目开发的过程中，开发者更加注重项目的最大收益、户型本身、市场需求、购买特点和资金回收等。而在项目上所表现的文化打造、特色构建、生态环境等一系列内容都是为了实现最终的去化率与售价。换言之，在旅游地产的逻辑中，以最低廉的外延投资（文化打造、景观、生活环境、小镇特色等）与打造方式获取最大的资金回笼，是旅游地产的一种追求。当然，不同的开发商在逐利的过程中表现出了不同的渴望度，但基本逻辑是相同的。

虽然桃李春风在地产方面也取得了很大的成功，但与大多数旅游地产的根本差异在于项目本身对文化与生活特色进行了很深入的研究与投入。也正因这种对小镇特色本身的关注，使得旅游地产实现了惊人的资金回收与良好的去化表现。

桃李春风将人们的理想居住环境、居住品质、便利生活、文化演绎、现代科技等能够塑造良好生活方式的内容融入这一项目之中。正如特色小镇COD构建模式所建立的小镇类型，与大多数国内所呈现的以视觉效果为最终目标的VOD构建模式所打造的旅游地产最大的区别是，桃李春风更在乎生活本身的质量，而不是人们眼里的品质。因此，对于一个旅游核心吸引物并不是很明显，场地本身知名度或品牌性并不是很高的区域，如果想要打造一个全新的旅游特色小镇，并且希望聚集更多的人气，有良好的居住类产品推出，那么找到其特色是实现成功的根本，也是前提。如果说开发者更愿意将城市地产项目的失败归罪于市场定位的缺失，那么，面对一个失败的文旅特色小镇，人们更应该去关注其特色内容，也就是其主题的构建是否完整与合适。

6.1.5 COD特色导向型模式开发建议：四个构建

对于主题新镇这类在城市周边所打造的以文旅居住为主要产品的特色小镇类项目，建议在打造过程中注重四个构建：

（1）构建具有特色的主题内容

主题内容也就是常说的调性、特色，人们来到这里会感受到不同于城市，或不同于在市场上所常见的产品，这一特色应当贯穿整个项目的始终。

（2）构建完整的生活行为

人们之所以选择文旅小镇或者全新的主题小镇，而不在大城市之中的主要原因在于，这些入驻者更愿意选择一种不同的生活模式。他们放弃了交通的便利，但是获取了新鲜的空气；放弃了大型的外国超市，却获得了无污染的蔬菜与瓜果；放弃了国际化学校与医疗，却获得了生活的真实与温馨。因此，对于人们生活过程中所需要的每个细节都应予以尊重，并尽可能构建其生活链条的完整性。

（3）构建一个便于营销的卖点

无论是桃李春风还是良渚文化村，其实都有着良好的故事卖点，这与景区的故事卖点不尽相同。景区的卖点更多的是物质形态的一种表现，比如黄山的迎客松、乐山的大佛、黄果树的瀑布、兵马俑的铜车马等。而这类主题新镇的故事卖点可以是一种生活模式、某一类人群的共识，或者一种历史文化，但是更多的是一种仁者见仁、智者见智的抽象话题。每个人可以对其有不同的认识，却并不影响他们生活在一个小镇之中。

（4）构建一个发展契机

发展契机的构建需要地方政府与社会资源进行配合。这种发展其实更多的如同好的地产开发，需要让投资者与入驻者感受到这里的未来，让人们真实地感受到这里不仅现在是美好的，未来也会是更加理想的（图6-1）。

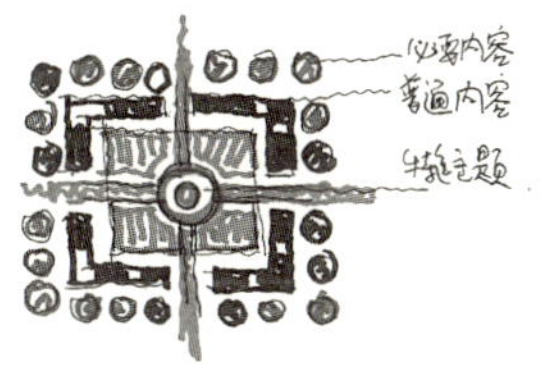

1. 构建具有特色的主题内容

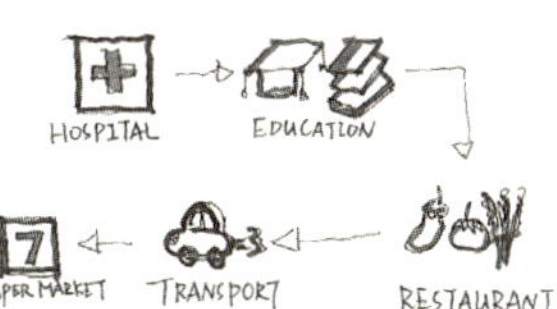

2. 构建完整的生活行为

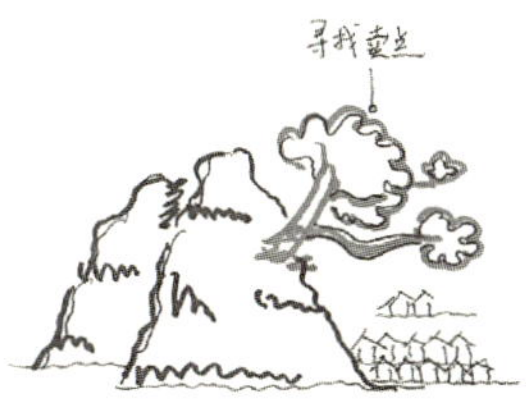

3. 构建一个便于营销的卖点

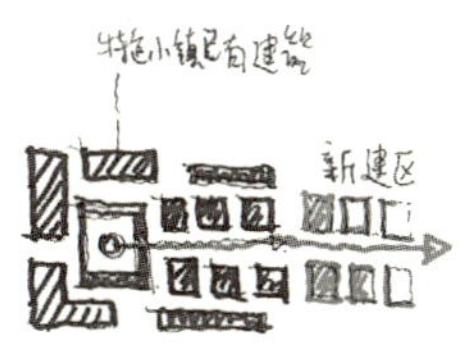

4. 构建一个发展契机

图 6-1　主题新镇 COD 模式开发建议

6.2 经典案例

案例1 桃李春风，特色小镇的样板工程

基本信息

位置：项目选址于杭州临安市青山湖板块，距离杭州市中心30～50公里，属于典型的远郊旅游度假板块

面积：项目占地3平方公里，占地面积约61万平方米，总建面积26万平方米，容积率仅0.3，绿化率36%

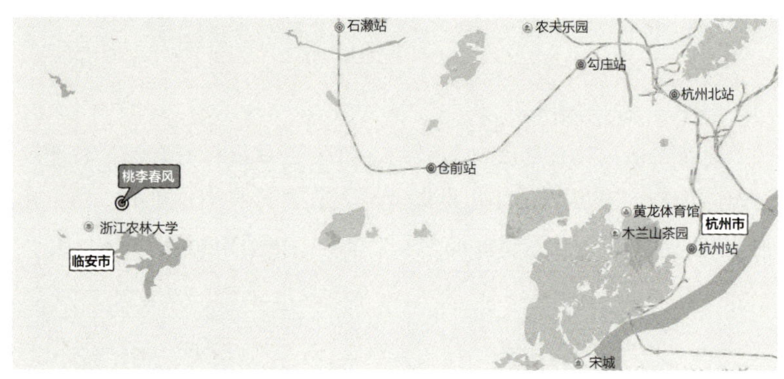

图6-2　桃李春风区位图

（1）主题特色

桃李春风以新乡约、新社区、新乡民为主题打造后乡土文化小镇。项目围绕自然山水和文化表现，营造“山水、田园、文化、颐养、闲居”的理想空间，打造诗画般的江南山水小镇，建设集运动休闲、旅游度假、居家生活、农庄耕作、养生养老为一体的全龄段颐乐生活小镇。

桃李春风集绿城二十年别墅营造经验之大成，是云栖玫瑰园等杭州顶级别墅设计师又一匠心力作，开创了中国极小别墅之先河，深具逸格的中式建筑风骨，代表了千年来国人的最高审美意趣。通透的空间布局辅以丰富而私密的庭院布局，形成林中有墅、墅中有园的居住形制，让四季景致成为别墅设计的点睛之处。实行带地暖的全精装交付标准，同步引入智能化家居设施，以现代科技升华田园墅居。

（2）资源基底

桃李春风位于64.5平方公里的青山湖国家森林公园内，紧邻浙江省千亿级规划的“森林硅谷”——青山湖科技城，坐享一站式Shopping Mall、五星级酒店等城市地标。项目隐藏在千亩缓坡密林中，连通八大原生态湖泊，生态资源基底优越。

图 6-3　桃李春风功能布局图

（3）功能布局

项目地块三面环山，谷地辽阔，缓坡密林闲适，八大原生态湖泊滋润，山水景致怡人，采用人性化路网规划，强调建筑布局的聚落感，营造丰富的公共空间，开辟慢跑道、游步道等，塑造邻里亲睦、动静自在的居住体验。小镇建设分为三期，通过设置四大功能区（健康管理区、终身学习区、湿地休闲区、御街商业区），同时辅以湖滨漫步区、园区食堂和高尔夫练习场，涵盖颐养健康、家庭学习、休闲运动、文化生活等主题，满足家人物质、情感、精神等多层次的需求，关怀三代人全天候的颐乐生活（表6-1、图6-4、图6-5）。

桃李春风项目分期内容　　表 6-1

分期	建设内容
一期	共 462 套别墅
二期	共 390 套别墅
三期	规划 4 ~ 5F 洋房（地块南侧）和小高层（山脚位置），部分三期地块规划暂未确定
小镇中心	占地 1 万平方米的商业、休闲、娱乐中心
颐乐学院	总建筑面积 1.5 万平方米，包括社区门诊、日间照料中心、中医养生、食堂、健身会所、老年大学

续表

分期	建设内容
幼儿园	九班制式幼儿园
高尔夫球场	占地 2 万平方米，青山湖板块唯一的高尔夫球场

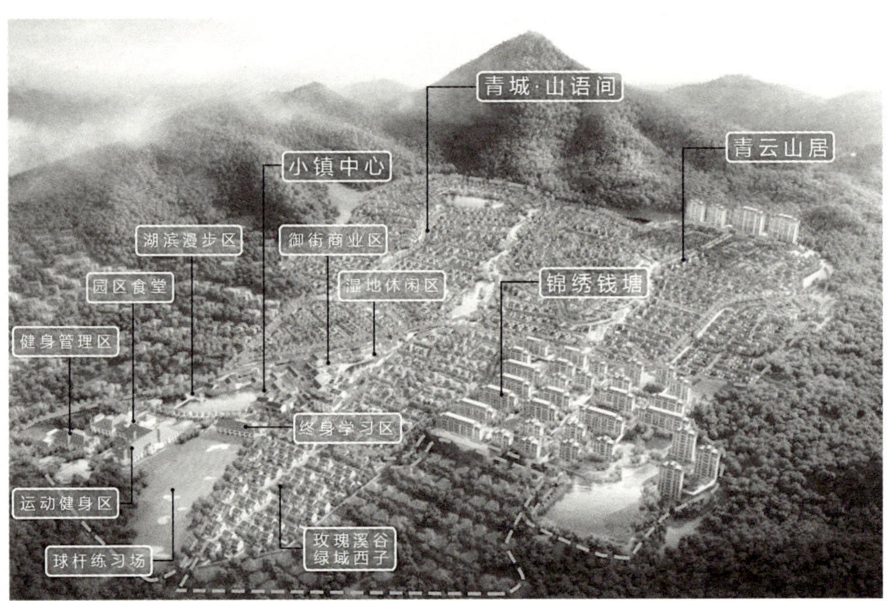

图 6-4　桃李春风总平面图

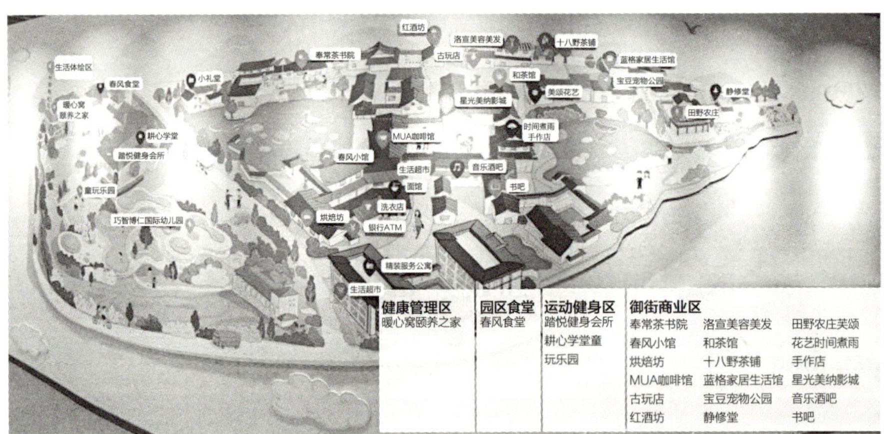

图 6-5　桃李春风小镇中心业态布局

（4）建筑风格

项目的规划布局、园林打造、建筑设计均采用传统中式的风格，装修风格也采用新中式。院落布局采用中式传统的独门独院，每家每户采用粉墙黛瓦进行围合，打造私密空间。几乎每户都拥有1∶1的庭院，小院、主院、侧院、天井、边院一应俱全。

a．小面积：为了控制总价，别墅的建筑面积为83～180平方米；83～150平方米户型仅一层，180平方米户型仅两层；无地下室，减少建安成本投入，每户门口赠送一个地面停车位，全精装交付。

图6-6　桃李春风小镇庭院实景图　吕皓然/摄

b．建筑风格：规划布局、园林、建筑均采用传统中式，打造契合案名“桃李春风”的意境。

c．建筑围合：每家每户均采用粉墙黛瓦进行围合，为中式传统的独门独院，私属私密。

d．赠送庭院：每户拥有接近1∶1的庭院面积赠送（图6-6）。

（5）核心产品

①产品配比

桃李春风承载了宋卫平的个人理想，采用“绿城小镇”开发模式：距离市中心30～50公里，占地3平方公里，其中农业及相关产业占2平方公里，建筑规划占1平方公里。在建筑规划中，90%是住宅，预计售价1万元/平方米，10%是配套设施，包括医疗、教育、餐饮、娱乐和文化等（图6-7、图6-8）。

图6-7　桃李春风小镇样板间　吕皓然/摄

绿城小镇
农业及相关产业3～5平方公里
地产建筑规划1平方公里
3万人口农村/城市人口各一半
30～50公里
市中心
90%住宅：售价约1万元/平方米
10%配套系统：医疗、育华学校、酒店、餐饮、书店、影院等

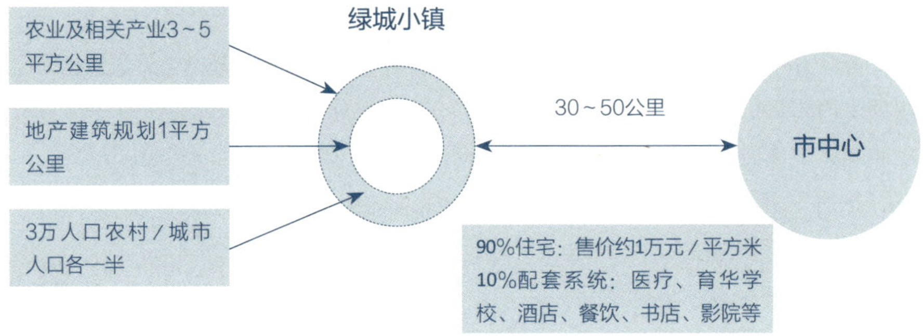

图 6-8 “绿城小镇”开发模式

② 核心项目

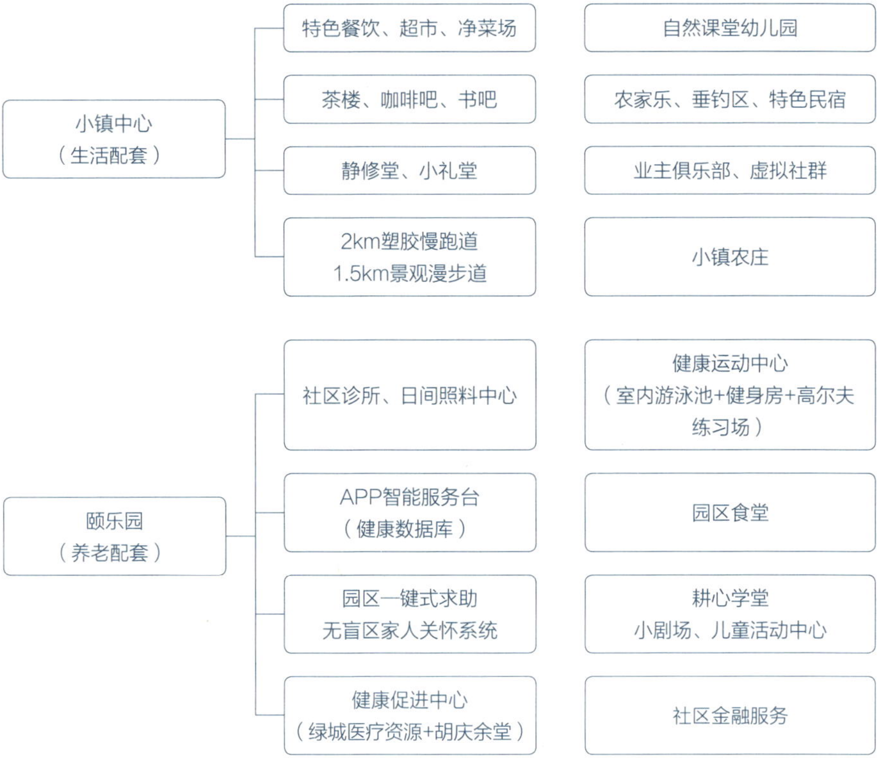

小镇中心
（生活配套）
特色餐饮、超市、净菜场
茶楼、咖啡吧、书吧
静修堂、小礼堂
2km塑胶慢跑道
1.5km景观漫步道
自然课堂幼儿园
农家乐、垂钓区、特色民宿
业主俱乐部、虚拟社群
小镇农庄
颐乐园
（养老配套）
社区诊所、日间照料中心
APP智能服务台
（健康数据库）
园区一键式求助
无盲区家人关怀系统
健康促进中心
（绿城医疗资源+胡庆余堂）
健康运动中心
（室内游泳池+健身房+高尔夫练习场）
园区食堂
耕心学堂
小剧场、儿童活动中心
社区金融服务

图 6-9 桃李春风核心项目体系

a. 小镇中心：率先实践社区功能服务体系

桃李春风的小镇中心——春风里，占地118亩，建筑面积约1万平方米，借景西湖、南宋御街和西溪湿地打造慢生活。设计了涵盖不同年龄段的商业需求，在小西湖区域集合了特色餐饮、茶馆、酒吧等业态；在小西溪区域打造了农庄、民宿、花房等静逸的业态；在小河坊街区域则以小剧院、书吧、咖啡馆等文艺小店为主。作为桃李春风生活服务的空间中心、生活中心和文化中心，春风里涵盖颐养健康、家庭学习、休闲运动和文化生活等主题，满足小镇居民全家庭生活需求，包括社区门诊、健康小屋、自然主题幼儿园、耕心学堂、特色餐饮、净菜超市、田野农庄、文化艺术展馆等配套服务。

（a）家门口的优生活配套：特色餐饮、超市、净菜场、手工艺店、家居饰品店、花店、面包店、宠物店、母婴用品店、画廊、影楼、洗衣店、酒吧、茶楼、咖啡馆等。

（b）融于自然的路网设计：一是建设全龄化活力社区，约2千米彩色塑胶慢跑道；二是建设体验化园林，约1500米观景游步道。

（c）首创自然课堂幼儿园：让孩子们在自然陪伴下长大，培养好奇心和创造力，与真实的世界有更深入的互动，而不仅仅沉溺于iPad等电子产品。

（d）富于野趣的生活体验：建设农庄生活体验区、地道野奢垂钓区、特色山水民宿。

（e）人情味的园区生活体验：以兴趣和圈层搭建邻里平台，以家人公约倡导小镇文化，鼓励互动式的邻里关系，让所有人为所有人服务。建设业主群、医疗养生群、吃货群、话剧社、家居装饰群、互助会慢跑群、慈善群、农庄群、高尔夫群、园艺群等。

春风里核心项目　　表 6-2

健康管理区	园区食堂	运动健身区	御街商业区		
暖心窝颐养之家	春风食堂	踏悦健身会所 耕心学堂 童玩乐园	奉常茶书院 春风小馆 烘焙坊 MUA 咖啡馆 古玩店 红酒坊	洛宣美容美发 和茶馆 十八野茶铺 蓝格家居生活馆 宝豆宠物公园 静修堂	田野农庄 芙颂花艺 时间煮雨手作店 影城 音乐酒吧 书吧

b. 颐乐学院：中国养老地产的教科书

颐乐学院是绿城集团养老项目的标配，但与乌镇雅园的颐乐学院不同，这里是欧式风格会所，并将服务扩展至全龄化范畴，属于精简版的颐乐学院，由物业负责运营。颐乐学院通过APP智能服务平台和耕心学堂，提供颐养健康、颐乐学习、颐居生活三大服务体系。长者们平常可以在耕心学堂研习书法、制作陶艺，和儿女、孙辈们一起参与各类兴趣课程。

c. 智能园区服务，提供最具满意度的管家物业

以管家式物业服务为依托，以智慧园区服务体系为基础，融入“互联网+”思维，深入开发符合颐乐生活的智能化系统，并提供颐养特色服务。在桃李春风里，业主是小镇的家人，就连物业也脱离了传统的模式，变成了每个小镇的“镇长”，“镇长”包办了小镇内的健康、教育、商业、产业和物业，不仅负责园区的日常管理，也强调对小镇生活的前景设计；更重要的是，“镇长”介入了每个业主的日常生活，与小镇居民一起将未来小镇的生活内容一一铺陈。

d. 智能化的健康和护理服务

（a）开创领先的颐养照护模式：建设社区诊所、日间照料中心、上门定制服务。

（b）配备一键式救助系统：园区游步道及休息区设置紧急求助按钮，如遇紧急情况可从容应对，确保家人安心无忧。

（c）可选配智能穿戴设备：长者如在散步过程中可设定“回家模式”，获得导航；如出现身体不适或其他情况，可随时紧急呼叫求助。

（d）建设O2O健康管理平台：通过APP等智能手段搭建服务平台，为业主建立实时更新健康数据库，并在家人间实现健康信息互通等。

（e）堪比国际一流的健康管家服务：建设健康促进中心，配套国际一流的健康管理理念和检测仪器。

（f）建设适合中国家庭的健康运动中心：根据不同身体状况，定制健身方案，建设室内泳池、健身房、壁球室、高尔夫等康体设施。

（g）精确到克的营养膳食管理：建有园区食堂，提供均衡饮食搭配与健康膳食建议。

（6）运营管理

蓝城集团自1995年以来，经过二十余年的探索、实践和发展，从绿城到蓝城，从重资产投资到轻资产运营，再到小镇开发建设，逐步实现了产品建设到生活服务的战略转型。桃李春风项目是由绿城集团在2015年收购浙江交通投资集团旗下子公司临安金基房地产开发有限公司的51%的股权后，共同合作开发的“青山湖板块颐养小镇”项目（图6–10）。

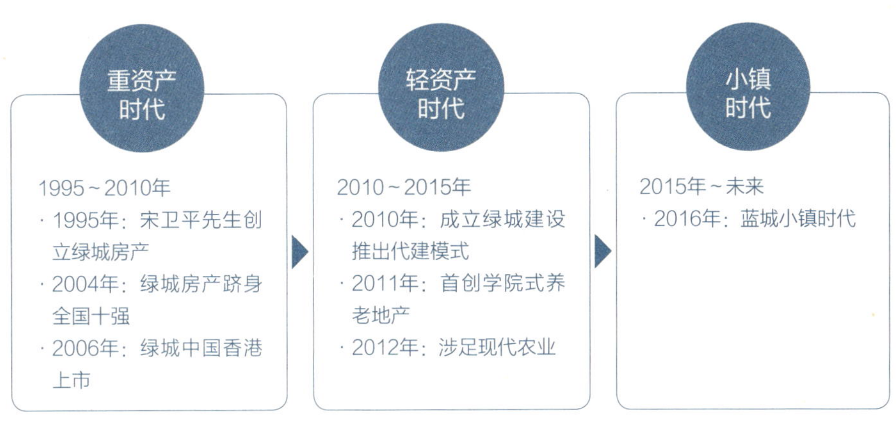

图6–10　蓝城集团发展历程

（7）BES观点

①去库存项目

在高呼去库存的房地产行业，宋卫平的桃李春风是一个堪称经典的“供给侧改革”案例。桃李春风的前身——金基·青云山居项目，位于杭州西郊临安市的青山湖板块。青山湖板块是典型的旅游度假类产品聚集地，2014年有15个楼盘在售、2个楼盘待售，有10个占地千亩以上的大盘，但该区域一年仅仅卖出197套房子，甚至有一些楼盘全年销量为零。在库存去化率水平较高的杭州，金基·青云山居项目 2013 年开盘，2015 年全年销售量为零，库存占项目总量的 50%，开发企业负债 7.6 亿元，无奈之下将项目转手。蓝城集团接手后，将项目改为主力户型为100 平方米以内的精装修别墅，并在周边增加了餐饮购物、休闲娱乐、文化体育、健康医疗和交通等配套服务，使该项目迅速从滞销产品变为畅销产品。

② 以优质的配套服务，满足业主的理想生活

项目的配套小镇中心为具有杭州风情的水岸生活街区，其中颐乐生活体验馆作为桃李春风的营销中心在首期开盘前正式启用，同步建立了优生活、慢生活、逸生活三大配套体系，是业主消费、休闲、交流、文化、静养的主要场所。以绿城首创中国学院式颐乐养生养老的颐乐学院为基础，以智能化园区服务为依托，从健康无恙、身体活力、身心愉悦三个不同等级，打造不同的服务模块，实现360度的颐养服务。

③ 搭建桃李社平台，构建邻里关系

桃李春风的社群——桃李社，将会逐步分出运动、农耕、宠物、摄影、高尔夫、禅茶、钓鱼、歌舞、文艺等不同的生活兴趣群进行运营和建设，社员可根据自己的喜好，选择加入一个或多个兴趣群，参与丰富多彩的社群活动，结交志同道合的朋友，形成睦邻、友善的社群文化，营造和谐、美好的小镇生活氛围。

④ 创新产品设计，注重每一处细节

桃李春风的极小面积中式庭院别墅吸引了大众的眼球。实际上，桃李春风所做的不只如此，它创新性地开发了11种户型，庭院面积和建筑面积近1∶1，拥有360度景观视野，户型设计紧凑实用，还有多进式的庭院以及可供耕种的菜园。

⑤ 强调全龄化颐乐生活，引领家庭的全新生活方式

为了能包容全年龄段、全家庭的生活，以前瞻性设计考虑后续的居住需求，桃李春风在产品设计上还充分考虑了老年人的需求，年长的父母或行动不便的家人可通过乘坐电梯座椅平稳从容地上下楼，起夜灯、升降式衣柜、紧急呼叫按钮和安全扶手等细节更是考虑周到，契合全龄化颐乐生活的主题定位。

案例2 良渚文化村，万科养老小镇典范

基本信息

位置： 良渚文化村位于杭州北郊（杭州西北部和余杭区中部），距离杭州约20公里，50分钟车程。沪杭、沪宁高速公路在区内设有入口，104国道和宣杭铁路过境

面积： 占地约11000亩，规划房地产开发用地约6000亩。建筑面积340万平方米，住宅230万平方米，公建50万平方米，旅游服务配套70万平方米，可容纳3～5万常住人口

投资： 整体投资100多亿元。其中文创、教育、养老、旅游良渚文化村四大产业已累计投资20亿元

图 6-11　良渚文化村区位图

（1）主题特色

良渚文化村在原生态的基础上，是万科打造的“非标准”新市镇产品实践，是集自然生态保护、休闲旅游、居住、经济文化为一体的新田园小镇。

（2）资源基底

在良渚组团区域，天目山余脉和东苕溪、京杭大运河贯穿其中，距离良渚遗址保护区2公里，又有距杭州市区中心最近的丘陵绿地和水网平原相结合的生态环境。得天独厚的文化、生态旅游资源与便捷的水陆交通，使整个区域具备开发的优越条件。

① 以良渚遗址为代表的文化底蕴

良渚遗址现有遗址点119处，包括宫殿、祭坛、墓地、工场、农耕区、土垣、城址、村落各类遗存。其原始地理环境和遗址保存的完整性、密集度全世界罕见，是研究和探讨东方文明起源的重要对象，在人类文明史上具有唯一性和特别的重要性。在遗址中能明显地看到中心聚落、次中心聚落、普通聚落这种级差式的聚落结构，以及像莫角山这样的大型城址，汇观山、反山、瑶山等出土大量精美玉器的祭坛墓地，塘山等大型城市防护工程的土垣遗址。

良渚遗址具有非常重要的意义。一方面，良渚遗址反映的以原创、首创、独创、外拓为特征的良渚精神，是中国文明传统价值的重要组成部分，开创了曾经盛极一时的良渚社会；另一方面，良渚文化对世界具有极大的教育和启发意义，值得全人类保存和借鉴。

② 优越的自然生态基底

项目地拥有25座山、3片湖泊和1条河流，有5000亩非建设用地，主要用于各种生态公园级配套项目。

（3）空间布局

良渚文化村的核心构架是“二轴·二心·三区·七片”(6-12、图6-13)：

二轴：以文化村东西主干道和滨河道路串联主题村落；

二心：东西分别设旅游中心区和公建中心区；

三区：分别设立核心旅游区、小镇风情度假区和森林生态休闲区；

七片：分布在山水之间的主题居住村落。

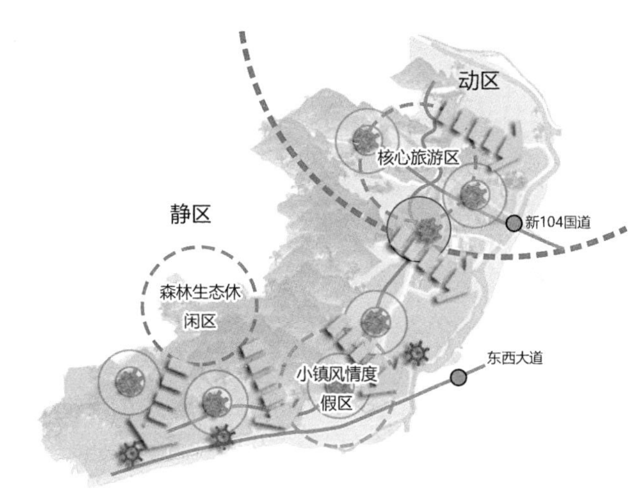

图 6-12　良渚文化村空间布局图

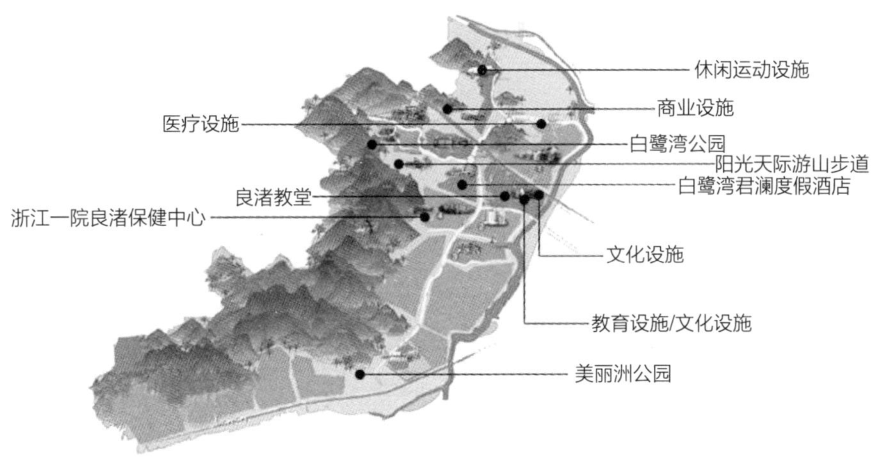

图 6-13　良渚文化村项目分布图

（4）重点项目

① 项目配比

良渚文化村住宅、公建和旅游配套面积比例为67：15：18。良渚文化村的四大产业分别为文创、教育、养老和旅游。万科理想的产业配比是，产业比例在30%～40%之间，人居比例在40%～50%之间，公建配套比例在10%～20%之间。但良渚文化村此前人居比例偏高，占了65%。在未来的发展中，人居比例会慢慢变成五五的比例。如果人居比例达不到40%～50%之间，意味着产业所吸纳的就业人员将无法在这个小镇拥有生活，那对小镇后续的发展也会有所影响（图6–14）。

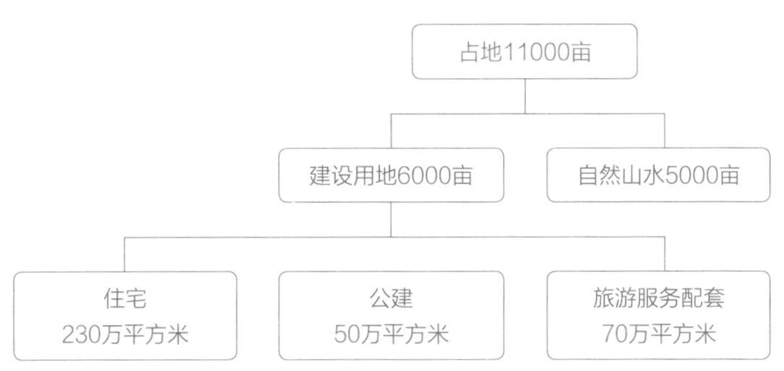

图 6-14　良渚文化村项目配比

图 6–15　良渚文化村地产项目　刘原原 / 摄

良渚文化村在2004年启动酒店项目，2008年先后开设博物馆与创意园区，2009年设立学校、医院等。目前还是以房地产业为主，2016年才开始向旅游、教育、文化等转型。

② 地产类项目

尊重自然的纹理，构建多组团中心的城镇生活。各居住村落以配套组团为中心分布，依照10分钟步行的尺度，在其中设置了完善而丰富的城镇配套设施。良渚文化村外部资源景观较好，物业形态丰富，有公寓、排屋、别墅、洋房等多种类型的产品，建设了不同面积段、不同建筑类型、不同产品特质的丰富产品体系（图 6–15、表6–3）。

良渚文化村地产类项目　　表 6–3

项目组团	建筑面积（平方米）	物业类型
白鹭郡北	17 万	多层坡地公寓
竹径茶语	8.6 万	多层、坡地花园洋房，坡地叠排、坡地排屋
白鹭郡东	14.5 万	多层公寓
白鹭郡南	18.5 万	一期多层公寓、二期洋房、商业中心酒店式公寓
阳光天际	16.9 万	西班牙风格坡地联排
未来城	19 万	多层公寓
白鹭郡西	7.8 万	独栋别墅
金色水岸	20 万	坡地联排
绿野花语	49 万	多层，坡地洋房

③ 文创类项目

年产值4.4亿元的玉鸟流苏创意产业园一期和正在规划的二期，加上良渚文化艺术中心的辅助，构成了良渚文化村的文创产业。

a. 玉鸟流苏

由国内著名的新锐建筑师张雷、齐欣、大舍建筑以及德国WSP建筑事务所等共同规划设计的玉鸟流苏，是良渚文化村的文化创意街区，占地18.6万平方米，建筑面积为4.6万平方米。玉鸟流苏在街区的设计方面整体呼应了良渚遗址，利用不平整的石头纹理构建良渚遗址的发掘现场，展示坍塌、破损的石块自然构筑的结构。玉鸟流苏的建筑以沿街和围合式街区形态为主，融入江南地区传统的院落、街巷等空间形态，使各个散落的个体相连，但内部又是隔开的，形成了一组具备开放性的公共空间，玉鸟流苏将整个良渚文化村的地形风貌展现了出来。

b. 良渚文化艺术中心

良渚文化艺术中心大屋顶下盖着3条方盒子，每个盒子承载不同的功能。引入自然界的抽象元素，用十分简单的语言创造丰富的空间，并且使空间体验变得独特和有感染力。

c. 大屋顶艺术节：艺术让良渚精神进一步升华

由杭州万科主办、良渚文化艺术中心及良渚国际艺术学院联合承办的“2017杭州大屋顶艺术节”于2017年1月14日～20日期间展开，包括三大古典音乐盛事——“大屋顶之声”新年音乐会、大屋顶公开课、“大师有约”小提琴大师专场演出。9天时间，“大屋顶之声”新年音乐会、5场“大屋顶公开课”、2017良渚国际小提琴艺术节、3场“大师有约”小提琴音乐会、“大屋顶杯”小业主才艺大赛，一共50多场音乐活动；30位来自世界各地的音乐大师和125位学员演出，吸引了超过5000位观众，良渚一时间成了音乐的胜地。

④ 旅游类项目

a. 良渚博物院

良渚博物院由英国著名建筑设计大师戴维·奇珀菲尔德（David Chiperfield）设计，占地4万多平方米，建筑面积约1万平方米，是集展示、研究、信息交流于一体的综合性展示场所。在2012年被评定为国家AAAA级旅游景区。作为良渚文化的象征，博物院充当了整个文化村项目精神内核和标签的角色，提升了整个项目的影响

图 6-16　良渚博物院　刘原原 / 摄

图 6-17　美丽洲堂　刘原原 / 摄

力和知名度，是绝对的标志性建筑。博物院内围绕良渚之谜和良渚玉文化两个主题，展示五千年前良渚先人的风土人情、自然生态、生活劳作、祭天礼地等各个方面的资料，是国家四大博物馆之一（图6–16）。

b．美丽洲堂：原木教堂

美丽洲堂坐落在良渚文化村西北侧，总占地面积1万多平方米，整个教堂是用日本进口原木搭建而成的。作为标志性建筑，它也是良渚文化村精神内核的一个重要组成部分（图6–17）。

c．大雄寺

大雄山在良渚西郊，位于良渚美丽洲公园内，规划用地93.945亩，充分融合了当地的佛教文化与良渚文化等旅游资源。

d．公园绿地

良渚文化村一共建设了5个公园，为居民提供休闲、运动空间（表6–4）。

公园绿地项目列表　　表 6-4

项目名称	功能
美丽洲公园	休闲体验、旅游休闲、文化创意于一体的文化旅游综合体
白鹭湾公园	包含约 4 万平方米的自然湖面，为居民提供生活休闲漫步的空间
茶语公园	茶林美景，居民有氧运动的场所
白鹭公园	运动主题公园，设有篮球场、网球场、慢跑道、青少年活动设施
悠园	仅供白鹭郡北小区内部业主使用，总占地面积约 1 万平方米，园内有室外游泳池、2 个半篮球场、亲子乐园、茶园、果园、小菜园等休闲娱乐设施

e．白鹭湾君澜度假酒店

白鹭湾君澜度假酒店是一家文化韵味浓郁的五星级国际标准度假酒店，它是良渚文化村前期的核心配套。酒店总建筑面积7.3万平方米，并拥有4万多平方米的水面和2万平方米的道路和广场，临湖而建的庭院式建筑主题分为连绵的10个区。酒店具备会议会展、旅游观光、休闲度假、健身娱乐、疗养康复、社交商务等多种功能，是高品质的商务、休闲、度假胜地。

f. 春漫里商业街区

春漫里坐落于文化村的中央，总建筑面积超过10万平方米，街区整体分为“品、淘、乐、闲”四个区（表6–5）。

春漫里商业街区业态　　表6–5

分区	主题	业态分布
品	餐饮酒吧街区	休闲餐饮、音响酒吧、书刊等
淘	精品购物街区	精品服饰、精品家居、特色旅游纪念品等
乐	婴童教育街区	婴童生活馆、各类培训机构等
闲	生活服务配套街区	药店、家政、家电维修、宠物医院等

⑤ 教育类项目

良渚文化村打造了以安吉路良渚实验学校（民办）、万科学习中心、万科假日营地、良渚国际艺术学院等为核心的教育产业。

⑥ 养老类项目

随园嘉树是万科集团首个大型养老社区项目，是良渚文化村养老产业的核心项目。总建筑面积约5.9万平方米，规划615套养老公寓和一栋配套护理院。项目已于2015年1月正式对外运营，目前已服务630余位长者，是2016年入选G20峰会官方媒体接待路线的唯一一个社区。随园嘉树是随园养老的大型养老社区系列，首创“邻里式”养老模式，以随园嘉树、随园护理院为能力基础，以随园之家为客户入口，新增小微机构产品随园智慧坊，4条产品线形成闭环，打造养老生态圈。

（5）运营管理

良渚文化村于2000年拿地，2002年正式开发。2009年，也就是拿地后的第九年才开始逐步实现正现金流，11年后实现盈利。从盈利结构来看，主要靠房地产销售，后期导入的旅游、文创等产业的贡献只占很小比例。

先开发后导产业、先卖楼后靠产业，这也是目前以开发商为主导的特色小镇的运营模式雏形。小镇的先导产业建设需要大量的现金流，只有房地产才能带来快速现金周转，收回现金流后再进行项目的配套建设。

截至2016年8月，良渚文化村共交付1万余户，常住6600余户，入住率超60%。良渚文化村文创、教育、养老、旅游四大产业已累计投资20亿元，提供就业岗位超过3000个，整个良渚文化村年产值达到16亿元 。旅游产业的年产值也实现了过亿元，游客接待量达到60万人次。试验田的良渚文化村在万科内部至今没有得到复制，其主要原因在于投入收益周期长。

（6）BES观点

① 以养老地产为核心特色

从万科的核心养老项目随园嘉树的建设，到针对老年人的户型设计、公共服务与护理服务，良渚文化村都践行着养老地产的核心理念，成为国内养老地产的样本性项目。

② 社区型生活方式

率先创新村民自律，引导遵守契约精神，营造一种和谐、安乐的人居环境，保障持久增值的软实力。成立村民食堂、村民书房以及村民客厅，拉近物业和业主之间的关系，并在全国首创了APP社区。

③ 三度规划引领

a. 尺度：体量较小、不超过5层的多层建筑、联排别墅和独栋别墅。

b. 密度：3万人的人口规模，形成小镇轻松愉悦的生活氛围。

c. 速度：以每小时5公里的步行速度建立小镇规模，步行五分钟就有完备的服务圈。

④ 高品质的生态环境

前期先行投入资金进行配套建设，包括交通、酒店、会所、环境、医院、学校等多个方面，提升项目价值的同时，不断提升项目的知名度，为后期销售打好充分基础。有效利用资源，提升区域影响力，如通过旅游地产、养老地产等创建核心优势，改善生态环境和人居环境，提高小镇精神文明内涵，达到建设可持续发展的宜居、宜游、宜业的目标。

案例3 江油青莲国际诗歌小镇

基本信息

位置： 青莲镇地处绵阳、江油两市之间，是绵阳市打造绵江经济走廊的支撑点，距江油市区12千米、绵阳市区23千米、108国道（绵阳—广元）高速公路入口处10千米，距绵阳机场28千米，距省会城市成都仅150千米。绵江快速通道穿镇而过，是我国黄金旅游线路——九（寨）黄（龙）旅游环线东线上的重要节点，是绵江经济走廊的重要连接点，是绵阳、江油旅游的重要组成部分

面积： 约18000亩，12.23平方公里。北至涪江支流，南至涪江盘江交汇处，西至盘江，东至涪江。包括潘家梁山、太华山、天宝山、月圆村、太白村、太白碑林景区、太白祠、罗汉洞、磨针溪、养生河、青莲镇高铁站等

投资： 总体投资预估近35亿元，首期投入主要围绕着磨针溪、太白祠以及周边的绿化、环境治理等内容展开，以求在初期将未发掘的李白文化进行更好的展示与活化，并且建成李白文化的展示馆，以及欧洲院子、中国院子等特色住宿项目

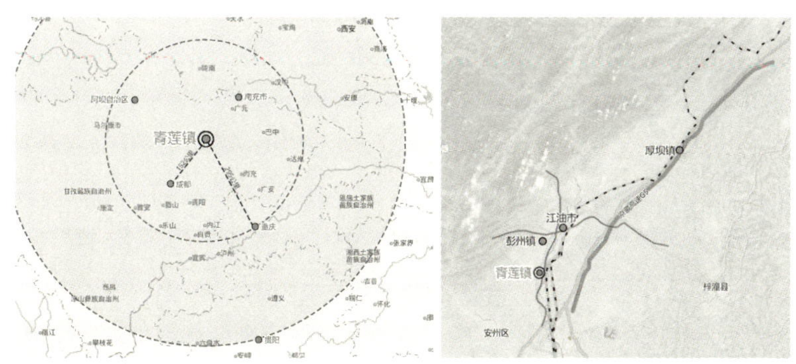

图6-18　青莲镇区位

2015年，中央电视台中秋晚会在江油青莲国际诗歌小镇成功举办，诗歌小镇从此成为国内热门的旅游目的地。2015年十一国庆节期间，诗歌小镇共接待游客近30万人次。

（1）主题特色

深入挖掘李白文化，再现千年偶像，构建以两江三山双溪为生态基底，以诗仙文化为灵魂，集文化体验、休闲度假、娱乐购物功能于一体，极具特色的文化旅游目的地，建设中国历史文化旅游名镇和国家AAAAA级景区。

（2）资源基底

青莲镇是唐代伟大诗人李白的故居。青莲镇李白文化旅游资源十分丰富，名胜古迹众多，其中省级文物保护单位5处。有李白生活、学习、居住的遗址，如陇西院、粉竹楼、太白祠、白玉堂、洗墨池、衣冠墓等十余处景点，以及名贤祠、文昌宫、牛雪樵德政坊等古迹，是凭吊诗仙、怀古抚今的好去处，也是当今世界上反映李白文化最完整、最集中的地方。有诗云："太白文光照九州，青莲雅秀自古流，陇西映日彩霞涌，粉竹千年茂而幽，罗汉仙洞堪避暑，红岩夜雨卧石牛，四方碑对月圆楼"，正是对青莲重要景点的高度概括（图6-19）。

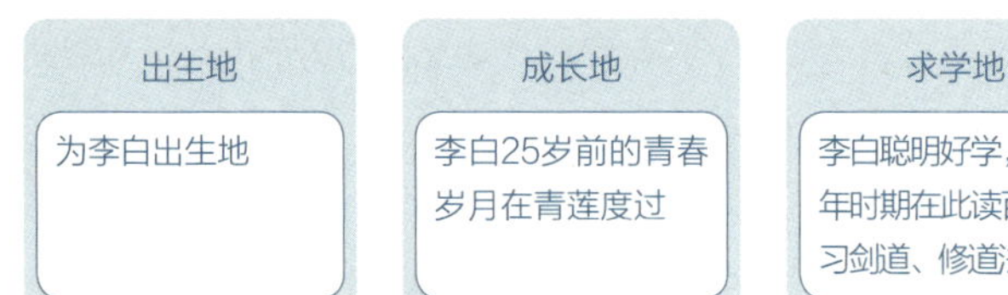

图6-19　青莲镇李白文化

（3）空间创意：从李白到诗歌

诗歌小镇呈现"一核一带四区"的空间布局结构。"一核"为：仙园——诗仙文化朝圣核心区，"一带"为：仙溪——双溪游仙风情发展带，"四区"为：仙乡——醉仙文化休闲区、仙山——花月仙境度假区、仙河——逍遥仙河养生区、仙镇——青莲诗歌生活镇，形成一核引领、一带驱动、四区共进的战略格局（图6-20）。

图 6-20　青莲诗歌小镇空间结构图

（4）项目创意：落实“太白仙休闲”的多个体验节点，协同发展

① 诗歌大道

依托诗歌历史文脉，提取文化元素，设计集景观小品、文化展示、旅游交通、文化演艺功能为一体的文化景观大道。将成为江油城市文化展示区、连通古今的诗歌画廊与小镇旅游体验引导区（图6-21）。

图 6-21　诗歌大道“春江花月夜”景观实景
杨朝睿 / 提供

② 太白碑林

以李白文化为主题，以李白人生轨迹为文化脉络，以诗

歌为载体，打造一条“太白人生”游览故事主线。通过“提炼主线、塑景造境、智慧活化 、AAAAA建设”四大提升手段，结合“青春求学路、仗剑远游路、长安登峰路、寄情山水路、梦回故园路”五大游线串联“碑林十景、碑林十镜、碑林十礼”旅游项目（图6–22）。

③ 磨针溪休闲水廊

以“太白故里、磨针寻梦”为开发主题，通过对“励志梦”与“生态梦”分类，从文化与自然两个维度，以“桃山洗墨、桃红李白、金樽明月、五色彩章”四个分段主题，打造集“水岸休闲+水廊仙游+情境演艺”为一体的休闲水廊（图6–23）。

图6–22　太白碑林太白楼实景　杨朝睿 / 提供

图6–23　磨针溪休闲水廊实景　杨朝睿 / 提供

（5）体验创意：全景式旅游体验

① 吃一顿诗餐

深度解读李白文化，结合美食创新，以地方特色菜、有机蔬果、民族美食等打造诗歌主题美食创新聚集地；将特色农产品生产开发与餐饮产品开发相结合，推广“从田头到嘴边”的安全绿色饮食工程和美食文化工程。

② 住一夜诗屋

以诗歌、田园、白马、花海等为资源依托，打造“精品度假酒店、诗歌主题休闲庄园、民族特色客栈、诗歌主题客栈群、乡村生态民宿群”五大主题住宿体验。

③ 行一段诗旅

感悟诗人游历情怀，结合旅行场景打造“船行、骑行、车行、步行”四大特色交通方式。

④ 游一遍诗林

以太白碑林为核心，深挖李白文化，以“寻仙踪、走诗路、品诗意、唱诗歌、传诗音”等一系列文化景观、文化体验活动为补充，为游客提供文化展示与体验相结合的诗歌之旅。

图 6-24 青莲世界实景图 杨朝睿 / 提供

⑤ 购一本诗集

以青莲物产为基础，以诗歌文化为特色，以文化包装物产和创意商品为手段，开发诗酒唐酒、有机果蔬、香薰精油、茶叶竹艺、民族工艺品、诗歌文创商品等旅游商品，重点打造诗仙太白系列品牌，形成区域代表品牌、地方标志特产，促进旅游商品系列开发。

⑥ 娱一回诗吧

打造多种主题诗吧，形成休闲娱乐街区，诗吧风格或豪迈，或婉约，或古拙，或精致，或田园，在醇厚的文化氛围中，以诗会友，高谈阔论，把酒言欢。

（6）运营管理

自2014年，一方面考虑到2015年9月将于江油举办的绵阳市旅游发展大会，另一方面考虑到江油市青莲镇磨针溪及其周边李白文化的深化与发展，江油青莲国际诗歌小镇项目由江油市青莲竹园文化旅游开发有限公司进行全面开发及运管。经过了近一年的筹备与环境整治，2015年9月27日，绵阳市旅游发展大会在该地顺利举办。

首先，对于项目开发，项目公司从文化入手进行运营，对景观进行了大幅度提升，紧扣拥有“铁杵磨成针”这一故事渊源的磨针溪，将原本近乎被本地人当作倒垃圾的臭水渠（磨针溪改造前被荒废），改造成为具有历史文化演绎功能的磨针溪，并结合周边景观对溪水的观赏性、体验性，以及互动性进行了很好的设计与考虑。在整个小镇的总体形象区建立了李白与诗歌文化展示中心，由完成西安大量历史文化创新展陈设计的设计与建设团队“陕西次优文化发展有限公司”进行馆内文化传承与文化创新的设计与实施。最终将总体环境、景观提升与打造、文化展陈进行整体融合，形成由内到外全方位的体验。无论是整体环境还是展陈表现，都让来到这里的人可以感受到人们心中的李白与诗歌被淋漓尽致地展现出来。

其次，对具有历史意义的太白祠进行了提升与修缮。由于汶川地震，太白祠内很多建筑出现了裂缝，并且由原有溪水汇集而成的水池因出现地表裂缝而成为一口荒废的空池。项目开发公司结合李白文化，尽可能地对原有建筑进行修旧如旧的还原与修葺，同时对原本并不便捷的交通、停车场等具备使用功能的内容提质增量。最终，太白祠呈现了既符合现代人使用需求，又具有良好历史表现能力的新面貌。

（7）BES观点

① 李白文化的活化与演绎——从诗人文化走向诗歌文化

李白文化对于江油来说，是历史文化很重要的一部分，无论从江油市内的李白故里还是江油市青莲镇的太白碑林，就连江油市长钢四中都于2002年更名为“四川省江油市太白中学”。这些都足以说明李白文化对于江油而言，近乎是整个城市的灵魂文化。而对于青莲而言，已经有了太白碑林，想完全从历史人文的角度突破其难度可见一斑。因此，在项目规划之时就提出，应从历史人物的困局中走出来，将历史与现代生活相融合，要从李白的个人文化，走向诗歌的国际文化。没有黑就没有白，没有现代就感受不到历史的可贵，正如同巴黎卢浮宫的金字塔一样，通过历史与现代的碰撞而感受历史的魅力。将国际化与现代生活、旅游方式与历史人文，以诗歌作为纽带进行联系，从而更好地让人们感受李白，感受李白的诗歌。

② 历史与现代的交融

该项目无论是文化展示、建筑表现还是景观设计，都淋漓尽致地将适宜现代生活功能需求的内容很好地与诗歌文化、李白文化进行了融合。这使得当人们置身于环境之中，能够感受到一种时代的交融、文化的碰撞，这一交融与碰撞恰好给了旅游体验者全新的感受，不再是传统的照本宣科与历史讲述。

6.3 BES案例

案例1 北京十渡旅游型城镇化方案

项目时间： 2015年

委托单位： 中国交通建设集团

主题类型： 旅游型城镇化

（1）规划背景

十渡镇隶属北京市房山区，地处北京西南，太行山东北端、华北平原西北山区，距北京市区80公里（图6-25）。十渡位于房山世界地质公园内，是地质公园占地最大、接待规模最大的集观光、休闲、娱乐、度假于一体的综合中心景区，是房山世界地质公园的核心，也是十渡风景区的重要组成部分。2015年4月，北京大地风景旅游景观规划设计有限公司在《十渡旅游型城镇化专项报告》中提出，由拒马河沿岸

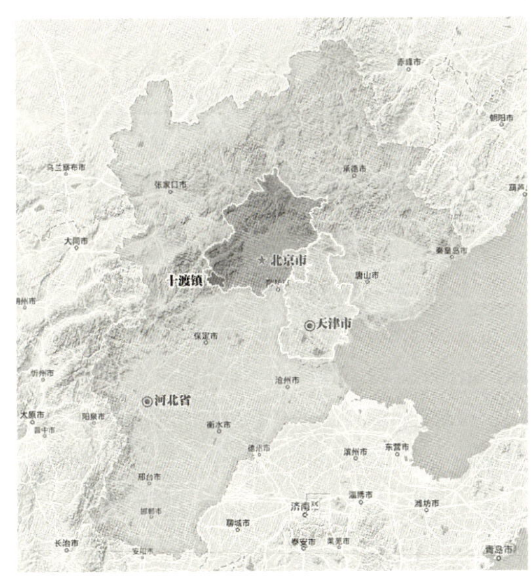

图6-25　十渡区位分析图

向沟域内辐射发展，规划范围包括十渡镇全域和张坊镇到四渡及其周边区域，规划总面积296.8平方公里。

（2）资源基底

① 资源分布——资源全域化分布

十渡镇处于十渡世界地质公园内，整体上为全域化景区，景区景点资源广泛分布于十渡镇境内。

② 自然资源——独特的深切河曲型喀斯特地貌，山水一体，河谷、沟谷交相辉映

拒马河河谷贯穿东西，河曲曲折旋绕、深切河谷宽窄自由变化；河谷两侧延伸数十条山地沟谷，峰丛壁立万仞，溶洞造型奇特、环境幽谧。

③ 文化资源——渡口佛教文化独一无二，为文化体验核心

十渡文化体系较为丰富，渡口文化、佛教文化、民俗文化、婚庆文化、影视文化等呈现多元化的发展特征，但从文化价值和旅游植入性来看，未来发展以渡口文化为核心。十渡因渡口而得名，并与佛教有关，“十渡”是佛教“十方世界，普渡众生”的简称，是功圆果满的象征。渡口文化将是未来十渡文化体验的核心。

④ 资源价值

a. 观赏价值高

独特的深切河曲型喀斯特地貌，华北地区唯一岩溶峰林、峰丛、河谷地貌，山水一体，峰、石、峡、水、洞、溪、潭景景相映。

b. 品牌价值高

十渡拥有世界级的世界地址公园品牌，是十渡旅游开发独一无二的品牌优势，极易形成旅游品牌效应。

c. 开发价值高

世界地质公园赋予十渡高品质的资源条件，是村落、旅游项目等开发建设的重要基底。自有山体作为资源，在保证景色及特色旅游项目的同时，最大限度地保证了静谧、隐私的自然风情。北京城区居民强大的旅游休闲需求是十渡旅游开发重要的基础。

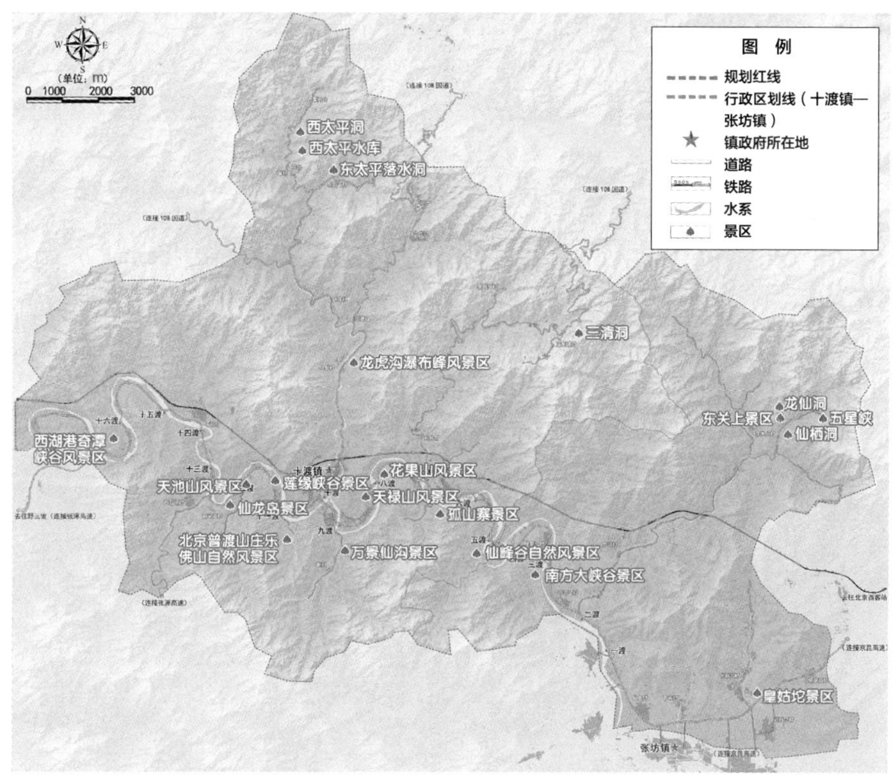

图6-26　十渡资源现状分析图

（3）规划内容

① 发展战略：以旅游为导向的新型城镇化发展战略

通过问题研判，发现十渡现在还处于简单粗放式旅游发展阶段，行政分割，开发主体弱小，产业业态低端失衡，旅游富民效益明显不足。针对这些现状，规划提出了以旅游为导向的新型城镇化发展战略，通过上山、下乡、探谷、入水，四维立体化空间，重构旅游新格局。

a．区域协同化发展战略

一方面，在京津冀一体化发展的机遇下，突破行政区壁垒，与野三坡构建无障碍旅游区，打造十野一体化大旅游格局；另一方面，与京郊其他区县共同构筑北京近郊旅游格局。

b．产业先导化发展战略

充分发挥旅游产业作为十渡战略支柱产业的优势，以旅游产业为导向，构建一、二、三产融互促的发展格局，以产富民，带动本地居民就业，以产业先导实现新型城镇化。

c．旅游全域化发展战略

在现有依托拒马河发展的基础上，加大村域、沟域的旅游开发，通过上山、入沟、进村、下水，实现镇域、村域、沟域、水域等全域化发展的旅游格局。

② 发展格局：上山、下乡、探谷、入水

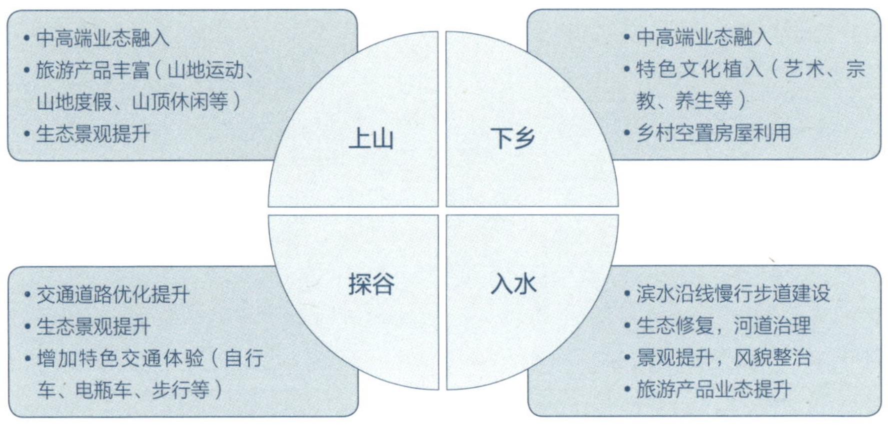

图 6-27　十渡镇发展格局

③ 总体定位：旅游型特色小城镇

通过独特景观、精品文化、精致产业创建旅游型特色小城镇，使其成为中国旅游型就地城镇化典范。从旅游功能上来说，建设北京环城游憩带上重要节点，房山世界地质公园山水型精品度假核心区。

独特景观——以深切河曲型喀斯特地貌为特色；

精品文化——以渡口佛教文化为核心；

精致产业——旅游业、农业、健康产业、文化创意产业、房地产业。

④ 发展路径：去景区中心化 + 新型城镇化 + 旅游全域化

a. 去景区中心化

去景区中心化是摆脱传统的以景区为发展核心的旅游开发模式，将十渡镇作为一个大景区，在整体生态优化的前提下实现景区与村落等协调发展。

b. 新型城镇化

在旅游景区的带动下，将服务、集散、游览等功能分散至村落建设中，实现就地城镇化。

c. 旅游全域化

发挥路网和旅游产品的作用，把不同景区、村镇串联起来，逐渐实现全域化的发展。

⑤ 空间结构：一带 · 二心 · 五道沟

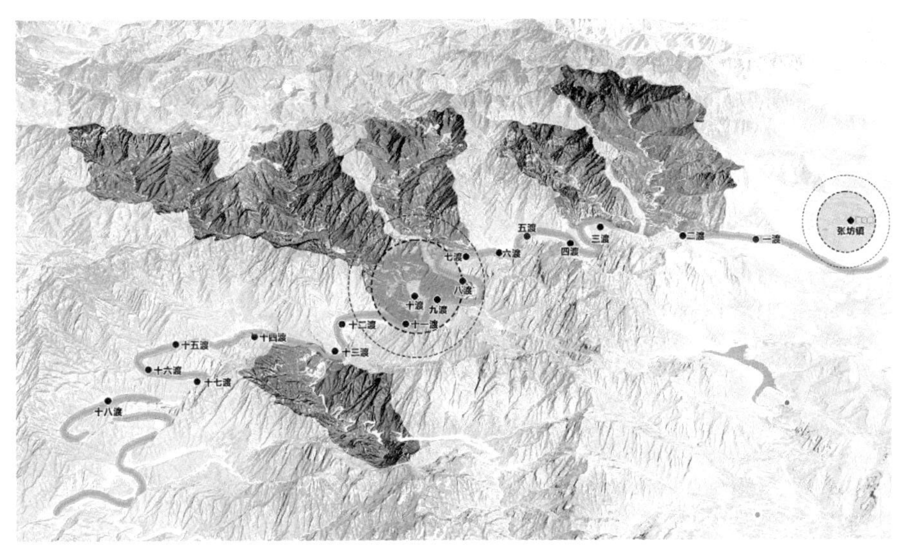

图 6-28　十渡镇空间结构图

一带：拒马河休闲景观带；

二心：十渡镇旅游主中心、张坊镇旅游副中心；

五道沟：马鞍谷、沟谷二、沟谷三、沟谷四、平峪村。

⑥ 以旅游产业为导向的新型农村建设

a．乡村发展综合评价

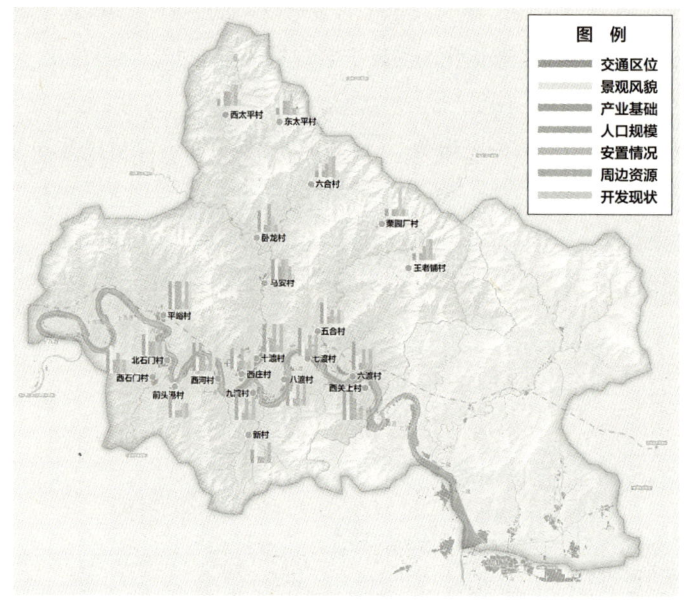

图 6-29　十渡乡村发展综合评价

b．发展模式

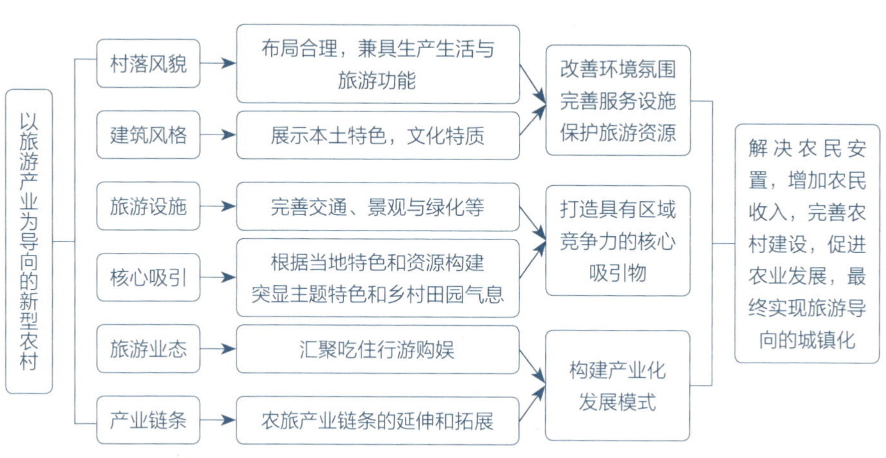

图 6-30　十渡乡村发展模式

c. 由河入沟，业态入村

度假业态	• 针对风貌保存条件较好的村落，开发高端特色村落型度假酒店，如山里寒舍 • 针对周边资源和环境条件较好的村落，开发相关旅游度假项目，引入度假业态 • 针对相关产业主题，开发精品民宿型度假村落
创意艺术	• 将现有画家村、写生基地等以创意艺术主题包装，开发艺术村 • 延伸艺术产品体系，通过艺术培训、交流、展示等增强产品丰度和体验性
商业业态	• 提升现有村落商业业态品质 • 充分考虑村落交通、区位等特征，打造精品旅游商业配套小镇 • 引入目前较为缺乏的时尚、休闲等商业业态，包括酒吧、书吧、咖啡吧等
养生养老	• 十渡具有天然的养生养老资源优势，包括原生态的田园资源、高品质的生态环境资源等 • 依托这些资源通过养生社区、养生度假、绿色有机餐饮等产品的打造，融入养生养老业态。

图 6-31　十渡乡村业态

d. 乡村体系构建

8个景区型村	11个服务型村	2个产业型村
西太平村	六合村	西关上村
东太平村	卧龙村	西河村
马安村	西庄村	
五合村	十渡村	
栗园厂村	六渡村	
王老铺村	七渡村	
西石门村	八渡村	
北石门村	九渡村	
	前头港村	
	新村	
	平峪村	

图 6-32　十渡乡村体系

湖南省张家界天门仙境国际养生度假区

项目时间： 2010年

委托单位： 张家界市永定区发展和改革局

主题类型： 养生度假

（1）规划背景

项目是在张家界成为首批旅游综合改革试点城市这一大背景下展开的，规划依托张家界著名的天门山景区、大坪镇的田园生态和七星山的自然基底，融通当地的隐逸文化、宗教文化、仙文化及土家族文化、湘西文化，整合区域生态环境和文化资源，以养生为主题，以市场为导向，以生态立区、产业强区、文化兴区为标准，通过旅游大项目的开发带动，实现旅游业跨越式发展、带动居民增收，实现山岳型旅游休闲度假区的创新发展。该项目被列为湖南省十二五发展规划重点项目。并于2011年2月吸引香港正御集团投资，预计投资150亿元，打造这一集养老、旅游、休闲为一体的综合项目。

太坪镇与周围城市的空间距离

太坪镇在湖南省的位置

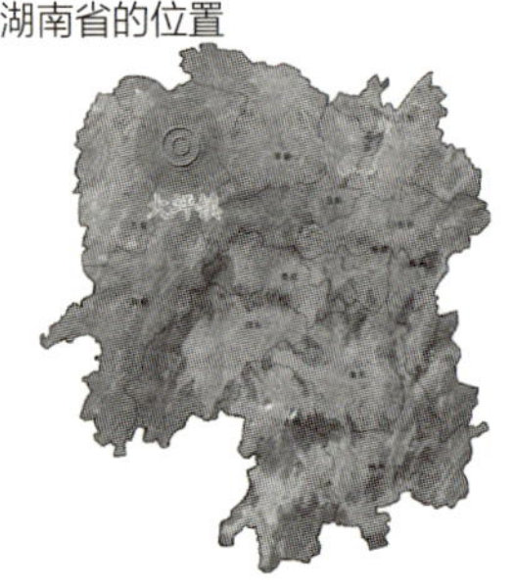

太坪镇在张家界市的位置

图 6-33　区位分析图

整体国际养生度假区共118.4平方公里，其中包括一个镇区95.4 平方公里，一个国有林场17平方公里及一个村庄约 6平方公里。项目规划是在以下张家界旅游发展的两大背景下展开的。

① 景区密集的张家界旅游发展面临的新形势

张家界是中国旅游发展的传奇，凭借世界级的旅游资源和国际化的旅游市场，加上张家界政府部门超级灵敏的营销嗅觉和极具轰动效应的推广手腕，其旅游知名度不断增加。经过三十多年的发展，张家界已成为国内外知名的旅游目的地，并将“建设世界旅游精品”和“打造世界级旅游目的地”作为旅游业发展的目标。张家界资源品质较高，优质资源较多，形成了以武陵源为首的系列旅游产品，AAAAA级和AAAA级旅游资源在AA至AAAAA级旅游资源数量中占一半以上。

虽然张家界市2010年旅游总收入相当于GDP的51.7%，但旅游业发展仍主要停留在传统观光旅游阶段，旅游产品结构还不丰富，旅游方式比较单一，旅游消费低，门票收入贡献大，游客停留时间较短，度假型、高端型旅游消费产品提供不足，中低端的韩国游客比重较大，欧美游客的比重较低。总之，张家界以景点为主的观光旅游向休闲为主的度假、商务、会展、疗养的转型刚刚开始。

② 张家界旅游发展“二次创业”必经之路

张家界“建设世界旅游精品”和“打造世界级旅游目的地”急需一个强大的中心旅游城市作依托。在张家界城市发展总体规划中，中心城区旅游服务核与武陵源遗产旅游核的比例极不对称，与中心城市地位相符的交通建设不够，城市旅游配套设施建设不完善，软件建设有待加强，城市功能单一。不对称的功能结构不利于张家界城市和武陵源的良性互动发展。

（2）资源基底

① 隐逸文化突显，休闲底蕴深厚

张家界位于武陵文化圈和澧水文化带的交汇处，造成了张家界多样的文化类型。天门山上鬼谷子、赤松子均在此隐逸修行，张良也曾追随赤松子云游。夏德忠、朱如绘也曾在七星山隐逸。众多的历史人物选择天门山隐居，与天门山悠然仙境的文化基底密不可分，为休闲度假项目的开展打下了良好的基础。

② 气候舒适宜人，世外避暑天堂

张家界气候适中，地处北中纬度，属中亚热带山原型季风湿润气候，雨量丰沛，阳光充足，无霜期长，严寒期短，年平均气温16℃左右。夏季最热月气温27℃，冬季最冷月平均气温为4.3℃。本规划区多在山地之中，浓林茂盛，森林覆盖率高达95%，气温更低于市区，是优良的避暑天堂。

③ 山水绝色配比，悠然田园风情

本规划区位于天门山南侧，既可远眺其雄伟山势，起伏连绵，又可近观其神奇，峭岩陡壁，同时还有七星山、石长溪林场，植被覆盖率高，动植物资源丰富，山中水流潺潺，清澈甘甜，山水相依，共同构成一幅精彩的水墨山水画。山中梯田叠落，水田众多，牛铃清脆，田园气息浓郁，悠闲自然。

④ 民族文化宝地，情景体验乐园

张家界是一个以少数民族为主的地级市，有土家族、苗族、白族等，其中以土家族人数最多，民族历史源远流长，民族文化底蕴深厚，是宝贵的文化集聚地，是天然的民族文化体验乐园。

⑤ 农林资源丰富，草医草药流传

本规划区的农业和林业资源丰富，农作物有水稻、玉米，以及油菜、花生、茶叶等经济作物。宜林山地面积广阔，以黄壤土类为主，加上气候温和湿润，适于发展林业，天然用材林、人工经济林众多。由于山大谷深，盛产中草药材，经考察，中草药材共计1000 余种，常用中药材和药用价值较大的草本药材320 种，在天门山、七星山有分布，草医历史悠久，多有治疗某些疾病的绝招，在一方享有盛名。

⑥ 紧邻天门景区，恍若世外桃源

本规划区的范围位于天门山的南坡，与张家界市区只有一山之隔，在规划区中可以欣赏天门山的奇美风光，感受云雾缭绕的仙境韵味。张家界市区是一个现代特色浓厚的喧闹的城市，而本规划区却是截然不同的风景，绿树遍野、花香四溢、流水潺潺、空气清新、温度宜人，生活节奏舒缓，形成与闹市相对比的世外桃源，一山两侧，一山两景，一山两意境。

（3）规划内容

① 总体定位

以张家界市区发展为依托，以天门山旅游和大坪独有的休闲度假环境为基础，打造以康体养生为主要特色的，集生态旅游、休闲度假、高山避暑、体育休闲、山水风光与民俗风情体验等功能于一体的效益显著、功能完善、特色鲜明、可持续发展的具有规模带动效应的中国最佳山岳型生态养生休闲度假旅游目的地。

② 发展战略

a. 大项目带动战略

在规划区内建设数个具有唯一性、权威性的重大项目，对游客产生巨大的吸引力，让人们渴望向往、不睹不快、不来遗憾、来了震撼。通过大项目来拉动大坪旅游消费，实现以大项目带动集聚生产要素，以大项目带动促进投资增长，以大项目带动转变管理职能，以大项目带动加快旅游产业发展，增强旅游产业发展后劲，促进张家界旅游业不断跃上新台阶。

b. 居游共享战略

主要服务于建设宜居、宜游的度假区目标。优化规划区空间布局，实现旅游功能与居住功能的有效对接，使政府明确旅游资源的价值和城镇发展的目标，使开发机构看到区域价值增长的巨大潜力，同时使居民能够享受到生态宜居的福利，游客能够体验到休闲度假的乐趣。

c. 国际化战略

一是旅游产品的国际化，二是旅游营销的国际化，三是旅游服务的国际化。旅游产品的国际化并不是指所有产品都要面向国际市场，而是指产品的策划规划、开发建设、营销管理等方面应具有国际化的理念、国际化的眼光、国际化的标准和国际化的规范。旅游营销国际化即直接对接韩国、日本、港澳台和东南亚市场。旅游服务国际化即实行“软旅游”的发展战略。

d. 整合联动战略

按照产品互补、交通互联、客源共享、信息互通、节庆共办、促销互帮、争议互商的总体思路。采用新时代的鬼谷子“合纵连横”策略，纵向整合“武陵源、市区、怀化”，横向联合“凤凰——长株潭城市群”，共同打造以武陵源为箭首、大坪为支点的“300里黄金旅游带”。

③ 发展目标

充分利用天门仙境的生态和文化价值，以生态化、低碳化建设为原则，积极面向中高端旅游市场，突出养生产品特色，将天门仙境旅游度假区打造为：张家界世界级休闲度假胜地、东方养生胜地、新一批国家级旅游度假区、国内山岳型旅游休闲度假地的典范、张家界世界旅游精品的重要组成部分、张家界旅游综合改革试点先行先试项目。

④ 空间结构

a. 一核：中央田园度假区

位于大坪镇政府所在的盆地，是整个规划区中平地面积最大、交通条件最好的地区。承担整个度假区的旅游集散、旅游服务功能，同时兼有商品购物、度假休闲、文化体验的功能。

b. 一轴：228风景道

228省道是穿越规划区的主要交通路线，是规划区与外部联系的重要干道，也是沟通规划区各区块，实现各区块有效联系的命脉。用风景道的标准建设228省道经过规划区的一段，以更好地与度假区的氛围相融合，有效串联规划区各主要项

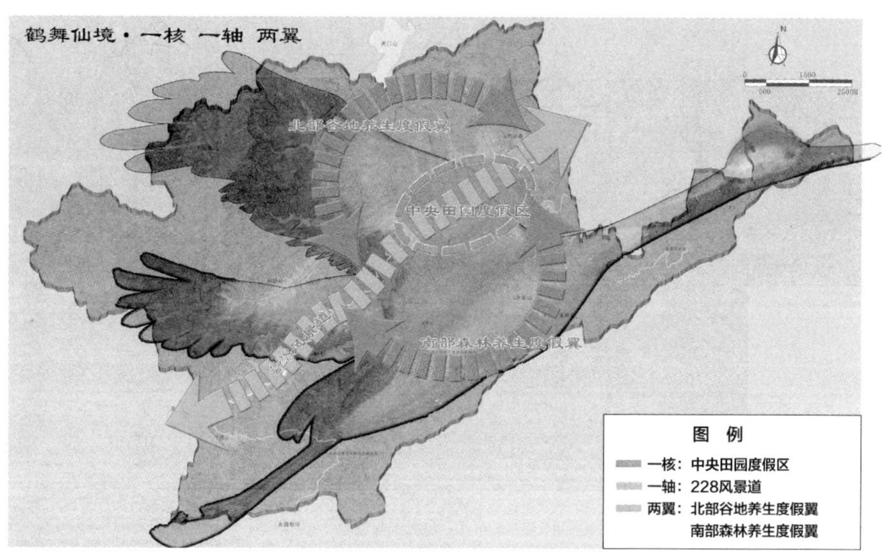

图 6-34　空间结构图

目，丰富度假者的游憩体验。

c. 两翼：北部谷地养生度假翼和南部森林养生度假翼

北部谷地养生度假翼主要基于谷地地貌和优美的自然环境开发谷地中的养生度假项目，包括伊人谷和忘忧谷。此外，还包括较远地区的七星山等。

南翼森林养生度假翼主要基于森林生态环境，开发与森林有关的养生度假项目，即大隐森林度假区。此外还包括大溪与后山溪交汇形成的三合谷宗教养生项目。

⑤ 地形空间形成

由于地处山地，从纵向来看，规划区呈现盆地、山谷地、山坡地和高山台地的立体空间分布层次。

a. 盆地：综合休闲服务地

平地广阔、富有田园气息、交通条件便利，可作为整个规划区的会客厅，并有效联系各大项目地块。

b. 山谷地：谷地养生度假地

山谷中幽静祥和、空气怡人、具有良好的私密性，并且多有水源，是开发养生度假的理想之地。

c. 山坡地：森林养生度假地

山坡上植被覆盖率高，森林景观密集，依托森林生态气候形成“大隐森林”养生休闲度假项目。

d. 高山台地：台地露营度假地

七星山是典型的高山台地地貌，周围悬崖峭壁，台地上面积广阔，形成独特的生态环境。考虑到建设的难度和对生态环境的影响，在开发上需平衡经济效益、社会效益和环境效益的关系。

⑥“1311”的六大主导性重大项目

1个养生休闲小镇项目：中央田园度假区；

3个谷地养生度假项目：伊人谷、忘忧谷、三合谷；

1个山地森林度假项目：大隐森林度假区；

1个高山台地度假项目：云顶七星山。

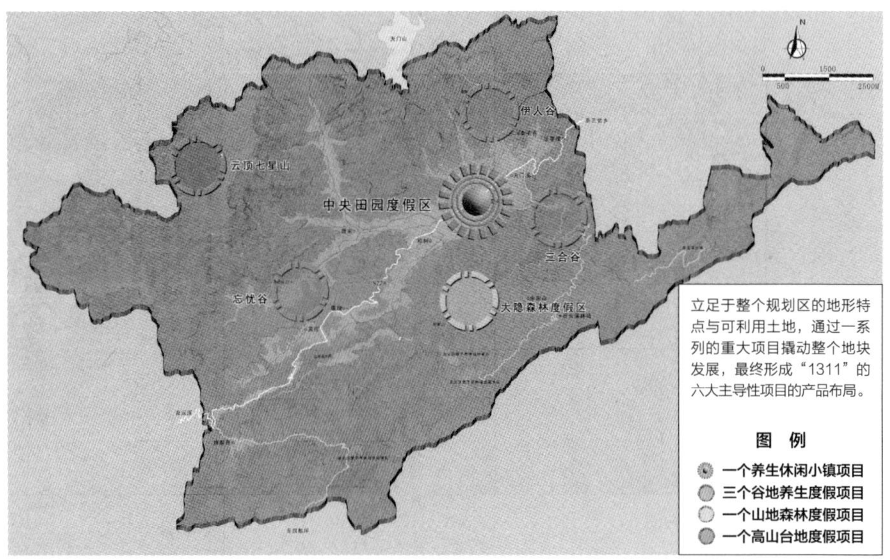

图 6-35　产品空间布局图

⑦ 社会居民调控

a. 建立居民长效管理机制

大坪镇的居民人口数量较为分散，度假区与社区、游客与居民融为一体，因此非常有必要建立适合度假区特点的居民长效管理机制：

（a）理顺管理体制，逐步实现统一、规范管理。

（b）科学引导和规范居民参与旅游服务经营，逐步提升参与旅游经营的产品和服务质量。

（c）引导和扶持乡村群众开展多种经营活动，最大限度地为他们提供就业机会。

（d）控制好影响乡村社区发展的主要影响因素，实现社区管理的人口稳定、就业增长、收入增加、社区活力增强等多个目标。

b. 实行“政府主导，企业运作，居民参与”开发模式

在度假区的建设中，政府应从村镇建设、基础设施、规划开发、招商引资、财政税收、公共管理、居民安置等方面进行主导，平衡开发商与乡村居民的利益，防止乡村居民利益受到侵害。本地乡村居民可成立“委员会”参与度假区的建设开发，对损害当地利益的行为进行监督。开发商在进行度假区的运作管理

时也要尽可能兼顾当地居民的利益，优先给本地居民提供就业机会，改善生活条件，分享度假区建设带来的利益，以保证度假区的和谐可持续发展。

c. 贯彻“社区就业优先，强化培训教育”的思想

度假区要承认社区有获取经济利益的“优先权”。在当地全面实施“低保”制度，每年应从旅游收入中拨专款作为度假区中低收入居民的生活保障费用。组织居民入股参与度假区建设，保证本地居民优先被雇佣的权利。

采用多渠道招聘或组织当地居民就业。如面向当地居民组建度假区环卫队、安全巡逻队、表演队以及环保绿化工程队等。招聘、培训素质较高的居民进入度假区企业就业。

度假区要有专门的部门组织开展相关的知识培训，对当地居民进行资源环境保护、技能等多方面的教育培训，规范居民的旅游服务活动，提高度假区附近居民的素质，培养度假区居民的热情好客精神，增强居民的全民旅游意识，增强服务技能。

d. 创新居民增收模式

居民在已有农业生产为主的收入基础上，旅游发展可以带动当地居民在其他各层面获得收益，以旅游产业引导“三农”问题的解决，拓展居民增收渠道。

（a）通过对现有农家资源的整合提升，使其拥有更好的增值空间。

（b）开辟多种渠道，满足其他的富余劳动力在度假区中提供服务，如种植果园、田园蔬菜、生产地方手工艺品等，并对在度假区工作的农民进行培训。

（c）规划区因部分居民外出务工，家中闲置部分房屋，在与居民协商的基础上对这些房屋进行一定的改造，为度假区所用，度假区为居民支付费用。

（d）可直接安排部分居民在度假区就业，从事旅游服务，获取工资。

整体上讲，通过旅游的整体发展，整个度假区居民将会有更多的收益渠道，得到真正的实惠。

⑧项目启示

a. 改变了张家界的旅游产品体系

张家界天门仙境国际养生度假区的开发，将从根本上改变天门山区域，甚至整个张家界的旅游产品体系。通过本项目的开发、建设和运营，当地旅游业的旅游类型逐渐从单纯观光向观光度假转变，更是跨越式地定位为高端的养生度假

区，从而实现旅游产业结构的转型优化。

b. 大项目带动土地价值提升

度假区通过创新的养生旅游地产的开发，有效规避了投资风险，在旅游项目与养生产品及地产物业的有效配比下，实现良好的滚动开发。在一流的生态背景下，一流的环境形成了土地价值的一级提升；通过配套重点项目的开发形成人气土地，实现土地价值的二级提升；通过产业衔接、品牌塑造及地产盈利，实现土地价值的三级提升，实现投资收益的最大化。

c. 创建“居游共享”的空间

度假区采用科学合理的开发方式和手段，如低密度开发、高品质营造，使原生态自然及文化得以与度假设施完美融合。项目的启动吸引实力雄厚的投资商加盟，为生态环境的保护提供充足的资金支持。

度假区通过合理有效的组合方式，实现了“居游共享”这一理念，在旅游开发的同时，注重与当地农业、林果业及手工业的结合，在解决就业的同时增加收入，从而提高当地居民的生活水平。另外，景观建设和部分基础设施的完善同样在相当大的程度上造福居民。

总之，张家界天门仙界国际养生度假区，是我国顶级景区发展到一定成熟阶段后，对以往传统发展模式的有效创新与发展，对如何在生态环境优异却缺乏核心吸引物的地块开发以养生为导向的综合型度假区进行了有益探索。

该种模式的形成必须具备几大特征才可以进行，不然会有较大的投资风险。首先，要有近距离的核心景区客源或大城市做消费支撑；其次，要通过大投资、大项目带动（以养生等主题产品为核心卖点的大项目），得以快速吸引市场，形成品牌号召力；再次，把握好旅游产品、养生产品（或其他主题产品）与地产物业的配比及开发序列；最后，优异的基础生态环境是度假区的基底和灵魂。只有将各种有利条件进行叠加后，通过高超的运营手段，该种模式才会成为解决AAAAA级景区类创新发展的有效途径之一。

第7章

运营与管理

7.1 投资方式构建

特色小镇投资方式的选取与构建是一个小镇能够赖以生存的根本，对于投资方式的选取，开发者可以从两方面着手进行准备。

一方面来源于开发者所具备的自身特性，比如地产类型企业、实体型企业或金融类型企业等。企业自身的特性就使其在开发过程中具备自身所擅长的投资与回收模式。使用其擅长的商业模式有利于企业在未来开发过程中执行一系列有助于自身发展的资金筹措方式与风险控制管理方式，与此同时也会降低项目的操作成本与时间成本。

另一方面来源于项目特性及开发需求，比如项目地位于大城市周边，利于结合地产等方式作为资本回收的渠道，或者国家出台的各种扶持政策有利于项目的落地和扶持资金的争取，或者有可能通过项目的开发与项目地其他企业建立共同开发或者股权分配的投融资模式等。

从总体上来说，投资方式的构建需要“知己知彼”，即不仅要看自己有什么，同时也要看项目要什么。在我国文旅小镇高速发展的今天，尽可能地采取较短的开发周期、较低的融资成本，以及较快的见效方式是投资方式选取过程中主要考虑的根本原则。短、低、快的投资模式构建是除去政策风险外（不可控），降低项目自身风险的最好方式或者说是开发者最可实施的方式。如果说“知己知彼”中，“知己”（企业自身特性）大部分企业都能够做到，因为在建立项目的初期，大部分企业对自身的考虑会相对比较周全；而“知彼”（项目开发特性）则常常容易被开发企业所忽略，而大部分失败的案例就是来源于对项目开发需求的不了解或者低估。比如过短的预计现金流回正时间（资金止血期），过高预估市场反应和收益（资金回收量），以及过低预估投资规模（资金投入量）。这些项目开发需求的考虑缺失或者失误，是造成整个投资回收链条断裂的根本原因，也是产生国内很多项目在开发时风风火火，在运营中萎靡不振，在亏损时草草了事这一现象的根本原因。

从根本上而言，这种情况其实是由大多数开发者更愿意将项目的空间规划、企业的理想情怀考虑得比较充分，而对于经营与投资计划考虑不足所导致的。也正因如此，在做文旅类小镇项目的时候，一方面要考虑本身产品策划的创意性，另一方面也要非常注重投资模式、商业模式与产品开发、分期结合等情况。

在文旅小镇的建设过程中，投融资阶段最根本的困难往往并不在于总量资金的投入。小镇的资金投入是可以很大的，如果项目能够很好地规避风险，将项目可预见的资金投入做出很好的方案，是有机会找到更多钱的。然而如何将自己兜里的钱更多、更快地产生效益才是投资过程中所应主要考虑的问题，而投资计划与投资方式往往决定了项目能够活多久。其实，文旅小镇只要能够很好地活着，或者坚持做下去，基本上都不会太差。从乌镇到婺源，从丽江到凤凰，并没有太神奇的融资模式，或者说在初期没有太好的投融资渠道，只是它们能够在全国广大的历史、人文、环境兼具的村落、小镇中长期存活，并且不断抓住机遇生长。在发展的过程中，没有太早地因为资金问题而改变发展方向，反而通过逐步完善发展而最终成为家喻户晓的典型案例。

另外，这些知名旅游类型的小镇都具有一个特点，就是在发展的过程中没有遇到毁灭性的资金断裂，即使它们也或多或少经历过贫穷、困难，或者为了钱改变一些经营方式。虽然它们与古北水镇、拈花湾这类短时间建成的新型村镇不同，更多的是依靠其自身的历史性与本身的产业和在地居民获得了更长足的发展，但无论是历史遗留型、有长居人口的古村古镇，还是一夜成名的新兴小镇，能够在世人皆知之前很健康地活着，能够在大资金涌入之前不因缺钱而改变初衷，才是投资模式选取最根本的前提。

就投资模式而言，无论选取哪种方式，对于文旅类型小镇在资金的层面都会遇到三个重要的阶段，即初创立商期、建设招商期和运营养商期。

7.1.1 初创立商期

在一个文旅小镇的建立初始，当地方政府与投资者确定了投资关系，明确了小镇的发展方向与发展路径的基本面后，就需要对小镇最初始的建设提供一笔原始的建设资金。这一资金的来源大多由小镇的投资者提供或发起，通过对规划建设的一期或启动区的投资量进行预估，以自有资金为主兼顾筹措资金的方式来起步。这里的投资者可以是一个企业，也可以是政府与企业结合银行资金，又或者是多个企业主体进行投资。但无论什么形式，在文旅小镇确定的初期，有几个投资者、是谁、多少钱、怎么出钱，是一定要明确的。这也就是所谓的立商期，也就是确定文旅小镇“家长”的时期。

以古北水镇为例，在项目初创的过程中，中青旅在2010年7月作为全资控股单位，注册资本2.1亿元，建立了北京古北水镇旅游有限公司，以实现古北水镇项目的建设、推进与开发。此时，古北水镇已经明确了最初的项目投资与开发主体。

7.1.2 建设招商期

由于文旅小镇本身的特性，往往涉及多方面的综合开发与管理。与传统的地产开发、旅游园区的开发不同，其面积较大（一般在1平方公里以上），产品类型复杂，业态可包括观光、体验、休闲、居住、商业、配套、产业等多元化的业态，因此很难由单个企业或者仅凭地方政府一方的力量来解决小镇未来在生长与发展过程中的复杂问题。所以大部分的文旅小镇都需要通过招商，或者吸纳更多开发主体的方式实现对小镇的运营、开发，引来更多投资。这一时期最困难的问题在于：一方面，小镇在初期，很难在市场上建立较强的品牌与投资信心；另一方面，如果招商的门槛过低，容易产生过多的业主，导致未来小镇开发不能按照预期思路进行，而变成一个大杂烩。而门槛过高，又会产生融资成本加大，融资能力降低的现实问题。所以在项目方案最初规划与分期设计的过程中需预先考虑建设期时的资本融入，结合项目发展进行规划就得考验设计团队的能力与智慧了。所以很多地方的文旅小镇要么在长久的建设过程中一边建一边等，要么转手招来一批小微商户。把一个村镇拆迁，换了业主依然建成了普通村镇，没有特色、没有生活、没有产业，只是把一堆建筑换成了另一堆建筑而已，小镇依然没有生命，没有灵魂。大多数失败的文旅小镇就是在这一步都没有迈过，于是倒在了前行的路上。

在建设招商与融资过程中，古北水镇项目公司面对总体开发高达40亿的建设资金，通过了多重方式进行融资。

首先，在2011年6月，古北水镇旅游公司通过中青旅提出保函的形式从《北京和谐成长投资中心》借到了一亿元人民币，借款期限一年。

同年，项目公司以2.59亿元的价格获得了首期717.54亩的建设用地。年底又以1.94亿元的成交价格，取得359亩土地（其他项目土地以租赁的形式获取）。中青旅在拿到土地后，联合龙湖地产推出6.8万平方米的“长城原著”地产项目，为前期巨大投资实现资金平衡。

2011年12月，引入战略投资者乌镇旅游公司和IDG，使得项目公司注册资本由2.1亿元增至5亿元，增资后中青旅持股42%，乌镇旅游持股18%，IDG资本持股40%。

2012年8月，古北水镇旅游公司再次引入战略投资者京能集团进行增资扩股，投资五亿元占股20%。增资后古北水镇旅游公司自有资金达到15亿元，此时，项目公司的资金已基本完成了最初始的资金融资。

随后，项目公司以项目土地及地上建筑为抵押物，从中国银行北京分行、交通银行北京分行一共获得合计15亿元为期十年的银团贷款，加上公司自有资金，项目建设资金已达到30亿元。

2013年5月，项目公司各股东方共同对古北水镇公司进行增资，合计增资金额3.02亿元，由于中青旅持股比例下降，古北水镇不再纳入财务报表合并范围，变更为联营子公司。

2013年10月，项目一期开业，2014年元旦开始试运营，水镇大酒店及部分民宿客房开始接待游客，部分游览景点、文化展示体验区、商铺和特色餐饮同步推出。试营业几个月后的清明节假期，游客量便迎来大爆发，日均客流量达到两万人次。

2014年7月，古北水镇各股东按持股比例对公司进行增资，共计出资8亿元，将注册资本由13.02亿元增至15.32亿元，为新增项目开发提供资金，降低财务费用（资料来源：搜狐财经，《说说古北水镇特色小镇融资案例》）。

古北水镇的成功从某种意义上而言，除了其强大的运营团队与良好的旅游市场外（北京大量的人口与旅游需求），更多的是来源于其良好的资本运作与投资模式的设立，从最初的主体设立，到招商、融资、资金滚动，都有良好的操作，才最终使得一个美丽而舒适的文旅小镇得以呈现。

7.1.3 运营养商期

如果说前期投融资更多的目的是为了建设，那么当文旅小镇进入了运营期，一方面要考虑到盈利与资金回收，另一方面要考虑后续建设及发展投入。在这个过程中，项目的运营情况、人流量、项目的品牌、美誉度等因素不仅会影响项目在运营期间的资金回收速度，同时也会影响未来后续可能参与的投资者的信心。古北水镇的龙湖原著2016年销量2000余套，2017年，长城源著的半山叠院组团入世，不断的地产开发与建设随着古北水镇项目对土地溢价的拉升使其获利能力显著提升。而更多的人也不断关注项目的开发，于是古北水镇自身的文旅运营，加之周边连续不断的地产开发，与日俱增的资金收益，让整个文旅小镇进入了一个良性循环的过程之中。虽然古北水镇在最初规划时的成本回收周期预估在8 ~ 10年之间，但就现在的客流量及周边项目的开发量而言，其成本回收周期应比其预估要短得多。

7.2 商业模式设计

从概念上而言，商业模式是一种指企业从生产到交付再到盈利的组织关系。A business model describes the rationale of how an organization creates, delivers, and captures value（引自：*Business Model Generation,* Alexander Osterwalder, Yves Pigneur, Alan Smith, and 470 practitioners from 45 countries, self-published, 2010）。这一关系中涉及多方面内容的组织，包括产品价值、消费客群、销售渠道、客户关系、价值配置、核心能力、价值链、成本结构、收入模型、裂变方式等。

文旅小镇的商业模式简单而言就是文旅小镇的开发者从投入到产出这一过程组织的设置方式。和其他的地产开发或区域开发相比较而言，旅游特色小镇的开发内容更为复杂，而这一复杂性除了本身所具有的产品与业态外，也会涉及更为复杂的土地性质（可建设用地、基本农田、林地、宅基地等）。并且大多数旅游型的特色小镇都会通过流转或租用的方式来获得土地，进行旅游核心内容的建设与运营，因为这样能够以更为快捷与廉价的方式取得土地的使用权或某个区域的经营权。因为在国内很多适宜做旅游特色小镇的地方都有可能有文物古建、生态涵养区域、林地、耕地等不宜进行土地调整与入市建设的土地。开发者在进行商业模式设计的时候，针对不同的土地应该考虑设置不同的盈利方式，在旅游小镇整体上考虑多元的盈利可能性。

对于一个旅游特色小镇而言，其收入主要来源于外来游客或者说外来的使用者（居住者）。因此，无论产品的投入方式如何，最终对于开发者而言，收入大于成本是核心目标。而收入的方式可以是出售产品（地产）或租赁的形式，或者通过其他金融方式做大估值，以股权的形式来实现最初的投资升值。因此，整体而言，在旅游特色小镇的开发过程中，可以对小镇中所有的开发内容依据所有权情况，进行三个大层面的划分，即自持型产品、持售兼顾型产品和出售型产品。

7.2.1 自持型产品的商业模式

尽可能地利用宅基地、流转用地、自然资源（山体，林地，农田等）以及不可将其产权转化为开发者所有的场地进行产品设置。这类产品的主要目的是实现小镇的品牌、周边土地增值、小镇文化与特色的建立。因为这里产品的收益更多依靠项目收益，如门票、租赁、使用收益来实现，所以其回收周期较长的特点令产品本身投入建议从产品收益入手，考虑回收能力与回收周期，在可接受的回收周期内预估可以回收的资金量，以该资金量结合其他方面的盈利性收入来决定投入。公式如下：

预估收入年限×（年收入−年运管成本）+出售型产品盈利+产业盈利+政策可取得资金=自持产品可投入的最大资金量

7.2.2 持售兼顾型产品的商业模式

短时间内无法实现盈利的产品，但具备较强升值能力，或既具备售卖条件又同时具有短期收益能力的产品，例如小镇的商街，虽然可以进行售卖，但考虑到整体商街业态的合理性，若进行大面积售卖可能产生业态的同质化或经营的混乱。在这种情况下，可以考虑对局部进行售卖，而另一部分短期并不售卖，以开发者结合本地居民共同经营的方式将商街的氛围、特色、环境、景观进行打造与运管，当商街实现了开发者预期的效果时再分区、分期地逐步推向市场进行出售。这样，在前期既能实现商街本身的风格与调性的打造，同时也有一定短期的、较小的获利能力，更多的利润则来源于商街氛围构筑完成后整体商街、小镇的估值上涨，最终在商铺具有更好获利能力的时间进行退出。

文旅小镇商业街的持售比是持售兼顾型产品所需要核心考虑的问题。该比例应尽量在考虑不影响整体商业氛围与特色的情况下，结合资金情况尽可能多地在前期进行持有，后期尽可能出售。分析全国文旅小镇的商街持售比情况可以看出，初期（开园）应控制在70%以上的持有比例，以便控制运营与招商业态；而中期可以做到40%以上的持有；后期即使整体退出，也应考虑留有10%左右的自持商铺，以实现对商街一定的影响度。当然，具体的项目还应根据其财务与运营等多方面因素进行综合考虑。

7.2.3 出售型产品的商业模式

主要为房地产产品，也包含一部分大型的项目，如农业产品深加工的厂房、饲养场等，可以完全由另一投资商完全持有产品。这类产品的盈利点一方面在于本身所处的区域拥有较低地的土地成本与较好自然资源环境，另一方面依托于旅游特色小镇在其特色构建完成，或建立良好的品牌与口碑后所产生的土地增值，如秦皇岛的阿那亚、北京的古北水镇，在其文化特色没有建立前收储土地，开始进行地产建设，在完成品牌与知名度的打造后，以较高的估值进行售卖，可以在实现良好去化率的同时拉高盈利能力。对于旅游特色小镇而言，这部分内容其实是开发者能够在前期盈利的一个较好的保障。因此，大部分的文旅小镇开发者更愿意把这部分收益的预估作为评估整个项目基本收益的一个前提，来倒推未来对小镇文旅特色建立的可用资金。

除了以上从旅游特色小镇本身产品角度而言的投入与收益外，就商业模式而言，文旅小镇还具备金融退出的可能性，如通过基金、股市、众筹，包括股权期权的再分配等方式进行盈利。但无论哪种方式最终实现盈利，都需要开发者真真正正地能够将小镇本身的市场估值拉升。而这一切则需要在建设的过程中真正地结合市场、产业以及产品质量进行建设，否则没有良好市场信心的产品很难得到金融市场的青睐。因为，当所有的人都觉得米要涨价的时候，米就真的可以涨价了。

7.3 分期建设计划

旅游特色小镇的建设在分期方面，除了如同普通的新兴小镇一样需要遵循一定的建设分期规律外，旅游类型的特色小镇还应从其特色构建进行分期。其实对于一个1～3平方公里的特色小镇而言，分期建设在所难免。因为旅游特色小镇开发的资金总量基本都在百亿级别，而开发资金是由多方面渠道获得，有政府的钱、企业的钱、资本市场的钱、银行的钱，甚至有时候还会有民资在开发时注入。

分期开发本身不仅仅是场地或建筑物的分期，更应思考的是资本的增长与变化、盈利与投资的分期、特色小镇升值的过程。对于旅游类型特色小镇而言，依照COD（特色导向型发展）模式进行分期建设显得十分重要。小镇的建设首先应树立其特色“C”（Character）。因为在首期的开发过程中，令资本树立信心、让游客产生兴趣、使政府赢得信赖都需要构建足够强大的核心特色。

7.3.1 项目分期的重要作用

项目分期建设的过程具体会影响到以下几个方面。

（1）风貌与主题的确定

项目分期对于特色小镇整体的风貌与定位至关重要。因为一个小镇项目在建设过程中受资金与土地供给的影响非常大，很多时候在规划阶段所确定的风貌与小镇主题很可能因为实际情况而发生偏移，偏移的幅度一旦超出原本所规划与计划的开发节奏时，就很可能造成项目的平庸。因此，在分期建设时，建议以不偏移其风貌特点和主题定位为原则，在首期开发的过程中，将项目的风貌与主题进行尽可能准确的建设，这不仅会增加对未来后续资金的吸引力（融资），同时也能够为引起市场爆发提供契机。如果确实面对资金不足的困扰，更建议开发者通过缩减开发规模、增加开发分期阶段的方式来保证项目风貌与主题定位的完整性与特色性。

（2）品牌与 IP 的建立

品牌的树立大多通过良好的市场口碑形成，但对于一个新生事物，在没有过多的口碑累积时，是需要一个市场热度对其进行推广的。如果有幸能够创造一个爆款，如古北水镇或者袁家村，那么将无疑成为一把打开市场大门的金钥匙。即使不能够在“出生”时就实现轰动，也需要在分期时对品牌塑造进行合理的考虑与计划，这将对品牌与IP最终推向成熟、形成市场口碑产生重要的影响。

（3）资金与融资的考虑

开发企业的自持资金及融资过程中资金的到位情况，会对设定开发时序带来最直接的影响。对于开发分期，大多数企业会选择对自持资金投入相对较少，而盈利较快的区域或产品进行开发。就风险控制与企业成本回收而言，这无可厚非，但这往往也是造成后期开发乏力、项目平庸化的重要原因。因此，对于开发分期计划而言，更好的方式是先对整体盈利预估进行考虑，再在企业可接受的范围内选取首期开发的项目，以推动后续。因为对于一个特色小镇而言，其根本的盈利还是在中后期，而前期盈利只是为了更好地让小镇能够有足够的资金推动下去。这一点与传统的房地产开发分期更多地追求资本原始积累，是大不相同的。

（4）运管与招商的提升

招商是一个特色小镇在分期与建设过程中不可避免要面对的问题，而招商分期其实是很多项目开发者经常忽略的一个问题，因为招商大多数会因产品分期而走，比如前期建了商业街，就对餐饮、零售、文创等内容进行招商，而中期做了一些体验性项目，又开始对项目运营团队及项目本身进行招商，最后引入了酒店，再去找酒店的专业团队与品牌。其实这么做对于项目操作本身不会构成影响，但如果首期没有很好地招到商街的商户，招来的大多是一些个体户、业余团队，那么对于后期酒店的引入可能就无从下手了。因为本身小镇的内在特质与氛围已经被破坏，而之后的招商定位不得不因为首期招商的结果而延续，形成了越廉价越招不到商的现象。因此，对于招商，建议先考虑企业自身所擅长的招商领域，即使在前期只招到一个品牌酒店和个别的体验项目经营团队，只要真正能让商户入驻并引发人气，对后续企业不擅长的招商领域也会有良好的引发作用。

（5）土地与资源的供给

土地供给是特色小镇在打造过程中所面临最大的问题，几乎没有哪个特色小镇能够在建设前获得所有的建设土地，大多数都是在分期建设的过程中不断随着土地供给的增加而加大建设规模，甚至有些特色小镇的建设也在土地、拆迁等问题上面对不得不一拖再拖的现实。但不管后续土地的供给情况是否如分期规划所做的如约而至，在分期时也应做好足够的准备。在确定首期土地及完成初步开发的情况下，尽可能地将最不利的因素考虑进来，这样对于企业分步实施开发有良好的风险控制作用。同样的，有些特色小镇面临一些水体整治、河道治理，或者政府的政策扶持方面的问题，也需要在做分期方案的时候进行合理的布局与考虑。

（6）产业的孵化

对于特色小镇而言，产业的树立至关重要，产业导入不足，很可能成为最终特色小镇申报的绊脚石。然而产业的引入不是朝夕之事，产业的孵化与孕育更需要时间。因此，产业生长与分期规划也密不可分。在这一方面，导入一个具有示范性或者可带动其产业发展的企业入驻在首期是不二之选。而在分期方面的考虑也应结合产业发展规律进行一定的组织与安排。

7.3.2 分期建设计划

结合以上分期所要考虑的影响，建议从大的方面先进行首期、中期、末期的考虑。因为这三个分期是几乎所有特色小镇都会面对的，也可以称之为小镇的初始期、完善期、成熟期。而对于开发企业所常用的1、2、3、4、5期等，也更多的是在这三个分期阶段进行的细化分期与拆分或者对这三期的合并。因此，对小镇分期从以下三个分期阶段进行考虑：

（1）首期树品牌

既然旅游特色小镇的核心是特色，那么首期的特色建设将成为整个分期计划中的重中之重。有幸的是，大多数企业对这一点非常重视，并且一而再、再而三地进行思考与论证。因此，大多数旅游特色小镇的首期还算是整个分期里关注度最高的一期。也正因为其重要影响，很多企业与政府在首期的开发过程中不知所措，将资金、特色、风貌、运管、盈利、资源等一系列问题综合考虑，最终难免举棋不定。因此，对于首期建设而言，建议以品牌作为首要因素进行思考，然后结合其他如资金、运管、盈利等作为次级考虑。但这并不是说资金、运管、盈利等因素不重要，只是因为首期如果无法树立一个品牌，或者一个独特的特点，那么考虑再多其他因素也只是纸上谈兵，或者说最终也只是建了一个小镇而没有特色。

可以以苹果手机的发展历程作为借鉴。iPhone第一代在2007年推出时，史蒂夫·乔布斯在这个没有键盘，而是创新地引入了多点触摸（Multi-touch）屏界面，采用全屏触控，具有强大智能扩展性的iPhone系列产品开始改变整个手机世界。而在其后2008年，第二代iPhone3G可以使用3G网络（iPhone 第一代可以使用的网络为2.5G），除此之外，它与第一代相比在外形上也有所改变，并内置GPS。2009年6月9日，苹果公司推出iPhone 3GS，并于2009年6月19日正式上市。iPhone 3GS多出来的“S”是指Speed，也就意味着第三代iPhone在速度上有改进与提升。另外，第三代iPhone显示屏效果相对于前两代产品有所提升。2010年全新的iPhone第四代手机发布，相对于前面三代产品，iPhone 4的升级幅度非常大，因为这时前三代的热卖与市场信心使第四代可以获得大幅度的资金投入与研发，并且实现盈利的机会倍增长。其升级包括：处理速度非常快速；屏幕分辨率提升至940×640像素，并采用与iPad相同的IPS/FFS液晶屏，显示效果几乎完美；全新的动作感应系统，支持六方向感应；全新的拍照系统，摄像头升级至500万像素并支持5倍数码变焦及触控对焦，配备闪光灯，支持30帧每秒的720P视频拍摄等等。而之后的

iPhone5和iPhone5S又对其形态与材质进行了全面的提升。直到后面的第六代、第七代、第八代，直至iPhoneX，都实现了不同的提升。而无论怎么提升，都可以很清楚地看到，iPhone在第一代的时候就塑造了一个前所未有的手机世界、一个完全引发市场轰动效应的品牌。不管人们最初是否喜欢第一代iPhone，或者在之后对第八代有所诟病，但iPhone本身良好的操作系统与极简主义的设计风格贯穿始终。

如果将一个小镇的分期建设也视作一种工业产品的开发，那么其最初所要面对和树立的也是其品牌与独特的调性。很多时候，即使可以在后期进行调整与更新，但更新一个品牌永远要比全新建立一个良好的市场品牌困难得多，这也正是我们对首期品牌建立如此重视的原因。如果一个项目在首期无法获得良好的收益与盈利，那么或许可以放到中期或后期来实现，只要建设没有完成都可以后续补充。但如果首期对项目品牌造成破坏，中后期为了重塑品牌所要付出的代价则不可估量。

（2）中期做盈利

对于开发者而言，在首期为旅游特色小镇建立了良好的品牌并吸引了足够的游客量后，中期则应将重点考虑放在盈利方面。一方面，首期的铺垫已经令小镇具有了初始的市场影响力，如同一部电影，已经完成了拍摄，可以在影院上映了，那么接下来要做的就是尽可能地将其品牌价值与特色构建落实到资金回流方面；另一方面，经过了首期的开发，开发企业、政府已经开始从投资走向了负债，中期的盈利是保障小镇建设继续推进的根本。

中期的盈利不仅应考虑小镇新的商业项目的设立，同时也应注重融资方式的构建，如股权分割、银行贷款、基金吸纳等。这些新注入的资金都会使开发者将原本构建的品牌与无形价值转化为货币。在转化过程中，应注意的一点是要控制资本涌入对特色小镇本身产生的不良影响，例如小镇特色不再鲜明、非特色商业项目过多、地产开发量过大将原本的特色小镇变成了地产与商业街的组合、吸纳资金成本过高使得小镇的开发方向发生转变，等等。只要在不影响其本身特色与品牌的情况下，还是应更多地考虑良性资金的吸纳。

当然，旅游特色小镇的盈利能力除了需要对中期的盈利进行计划与规划外，还应结合整体的商业模式进行论证，否则如果只考虑分期而不考虑整体的商业模式，也无法在中期建设中拉高收益。

（3）末期立口碑

一般而言，如果首期和中期能够按照开发者所制定的计划完成品牌与盈利的建设，在末期更多的是对硬件的完善，这一部分内容更多地来源于对运管过程中所发现的问题与瑕疵进行修正。比如游客服务设施的完善、更高水平运管团队的引入、人才的提升、已建设内容的补充，等等。这一阶段投资更多来源于中期盈利的资金，但末期的完善会令整个项目走向新的高度。比如乌镇，其本身已经非常完善和成熟，但依然在不断地对小镇进行完善和更新，如对风貌、环境、建筑等进行更新、修订与改善，互联网大会的举办、乌镇艺术节的开幕、商户商家的管理等，都成为乌镇从国内走向国际的重要因素。虽然并没有大范围的建设与开发，但乌镇的估值却日新月异。因此，在末期以及之后稳定发展的过程中，所要更多考虑的则是其口碑以及美誉度的提升。并且，这一方面的提升也将会令整个小镇获得更多的成就与收益。

7.4 运营与管控

对于旅游特色小镇开发者来说，小镇的运管包含了两方面内容：一方面属于开发者自身的意愿，也就是我们常说的运营，是开发者主动进行团队组建、项目管理、资金回笼、品牌建立等方面的工作；而另一方面，则是非开发者意愿或因客观失控而造成的现象，如乱停车、小摊小贩、不良经营、商家同质化、恶性竞争、火灾损毁等。对于后者开发者更多通过规则的制定、政府的干预等方式进行管控。从实际情况而言，管控要比运营难度更大，因为能够成为“现象”的基本上都并非朝夕之事。并且相对运营这一主动行为而言，管控更多的是被动地对事物进行处理与处置。

7.4.1 旅游特色小镇的运营

旅游特色小镇与其他产业特色小镇相比而言运营的难度更大，如果说特色产业小镇，如基金产业小镇、农业产业小镇、电商小镇等，更多的是依靠成熟的产业自身的运营方式而运作，那么旅游特色小镇由于其大量的文旅内容，需要投入更多的精力在文化和旅游、商业等方面进行运营。旅游特色小镇的直接收益也与运营水平有直接的关系。就其运营方面而言，应重点关注运营目标、运营方式以及运营收益三个方面。

（1）运营目标

运营目标是旅游特色小镇在引入运营团队时所应考虑的首要内容，因为不同的旅游特色小镇具有不同的运营需求，比如古北水镇的运营目标更多地指向游客体验与商业收益（酒店、餐饮、购物等），因此其运营团队更多的是由有商业运管能力的团队构成，包括酒店、餐饮、表演等内容；拈花湾由于其大量的居住功能和禅修文化活动的特性，在运营方面更加注重居住环境和禅佛文化体验活动的保持与提升；而白鹿原影视艺术小镇则需要将更多的目光集中在影视旅游综合体的体验方面，因此它对运营团队的培育则会更加注重与影视的结合，与媒体的互动、体验效果等方面；江油青莲国际诗歌小镇则更加强调文化方面的宣传与文创题材内容的建立，这也注定了其运营更多地需要与文化界建立良好的联系，并且能够对诗歌文化有所演绎。

不同的运营目标将决定不同运营团队的引入。结合运营目标来制定运营方式、运营团队以及运营收益计划将会对特色小镇有积极的推动作用。因此，确定运营目标是旅游特色小镇所需要明确的内容。事实上，有很多旅游特色小镇由于其运营目标不明确，吸纳了景区运管团队、商业运管团队，以及地产物业等多方面的组合，最终使得旅游特色小镇只有旅游没有特色。

（2）运营方式

不同的运营目标决定了不同的运营方式，当然，这也与旅游特色小镇本身的特色有关。比如袁家村，其运营方式更多的是整体统一、商户运营。不同的餐饮由店家自行运营，在总体的运营方面只要制定统一的管理规则，明确到每个商户，就可以令整个袁家村呈现良好的运营状态。就大多数旅游特色小镇运营方式而言，都是统一管理与商户（企业）自主运营相结合的方式，但这并不意味着不能由企业对商街或酒店等内容进行独立管理。只是由于旅游特色小镇体量相比景区要大得多，如果完全以一个企业进行整体运营会带来很大的运营难度，因此造成了最终的多元化运营方式的存在。但就小镇本身而言，影响其特色的内容还是应该由一个相对较为完整及富有经验的团队进行运管，再对其他非核心项目，如商街、餐饮等进行差异化管理。这样做的好处是，一方面不会造成运营团队过于庞大，管理规则过于单一，商户积极性不高等弊病；另一方面也可以对小镇特色进行连续化的提升与塑造。

（3）运营收益

运营收益对于旅游特色小镇而言是多方面的，包括直接的资金收益与品牌收益。古北水镇的成功之处在于其运营团队很好地做出了小镇的品牌，而这一品牌无论是小镇本身还是其地产项目（龙湖长城原著）都实现了资金收益的增值与小镇自身的估值提升。因此在运营收益方面，开发者除了应关注其本身的直接资金收益外，应将更多的运营重点放在品牌收益方面，虽然这一收益是无形收益，但一旦转为有形收益，将会拉高整体项目估值与盈利能力。不过无论是有形收益还是无形收益，运营收益都是在开发者制定运营计划与选择运营团队时所要综合考虑的内容。

7.4.2 旅游特色小镇的管控

旅游特色小镇的管控主要是对小镇在运营过程中所产生的非预期内容进行人为的纠正与干预。良好的游戏规则比现场操控游戏要重要得多。大多数产生管理问题的旅游特色小镇，如欺客宰客、小摊小贩、恶性竞争等现象，很多人将其归结于政府的管控能力不足或管控力度不够，但纵观国外的特色小镇，其当地政府几乎对小镇本身并没有投入过多的现场管理者，如国外的警察、国内的城管，而更多的是依靠良好的经营规则进行约束，通过法律本身进行管控。国内造成这一混乱的主要原因是小镇经营规则不明确以及对收益分配考虑不足等，完全将小镇管控不足归罪于地方政府是有失公允的。因为一方面，虽然地方政府对小镇本身有管控责任，但由于旅游特色小镇一般都有很高比例的外来流动人口（游客），这使得地方政府需要投入大量人力的同时，也需要面对多重管理难度；另一方面，地方政府本身也并非景区管理者，无法做到时时管、事事管的程度。很多小商小贩城管来了收摊、城管走了摆摊的现象屡见不鲜。

因此，想要真正做到有序的小镇运营管控，需要在制定明确规则的同时，对当地居民的利益分配有合理的考量，让当地居民将小镇的收益与自身利益相挂钩。这样才能令游客有好的游览心情，小镇本地居民有良好的秩序意识。秩序一旦被破坏，损失最大的不是游客，而是小镇本地居民的长远收益。

（1）管控内容

管控内容的制定主要是对小镇可能面对的问题的预估，如汽车乱停、小商小贩随地摆摊、商户欺客宰客、安全方面的意外事故等。这需要小镇经营者对可预估的内容进行详细的罗列，再针对每一项内容明确其管控对象，制定相应的管控措施。很多旅游特色小镇有着混乱的经营环境，其根本原因是运营者对于管控内容的疏漏与忽略。一旦问题成为习惯，再进行管理与惩罚，收效都不会很好。

值得一提的是，大部分的旅游特色小镇，对于管控内容，会将注意力更多地放在经营性项目以及安全方面，比如商户的经营行为管控、防火防灾、景区安全等，但却缺乏对细节的考虑，如对五一、国庆假期瞬时游客量暴增的管理，特殊自然条件（暴雨、大雪等）的应对等，这些都属于管控内容的范畴，应一并予以考虑。

（2）管控对象

管控对象除了对小镇产生不良影响的经营者、破坏者和干扰者之外，还应考虑产品品质保障、硬件设施修护、生态环境维持、人流量控制等。也就是说管控对象不仅仅是针对人，也需要对物、对事进行管控，应在经营过程中结合经营经验制定相应的对策，比如对小镇内假货、侵权货物的查处，易燃易爆品的管控，游乐设施安全性的规律性检查等。针对人的管控，一方面需要依靠法律与地方政府所制定的社会管理规则来进行；另一方面也需要对管控对象之所以产生相关行为问题的原因进行分析，比如小商小贩的摆摊设点更多是由于当地村民的收入、就业存在困境了，游客乱丢垃圾也许是因为垃圾桶设置不足，踩踏事件发生也许是因为交通组织不善，等等，这些都是造成现象的原因，分析原因才能更好地对事情本身进行管控。针对物与事件的管控，更多的则是需要由小镇的经营者来进行，比如对商户商品品质的约束，要求入驻商户假一罚百,一旦出现质量问题必须进行加倍赔偿，餐饮出现问题、不达标立刻对商户进行处罚等，这些都需要为管控对象制定明确的管理规则，使其形成良好的行为习惯。

（3）管控方式

管控方式是对管控内容与管控对象的解决之道，也就是处理问题的方案。但就方式本身而言，不可以一成不变，而是需要针对旅游特色小镇在发展过程中不断发生的变化制定相应的规则与管控方式。比如有的小镇在初期游客较少，停车免费，随着知名度越来越高，更多的人来到小镇游览、休闲、购物，停车场车位不足，开始收费。与停车场经营接踵而来的是小镇虽然有自己的集中停车场，但村民以更低廉的价格在路边招收吸引游客，游客更愿意将车停在村民的院子里，这一现象无疑造成很多原本规划为步行道的区域有车乱停，很多规划的停车场大量空置的结果，无论是城管还是小镇本身的经营者都很难管控，因为管控本身就会造成村民收益的减少，利益面前，又会有多少村民愿意遵规守矩呢？如果要从根本上管控这类现象，则需要从收益入手，比如建立免费的停车场，或者将停车场收益与当地村民共享，雇用当地村民作为停车场的管理员。这样既不用在小镇门口挂禁止乱停乱放的牌子影响风貌，也不需要大量的管理人员加班加点。但无论是哪一方面，都应更多地考虑疏导而非惩罚，因为惩罚本身改变不了混乱的本质，只会将一个方面的问题推向另一个方面。

运营与管控其实是相辅相成、密不可分的。在开发者考虑运管的同时应结合考虑管控，将两者相互结合，这样才能将特色小镇的特色很好地保持，将来到小镇的游客变成愿意在这里生活和居住的常客。

附录

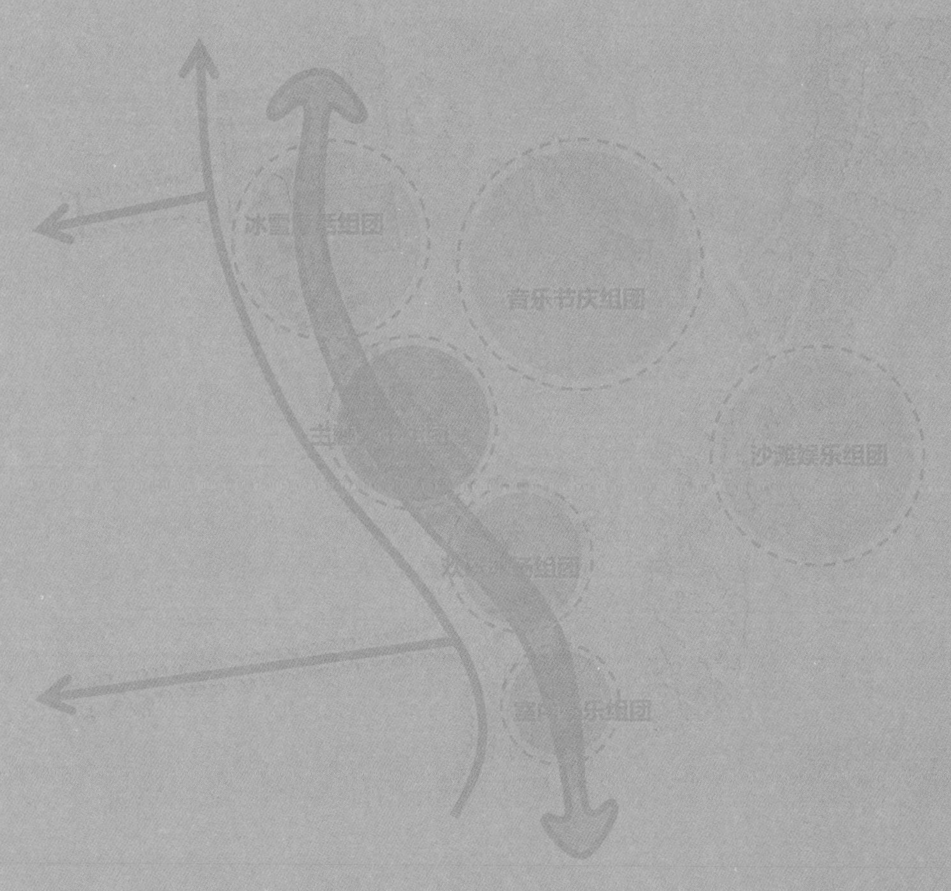

附录1

住房城乡建设部　国家发展改革委
财政部关于开展特色小镇培育工作的通知

建村［2016］147号

各省、自治区、直辖市住房城乡建设厅（建委）、发展改革委、财政厅，北京市农委、上海市规划和国土资源管理局：

为贯彻党中央、国务院关于推进特色小镇、小城镇建设的精神，落实《国民经济和社会发展第十三个五年规划纲要》关于加快发展特色镇的要求，住房城乡建设部、国家发展改革委、财政部（以下简称三部委）决定在全国范围开展特色小镇培育工作，现通知如下。

一、指导思想、原则和目标

（一）指导思想

全面贯彻党的十八大和十八届三中、四中、五中全会精神，牢固树立和贯彻落实创新、协调、绿色、开放、共享的发展理念，因地制宜、突出特色，充分发挥市场主体作用，创新建设理念，转变发展方式，通过培育特色鲜明、产业发展、绿色生态、美丽宜居的特色小镇，探索小镇建设健康发展之路，促进经济转型升级，推动新型城镇化和新农村建设。

（二）基本原则

坚持突出特色。从当地经济社会发展实际出发，发展特色产业，传承传统文化，注重生态环境保护，完善市政基础设施和公共服务设施，防止千镇一面。依据特色资源优势和发展潜力，科学确定培育对象，防止一哄而上。

坚持市场主导。尊重市场规律，充分发挥市场主体作用，政府重在搭建平台、提供服务，防止大包大揽。以产业发展为重点，依据产业发展确定建设规模，防止盲目造镇。

坚持深化改革。加大体制机制改革力度，创新发展理念，创新发展模式，创新规划建设管理，创新社会服务管理。推动传统产业改造升级，培育壮大新兴产业，打造创业创新新平台，发展新经济。

（三）目标

到2020年，培育1000个左右各具特色、富有活力的休闲旅游、商贸物流、现代制造、教育科技、传统文化、美丽宜居等特色小镇，引领带动全国小城镇建设，不断提高建设水平和发展质量。

二、培育要求

（一）特色鲜明的产业形态

产业定位精准，特色鲜明，战略新兴产业、传统产业、现代农业等发展良好、前景可观。产业向做特、做精、做强发展，新兴产业成长快，传统产业改造升级效果明显，充分利用“互联网+”等新兴手段，推动产业链向研发、营销延伸。产业发展环境良好，产业、投资、人才、服务等要素集聚度较高。通过产业发展，小镇吸纳周边农村剩余劳动力就业的能力明显增强，带动农村发展效果明显。

（二）和谐宜居的美丽环境

空间布局与周边自然环境相协调，整体格局和风貌具有典型特征，路网合理，建设高度和密度适宜。居住区开放融合，提倡街坊式布局，住房舒适美观。建筑彰显传统文化和地域特色。公园绿地贴近生活、贴近工作。店铺布局有管控。镇区环境优美，干净整洁。土地利用集约节约，小镇建设与产业发展同步协调。美丽乡村建设成效突出。

（三）彰显特色的传统文化

传统文化得到充分挖掘、整理、记录，历史文化遗存得到良好保护和利用，非物质文化遗产活态传承。形成独特的文化标识，与产业融合发展。优秀传统文化在经济发展和社会管理中得到充分弘扬。公共文化传播方式方法丰富有效。居民思想道德和文化素质较高。

（四）便捷完善的设施服务

基础设施完善，自来水符合卫生标准，生活污水全面收集并达标排放，垃圾无害化处理，道路交通停车设施完善便捷，绿化覆盖率较高，防洪、排涝、消防等各类防灾设施符合标准。公共服务设施完善、服务质量较高，教育、医疗、文化、商业等服务覆盖农村地区。

（五）充满活力的体制机制

发展理念有创新，经济发展模式有创新。规划建设管理有创新，鼓励多规协调，建设规划与土地利用规划合一，社会管理服务有创新。省、市、县支持政策有创新。镇村融合发展有创新。体制机制建设促进小镇健康发展，激发内生动力。

三、组织领导和支持政策

三部委负责组织开展全国特色小镇培育工作，明确培育要求，制定政策措施，开展指导检查，公布特色小镇名单。省级住房城乡建设、发展改革、财政部门负责组织开展本地区特色小镇培育工作，制定本地区指导意见和支持政策，开展监督检查，组织推荐。县级人民政府是培育特色小镇的责任主体，制定支持政策和保障措施，整合落实资金，完善体制机制，统筹项目安排并组织推进。镇人民政府负责做好实施工作。

国家发展改革委等有关部门支持符合条件的特色小镇建设项目申请专项建设基金，中央财政对工作开展较好的特色小镇给予适当奖励。

三部委依据各省小城镇建设和特色小镇培育工作情况，逐年确定各省推荐数量。省级住房城乡建设、发展改革、财政部门按推荐数量，于每年8月底前将达到培育要求的镇向三部委推荐。特色小镇原则上为建制镇（县城关镇除外），优先选择全国重点镇。

中华人民共和国住房和城乡建设部

中华人民共和国国家发展和改革委员会

中华人民共和国财政部

2016年7月1日

附录2

住房和城乡建设部村镇建设司 关于做好2016年特色小镇推荐工作的通知

建村建函［2016］71号

各省（区、市）住房城乡建设厅（建委）、北京市农委、上海市规划和国土资源管理局：

根据《住房城乡建设部、国家发展改革委、财政部关于开展特色小镇培育工作的通知》（建村［2016］147号）（以下简称《通知》）的要求，为做好2016年特色小镇推荐上报工作，现将有关事项通知如下。

一、推荐数量

根据各省（区、市）经济规模、建制镇数量、近年来小城镇建设工作及省级支持政策情况，确定2016年各省推荐数量。

二、推荐材料

推荐特色小镇应提供下列资料：

（一）小城镇基本信息表。各项信息要客观真实。

（二）小城镇建设工作情况报告及PPT。报告要紧紧围绕《通知》中5项培育要求编写。同时按编写提纲提供能直观、全面反映小城镇培育情况的PPT。有条件的地方可提供不超过15分钟的视频材料。

（三）镇总体规划。符合特色小镇培育要求、能够有效指导小城镇建设的规划成果。

（四）相关政策支持文件。被推荐镇列为省、市、县支持对象的证明资料及县级以上支持政策文件。

以上材料均需提供电子版，基本信息表还需提供纸质盖章文件。

三、推荐程序

各省（区、市）要认真组织相关县级人民政府做好推荐填报工作，组织专家评估把关并实地考核，填写专家意见和实地考核意见，将优秀的候选特色小镇报我司。候选特色小镇近5年应无重大安全生产事故、重大环境污染、重大生态破坏、重大群体性社会事件、历史文化遗存破坏现象。我司将会同国家发展改革委规划司、财政部农业司组织专家对各地推荐上报的候选特色小镇进行复核，并现场抽查，认定公布特色小镇名单。

各省（区、市）村镇建设相关部门严格按照推荐数量上报，并于2016年8月30日前将候选特色小镇材料及电子版上报我司，同时完成在我部网站（网址：http://czjs.mohurd.gov.cn）上的信息填报。

中华人民共和国住房和城乡建设部村镇建设司

2016年8月3日

附录3

国家发展改革委关于加快美丽特色小（城）镇建设的指导意见

发改规划［2016］2125号

各省、自治区、直辖市、计划单列市发展改革委，新疆生产建设兵团发展改革委：

特色小（城）镇包括特色小镇、小城镇两种形态。特色小镇主要指聚焦特色产业和新兴产业，集聚发展要素，不同于行政建制镇和产业园区的创新创业平台。特色小城镇是指以传统行政区划为单元，特色产业鲜明、具有一定人口和经济规模的建制镇。特色小镇和小城镇相得益彰、互为支撑。发展美丽特色小（城）镇是推进供给侧结构性改革的重要平台，是深入推进新型城镇化的重要抓手，有利于推动经济转型升级和发展动能转换，有利于促进大中小城市和小城镇协调发展，有利于充分发挥城镇化对新农村建设的辐射带动作用。为深入贯彻落实习近平总书记、李克强总理等党中央、国务院领导同志关于特色小镇、小城镇建设的重要批示指示精神，现就加快美丽特色小（城）镇建设提出如下意见。

一、总体要求

全面贯彻党的十八大和十八届三中、四中、五中全会精神，深入学习贯彻习近平总书记系列重要讲话精神，牢固树立和贯彻落实创新、协调、绿色、开放、共享的发展理念，按照党中央、国务院的部署，深入推进供给侧结构性改革，以人为本、因地制宜、突出特色、创新机制，夯实城镇产业基础，完善城镇服务功能，优化城镇生态环境，提升城镇发展品质，建设美丽特色新型小（城）镇，有机对接美丽乡村建设，促进城乡发展一体化。

坚持创新探索。创新美丽特色小（城）镇的思路、方法、机制，着力培育供给侧小镇经济，防止“新瓶装旧酒”“穿新鞋走老路”，努力走出一条特色鲜明、产城融合、惠及群众的新型小城镇之路。

坚持因地制宜。从各地实际出发，遵循客观规律，挖掘特色优势，体现区域差异性，提倡形态多样性，彰显小（城）镇独特魅力，防止照搬照抄、“东施效颦”、一哄而上。

坚持产业建镇。根据区域要素禀赋和比较优势，挖掘本地最有基础、最具潜力、最能成长的特色产业，做精做强主导特色产业，打造具有持续竞争力和可持续发展特征的独特产业生态，防止千镇一面。

坚持以人为本。围绕人的城镇化，统筹生产、生活、生态空间布局，完善城镇功能，补齐城镇基础设施、公共服务、生态环境短板，打造宜居宜业环境，提高人民群众获得感和幸福感，防止形象工程。

坚持市场主导。按照政府引导、企业主体、市场化运作的要求，创新建设模式、管理方式和服务手段，提高多元化主体共同推动美丽特色小（城）镇发展的积极性。发挥好政府制定规划政策、提供公共服务等作用，防止大包大揽。

二、分类施策，探索城镇发展新路径

总结推广浙江等地特色小镇发展模式，立足产业“特而强”、功能“聚而合”、形态“小而美”、机制“新而活”，将创新性供给与个性化需求有效对接，打造创新创业发展平台和新型城镇化有效载体。

按照控制数量、提高质量，节约用地、体现特色的要求，推动小（城）镇发展与疏解大城市中心城区功能相结合、与特色产业发展相结合、与服务“三农”相结合。大城市周边的重点镇，要加强与城市发展的统筹规划与功能配套，逐步发展成为卫星城。具有特色资源、区位优势的小城镇，要通过规划引导、市场运作，培育成为休闲旅游、商贸物流、智能制造、科技教育、民俗文化传承的专业特色镇。远离中心城市的小城镇，要完善基础设施和公共服务，发展成为服务农村、带动周边的综合性小城镇。

统筹地域、功能、特色三大重点，以镇区常住人口5万以上的特大镇、镇区常住人口3万以上的专业特色镇为重点，兼顾多类型多形态的特色小镇，因地制宜建设美丽特色小（城）镇。

三、突出特色，打造产业发展新平台

产业是小城镇发展的生命力，特色是产业发展的竞争力。要立足资源禀赋、区位环境、历史文化、产业集聚等特色，加快发展特色优势主导产业，延伸产业链、提升价值链，促进产业跨界融合发展，在差异定位和领域细分中构建小镇大产业，扩大就业，集聚人口，实现特色产业立镇、强镇、富镇。

有条件的小城镇特别是中心城市和都市圈周边的小城镇，要积极吸引高端要素集聚，发展先进制造业和现代服务业。鼓励外出农民工回乡创业定居。强化校企合作、产研融合、产教融合，积极依托职业院校、成人教育学院、继续教育学院等院校建设就业技能培训基地，培育特色产业发展所需各类人才。

四、创业创新，培育经济发展新动能

创新是小城镇持续健康发展的根本动力。要发挥小城镇创业创新成本低、进入门槛低、各项束缚少、生态环境好的优势，打造大众创业、万众创新的有效平台和载体。鼓励特色小（城）镇发展面向大众、服务小微企业的低成本、便利化、开放式服务平台，构建富有活力的创业创新生态圈，集聚创业者、风投资本、孵化器等高端要素，促进产业链、创新链、人才链的耦合；依托互联网拓宽市场资源、社会需求与创业创新对接通道，推进专业空间、网络平台和企业内部众创，推动新技术、新产业、新业态蓬勃发展。

营造吸引各类人才、激发企业家活力的创新环境，为初创期、中小微企业和创业者提供便利、完善的“双创”服务；鼓励企业家构筑创新平台、集聚创新资源；深化投资便利化、商事仲裁、负面清单管理等改革创新，打造有利于创新创业的营商环境，推动形成一批集聚高端要素、新兴产业和现代服务业特色鲜明、富有活力和竞争力的新型小城镇。

五、完善功能，强化基础设施新支撑

便捷完善的基础设施是小城镇集聚产业的基础条件。要按照适度超前、综合配套、集约利用的原则，加强小城镇道路、供水、供电、通信、污水垃圾处理、物流等基础设施建设。建设高速通畅、质优价廉、服务便捷的宽带网络基础设施和服务设施，以人为本推动信息惠民，加强小城镇信息基础设施建设，加速光纤入户进程，建设智慧小镇。加强步行和自行车等慢行交通设施建设，做好慢行交通系统与公共交通系统的衔接。

强化城镇与交通干线、交通枢纽城市的连接，提高公路技术等级和通行能力，改善交通条件，提升服务水平。推进大城市市域（郊）铁路发展，形成多层次轨道交通骨干网络，高效衔接大中小城市和小城镇，促进互联互通。鼓励综合开发，形成集交通、商业、休闲等为一体的开放式小城镇功能区。推进公共停车场建设。鼓励建设开放式住宅小区，提升微循环能力。鼓励有条件的小城镇开发利用地下空间，提高土地利用效率。

六、提升质量，增加公共服务新供给

完善的公共服务特别是较高质量的教育医疗资源供给是增强小城镇人口集聚能力的重要因素。要推动公共服务从按行政等级配置向按常住人口规模配置转变，根据城镇常住人口增长趋势和空间分布，统筹布局建设学校、医疗卫生机构、文化体育场所等公共服务设施，大力提高教育卫生等公共服务的质量和水平，使群众在特色小（城）镇能够享受更有质量的教育、医疗等公共服务。要聚焦居民日常需求，提升社区服务功能，加快构建便捷“生活圈”、完善“服务圈”和繁荣“商业圈”。

镇区人口10万以上的特大镇要按同等城市标准配置教育和医疗资源，其他城镇要不断缩小与城市基本公共服务差距。实施医疗卫生服务能力提升计划，参照县级医院水平提高硬件设施和诊疗水平，鼓励在有条件的小城镇布局三级医院。大力提高教育质量，加快推进义务教育学校标准化建设，推动市县知名中小学和城镇中小学联合办学，扩大优质教育资源覆盖面。

七、绿色引领，建设美丽宜居新城镇

优美宜居的生态环境是人民群众对城镇生活的新期待。要牢固树立“绿水青山就是金山银山”的发展理念，保护城镇特色景观资源，加强环境综合整治，构建生态网络。深入开展大气污染、水污染、土壤污染防治行动，溯源倒逼、系统治理，带动城镇生态环境质量全面改善。有机协调城镇内外绿地、河湖、林地、耕地，推动生态保护与旅游发展互促共融、新型城镇化与旅游业有机结合，打造宜居宜业宜游的优美环境。鼓励有条件的小城镇按照不低于AAA级景区的标准规划建设特色旅游景区，将美丽资源转化为“美丽经济”。

加强历史文化名城名镇名村、历史文化街区、民族风情小镇等的保护，保护独特风貌，挖掘文化内涵，彰显乡愁特色，建设有历史记忆、文化脉络、地域风貌、民族特点的美丽小（城）镇。

八、主体多元，打造共建共享新模式

创新社会治理模式是建设美丽特色小（城）镇的重要内容。要统筹政府、社会、市民三大主体积极性，推动政府、社会、市民同心同向行动。充分发挥社会力量作用，最大限度激发市场主体活力和企业家创造力，鼓励企业、其他社会组织和市民积极参与城镇投资、建设、运营和管理，成为美丽特色小（城）镇建设的主力军。积极调动市民参与美丽特色小（城）镇建设热情，促进其致富增收，让发展成果惠及广大群众。逐步形成多方主体参与、良性互动的现代城镇治理模式。

政府主要负责提供美丽特色小（城）镇制度供给、设施配套、要素保障、生态环境保护、安全生产监管等管理和服务，营造更加公平、开放的市场环境，深化“放管服”改革，简化审批环节，减少行政干预。

九、城乡联动，拓展要素配置新通道

美丽特色小（城）镇是辐射带动新农村的重要载体。要统筹规划城乡基础设施网络，健全农村基础设施投入长效机制，促进水电路气信等基础设施城乡联网、生态环保设施城乡统一布局建设。推进城乡配电网建设改造，加快农村宽带网络和快递网络建设，以美丽特色小（城）镇为节点，推进农村电商发展和“快递下乡”。推动城镇公共服务向农村延伸，逐步实现城乡基本公共服务制度并轨、标准统一。

搭建农村一二三产业融合发展服务平台，推进农业与旅游、教育、文化、健康养老等产业深度融合，大力发展农业新型业态。依托优势资源，积极探索承接产业转移新模式，引导城镇资金、信息、人才、管理等要素向农村流动，推动城乡产业链双向延伸对接。促进城乡劳动力、土地、资本和创新要素高效配置。

十、创新机制，激发城镇发展新活力

释放美丽特色小（城）镇的内生动力关键要靠体制机制创新。要全面放开小城镇落户限制，全面落实居住证制度，不断拓展公共服务范围。积极盘活存量土地，建立低效用地再开发激励机制。建立健全进城落户农民农村土地承包权、宅基地使用权、集体收益分配权自愿有偿流转和退出机制。创新特色小（城）镇建设投融资机制，大力推进政府和社会资本合作，鼓励利用财政资金撬动社会资金，共同发起设立美丽特色小（城）镇建设基金。研究设立国家新型城镇化建设基金，倾斜支持美丽特色小（城）镇开发建设。鼓励开发银行、农业发展银行、农业银行和其他金融机构加大金融支持力度。鼓励有条件的小城镇通过发行债券等多种方式拓宽融资渠道。

按照“小政府、大服务”模式，推行大部门制，降低行政成本，提高行政效率。深入推进强镇扩权，赋予镇区人口10万以上的特大镇县级管理职能和权限，强化事权、财权、人事权和用地指标等保障。推动具备条件的特大镇有序设市。

各级发展改革部门要把加快建设美丽特色小（城）镇作为落实新型城镇化战略部署和推进供给侧结构性改革的重要抓手，坚持用改革的思路、创新的举措发挥统筹协调作用，借鉴浙江等地采取创建制培育特色小镇的经验，整合各方面力量，加强分类指导，结合地方实际研究出台配套政策，努力打造一批新兴产业集聚、传统产业升级、体制机制灵活、人文气息浓厚、生态环境优美的美丽特色小

（城）镇。国家发展改革委将加强统筹协调，加大项目、资金、政策等的支持力度，及时总结推广各地典型经验，推动美丽特色小（城）镇持续健康发展。

国家发展改革委

2016年10月8日

附录4

住房城乡建设部　中国农业发展银行关于推进政策性金融支持小城镇建设的通知

建村［2016］220号

各省、自治区、直辖市住房城乡建设厅（建委）、北京市农委、上海市规划和国土资源管理局，中国农业发展银行各省、自治区、直辖市分行，总行营业部：

为贯彻落实党中央、国务院关于推进特色小镇、小城镇建设的精神，切实推进政策性金融资金支持特色小镇、小城镇建设，现就相关事项通知如下：

一、充分发挥政策性金融的作用

小城镇是新型城镇化的重要载体，是促进城乡协调发展最直接最有效的途径。各地要充分认识培育特色小镇和推动小城镇建设工作的重要意义，发挥政策性信贷资金对小城镇建设发展的重要作用，做好中长期政策性贷款的申请和使用，不断加大小城镇建设的信贷支持力度，切实利用政策性金融支持，全面推动小城镇建设发展。

二、明确支持范围

（一）支持范围

1．支持以转移农业人口、提升小城镇公共服务水平和提高承载能力为目的的基础设施和公共服务设施建设。主要包括：土地及房屋的征收、拆迁和补偿；安置房建设或货币化安置；水网、电网、路网、信息网、供气、供热、地下综合管廊等公共基础设施建设；污水处理、垃圾处理、园林绿化、水体生态系统与水环境治理等环境设施建设；学校、医院、体育馆等文化教育卫生设施建设；小型集贸市场、农产品交易市场、生活超市等便民商业设施建设；其他基础设施和公共服务设施建设。

2. 为促进小城镇特色产业发展提供平台支撑的配套设施建设。主要包括：标准厂房、孵化园、众创空间等生产平台建设；博物馆、展览馆、科技馆、文化交流中心、民俗传承基地等展示平台建设；旅游休闲、商贸物流、人才公寓等服务平台建设；其他促进特色产业发展的配套基础设施建设。

（二）优先支持贫困地区

中国农业发展银行要将小城镇建设作为信贷支持的重点领域，以贫困地区小城镇建设作为优先支持对象，统筹调配信贷规模，保障融资需求。开辟办贷绿色通道，对相关项目优先受理、优先审批，在符合贷款条件的情况下，优先给予贷款支持。

三、建立贷款项目库

地方各级住房城乡建设部门要加快推进小城镇建设项目培育工作，积极与中国农业发展银行各级机构对接，共同研究融资方案，落实建设承贷主体。申请政策性金融支持的小城镇需要编制小城镇近期建设规划和建设项目实施方案，经县级人民政府批准后，向中国农业发展银行相应分支机构提出建设项目和资金需求。各省级住房城乡建设部门、中国农业发展银行省级分行应编制本省（区、市）本年度已支持情况和下一年度申请报告（包括项目清单），并于每年12月底前提交住房城乡建设部、中国农业发展银行总行，同时将相关信息录入小城镇建设贷款项目库（http://www.czjs.mohurd.gov.cn）。

四、加强项目管理

住房城乡建设部负责组织、推动全国小城镇政策性金融支持工作，建立项目库，开展指导和检查。中国农业发展银行将进一步争取国家优惠政策，提供中长期、低成本的信贷资金。

省级住房城乡建设部门、中国农业发展银行省级分行要建立沟通协调机制，协调县（市）申请中国农业银行政策性贷款，解决相关问题。县级住房城乡建设部门要切实掌握政策性信贷资金申请、使用等相关规定，组织协调小城镇政策性贷款申请工作，并确保资金使用规范。

中国农业发展银行各分行要积极配合各级住房城乡建设部门工作，普及政策性贷款知识，加大宣传力度。各分行要积极运用政府购买服务和采购、政府和社会资本合作（PPP）等融资模式，为小城镇建设提供综合性金融服务，并联合其他银行、保险公司等金融机构以银团贷款、委托贷款等方式，努力拓宽小城镇建设的融资渠道。对符合条件的小城镇建设实施主体提供重点项目建设基金，用于补充项目资本金不足部分。在风险可控、商业可持续的前提下，小城镇建设项目涉及的特许经营权、收费权和政府购买服务协议预期收益等可作为中国农业发展银行贷款的质押担保。

中华人民共和国住房和城乡建设部
中国农业发展银行
2016年10月10日

附录5

特色小镇申报流程

一、申报条件

特色小镇的申报条件为五年五“无”+一“优先”。

五年五“无”指五年应无重大安全生产事故、重大环境污染、重大生态破坏、重大群体性社会事件、历史文化遗存破坏现象。

一“优先”指特色小镇原则上为建制镇（县城关镇除外），优先选择全国重点镇。

二、申报流程

特色小镇应严格按照三级推荐程序进行申报。

（一）县级

主导部门：县级人民政府

专家评估+实地考察，并填写专家意见。要求：在省级组织和相关支持下开展，并组织镇政府具体实施。

（二）省级

主导部门：省/（区、市）住建厅村镇建设部门

严格控制数量，按时填报和提交资料。提交候选特色小镇的材料，完成住房和城乡建设部网站的线上信息填报http://czjs.mohurd.gov.cn。

（三）国家级

主导部门：住建部村镇司

评估复核+现场抽查，认定公布特色小镇名单（住建部村镇建设司将会同发改委规划司、财政部农业司组织专家进行五方面的逐项评估复核和现场抽查）。

三、申报材料

1. 小城镇基本信息表。各项信息要客观真实。

2. 小城镇建设工作情况报告及PPT。报告要紧紧围绕《通知》中的5项培育要求编写。同时按编写提纲提供直观、全面反映小城镇培育情况的PPT。有条件的地方可提供不超过15分钟的视频材料。

3. 镇总体规划。符合特色小镇培育要求、能够有效指导小城镇建设的规划成果。

4. 相关政策支持文件。被推荐镇列为省、市、县支持对象的证明资料及县级以上支持政策文件。

附录6

第一批中国特色小镇名单

2016年10月11日，中华人民共和国住房和城乡建设部在各地推荐的基础上，经专家复核，会签国家发展改革委、财政部，认定北京市房山区长沟镇等127个镇为第一批中国特色小镇。

第一批中国特色小镇名单　　　附表1

序号	省（区、市）	认定数量	特色小镇列表（建制镇）
1	北京市	3	房山区长沟镇 昌平区小汤山镇 密云区古北口镇
2	天津市	2	武清区崔黄口镇 滨海新区中塘镇
3	河北省	4	秦皇岛市卢龙县石门镇 邢台市隆尧县莲子镇镇 保定市高阳县庞口镇 衡水市武强县周窝镇
4	山西省	3	晋城市阳城县润城镇 晋中市昔阳县大寨镇 吕梁市汾阳市杏花村镇
5	内蒙古自治区	3	赤峰市宁城县八里罕镇 通辽市科尔沁左翼中旗舍伯吐镇 呼伦贝尔市额尔古纳市莫尔道嘎镇
6	辽宁省	4	大连市瓦房店市谢屯镇 丹东市东港市孤山镇 辽阳市弓长岭区汤河镇 盘锦市大洼区赵圈河镇
7	吉林省	3	辽源市东辽县辽河源镇 通化市辉南县金川镇 延边朝鲜族自治州龙井市东盛涌镇

续表

序号	省（区、市）	认定数量	特色小镇列表（建制镇）
8	黑龙江省	3	齐齐哈尔市甘南县兴十四镇 牡丹江市宁安市渤海镇 大兴安岭地区漠河县北极镇
9	上海市	3	金山区枫泾镇 松江区车墩镇 青浦区朱家角镇
10	江苏省	7	南京市高淳区桠溪镇 无锡市宜兴市丁蜀镇 徐州市邳州市碾庄镇 苏州市吴中区甪直镇 苏州市吴江区震泽镇 盐城市东台市安丰镇 泰州市姜堰区溱潼镇
11	浙江省	8	杭州市桐庐县分水镇 温州市乐清市柳市镇 嘉兴市桐乡市濮院镇 湖州市德清县莫干山镇 绍兴市诸暨市大唐镇 金华市东阳市横店镇 丽水市莲都区大港头镇 丽水市龙泉市上垟镇
12	安徽省	5	铜陵市郊区大通镇 安庆市岳西县温泉镇 黄山市黟县宏村镇 六安市裕安区独山镇 宣城市旌德县白地镇
13	福建省	5	福州市永泰县嵩口镇 厦门市同安区汀溪镇 泉州市安溪县湖头镇 南平市邵武市和平镇 龙岩市上杭县古田镇
14	江西省	4	南昌市进贤县文港镇 鹰潭市龙虎山风景名胜区上清镇 宜春市明月山温泉风景名胜区温汤镇 上饶市婺源县江湾镇

续表

序号	省（区、市）	认定数量	特色小镇列表（建制镇）
15	山东省	7	青岛市胶州市李哥庄镇 淄博市淄川区昆仑镇 烟台市蓬莱市刘家沟镇 潍坊市寿光市羊口镇 泰安市新泰市西张庄镇 威海市经济技术开发区崮山镇 临沂市费县探沂镇
16	河南省	4	焦作市温县赵堡镇 许昌市禹州市神垕镇 南阳市西峡县太平镇 驻马店市确山县竹沟镇
17	湖北省	5	宜昌市夷陵区龙泉镇 襄阳市枣阳市吴店镇 荆门市东宝区漳河镇 黄冈市红安县七里坪镇 随州市随县长岗镇
18	湖南省	5	长沙市浏阳市大瑶镇 邵阳市邵东县廉桥镇 郴州市汝城县热水镇 娄底市双峰县荷叶镇 湘西土家族苗族自治州花垣县边城镇
19	广东省	6	佛山市顺德区北滘镇 江门市开平市赤坎镇 肇庆市高要区回龙镇 梅州市梅县区雁洋镇 河源市江东新区古竹镇 中山市古镇镇
20	广西壮族自治区	4	柳州市鹿寨县中渡镇 桂林市恭城瑶族自治县莲花镇 北海市铁山港区南康镇 贺州市八步区贺街镇
21	海南省	2	海口市云龙镇 琼海市潭门镇
22	重庆市	4	万州区武陵镇 涪陵区蔺市镇

续表

序号	省（区、市）	认定数量	特色小镇列表（建制镇）
22	重庆市	4	黔江区濯水镇 潼南区双江镇
23	四川省	7	成都市郫县德源镇 成都市大邑县安仁镇 攀枝花市盐边县红格镇 泸州市纳溪区大渡口镇 南充市西充县多扶镇 宜宾市翠屏区李庄镇 达州市宣汉县南坝镇
24	贵州省	5	贵阳市花溪区青岩镇 六盘水市六枝特区郎岱镇 遵义市仁怀市茅台镇 安顺市西秀区旧州镇 黔东南州雷山县西江镇
25	云南省	3	红河州建水县西庄镇 大理州大理市喜洲镇 德宏州瑞丽市畹町镇
26	西藏自治区	2	拉萨市尼木县吞巴乡 山南市扎囊县桑耶镇
27	陕西省	5	西安市蓝田县汤峪镇 铜川市耀州区照金镇 宝鸡市眉县汤峪镇 汉中市宁强县青木川镇 杨陵区五泉镇
28	甘肃省	3	兰州市榆中县青城镇 武威市凉州区清源镇 临夏州和政县松鸣镇
29	青海省	2	海东市化隆回族自治县群科镇 海西蒙古族藏族自治州乌兰县茶卡镇
30	宁夏回族自治区	2	银川市西夏区镇北堡镇 固原市泾源县泾河源镇
31	新疆维吾尔自治区	3	喀什地区巴楚县色力布亚镇 塔城地区沙湾县乌兰乌苏镇 阿勒泰地区富蕴县可可托海镇
32	新疆生产建设兵团	1	第八师石河子市北泉镇

附录7

第二批中国特色小镇名单

2017年8月22日，为推进特色小镇建设的部署，中华人民共和国住房和城乡建设部在各地择优推荐的基础上，经组织现场答辩、专家评审和公示，认定北京市怀柔区雁栖镇等276个镇为第二批全国特色小镇。

第二批中国特色小镇名单　　附表2

序号	省（区、市）	认定数量	特色小镇列表（建制镇）
1	北京市	4	怀柔区雁栖镇 大兴区魏善庄镇 顺义区龙湾屯镇 延庆区康庄镇
2	天津市	2	津南区葛沽镇 蓟州区下营镇 武清区大王古庄镇
3	河北省	8	衡水市枣强县大营镇 石家庄市鹿泉区铜冶镇 保定市曲阳县羊平镇 邢台市柏乡县龙华镇 承德市宽城满族自治县化皮溜子镇 邢台市清河县王官庄镇 邯郸市肥乡区天台山镇 保定市徐水区大王店镇
4	山西省	9	运城市稷山县翟店镇 晋中市灵石县静升镇 晋城市高平市神农镇 晋城市泽州县巴公镇 朔州市怀仁县金沙滩镇 朔州市右玉县右卫镇 吕梁市汾阳市贾家庄镇

续表

序号	省（区、市）	认定数量	特色小镇列表（建制镇）
4	山西省	9	临汾市曲沃县曲村镇 吕梁市离石区信义镇
5	内蒙古自治区	9	赤峰市敖汉旗下洼镇 鄂尔多斯市东胜区罕台镇 乌兰察布市凉城县岱海镇 鄂尔多斯市鄂托克前旗城川镇 兴安盟阿尔山市白狼镇 呼伦贝尔市扎兰屯市柴河镇 乌兰察布市察哈尔右翼后旗土牧尔台镇 通辽市开鲁县东风镇 赤峰市林西县新城子镇
6	辽宁省	9	沈阳市法库县十间房镇 营口市鲅鱼圈区熊岳镇 阜新市阜蒙县十家子镇 辽阳市灯塔市佟二堡镇 锦州市北镇市沟帮子镇 大连市庄河市王家镇 盘锦市盘山县胡家镇 本溪市桓仁县二棚甸子镇 鞍山市海城市西柳镇
7	吉林省	6	延边州安图县二道白河镇 长春市绿园区合心镇 白山市抚松县松江河镇 四平市铁东区叶赫满族镇 吉林市龙潭区乌拉街满族镇 通化市集安市清河镇
8	黑龙江省	8	绥芬河市阜宁镇 黑河市五大连池市五大连池镇 牡丹江市穆棱市下城子镇 佳木斯市汤原县香兰镇 哈尔滨市尚志市一面坡镇 鹤岗市萝北县名山镇 大庆市肇源县新站镇 黑河市北安市赵光镇

续表

序号	省（区、市）	认定数量	特色小镇列表（建制镇）
9	上海市	6	浦东新区新场镇 闵行区吴泾镇 崇明区东平镇 嘉定区安亭镇 宝山区罗泾镇 奉贤区庄行镇
10	江苏省	15	无锡市江阴市新桥镇 徐州市邳州市铁富镇 扬州市广陵区杭集镇 苏州市昆山市陆家镇 镇江市扬中市新坝镇 盐城市盐都区大纵湖镇 苏州市常熟市海虞镇 无锡市惠山区阳山镇 南通市如东县栟茶镇 泰州市兴化市戴南镇 泰州市泰兴市黄桥镇 常州市新北区孟河镇 南通市如皋市搬经镇 无锡市锡山区东港镇 苏州市吴江区七都镇
11	浙江省	15	嘉兴市嘉善县西塘镇 宁波市江北区慈城镇 湖州市安吉县孝丰镇 绍兴市越城区东浦镇 宁波市宁海县西店镇 宁波市余姚市梁弄镇 金华市义乌市佛堂镇 衢州市衢江区莲花镇 杭州市桐庐县富春江镇 嘉兴市秀洲区王店镇 金华市浦江县郑宅镇 杭州市建德市寿昌镇 台州市仙居县白塔镇 衢州市江山市廿八都镇 台州市三门县健跳镇

续表

序号	省（区、市）	认定数量	特色小镇列表（建制镇）
12	安徽省	10	六安市金安区毛坦厂镇 芜湖市繁昌县孙村镇 合肥市肥西县三河镇 马鞍山市当涂县黄池镇 安庆市怀宁县石牌镇 滁州市来安县汊河镇 铜陵市义安区钟鸣镇 阜阳市界首市光武镇 宣城市宁国市港口镇 黄山市休宁县齐云山镇
13	福建省	9	泉州市石狮市蚶江镇 福州市福清市龙田镇 泉州市晋江市金井镇 莆田市涵江区三江口镇 龙岩市永定区湖坑镇 宁德市福鼎市点头镇 漳州市南靖县书洋镇 南平市武夷山市五夫镇 宁德市福安市穆阳镇
14	江西省	8	赣州市全南县南迳镇 吉安市吉安县永和镇 抚州市广昌县驿前镇 景德镇市浮梁县瑶里镇 赣州市宁都县小布镇 九江市庐山市海会镇 南昌市湾里区太平镇 宜春市樟树市阁山镇
15	山东省	15	聊城市东阿县陈集镇 滨州市博兴县吕艺镇 菏泽市郓城县张营镇 烟台市招远市玲珑镇 济宁市曲阜市尼山镇 泰安市岱岳区满庄镇 济南市商河县玉皇庙镇

续表

序号	省（区、市）	认定数量	特色小镇列表（建制镇）
15	山东省	15	青岛市平度市南村镇 德州市庆云县尚堂镇 淄博市桓台县起凤镇 日照市岚山区巨峰镇 威海市荣成市虎山镇 莱芜市莱城区雪野镇 临沂市蒙阴县岱崮镇 枣庄市滕州市西岗镇
16	河南省	11	汝州市蟒川镇 南阳市镇平县石佛寺镇 洛阳市孟津县朝阳镇 濮阳市华龙区岳村镇 周口市商水县邓城镇 巩义市竹林镇 长垣县恼里镇 安阳市林州市石板岩镇 永城市芒山镇 三门峡市灵宝市函谷关镇 邓州市穰东镇
17	湖北省	11	荆州市松滋市洈水镇 宜昌市兴山县昭君镇 潜江市熊口镇 仙桃市彭场镇 襄阳市老河口市仙人渡镇 十堰市竹溪县汇湾镇 咸宁市嘉鱼县官桥镇 神农架林区红坪镇 武汉市蔡甸区玉贤镇 天门市岳口镇 恩施州利川市谋道镇
18	湖南省	11	常德市临澧县新安镇 邵阳市邵阳县下花桥镇 娄底市冷水江市禾青镇 长沙市望城区乔口镇 湘西土家族苗族自治州龙山县里耶镇

续表

序号	省（区、市）	认定数量	特色小镇列表（建制镇）
18	湖南省	11	永州市宁远县湾井镇 株洲市攸县皇图岭镇 湘潭市湘潭县花石镇 岳阳市华容县东山镇 长沙市宁乡县灰汤镇 衡阳市珠晖区茶山坳镇
19	广东省	14	佛山市南海区西樵镇 广州市番禺区沙湾镇 佛山市顺德区乐从镇 珠海市斗门区斗门镇 江门市蓬江区棠下镇 梅州市丰顺县留隍镇 揭阳市揭东区埔田镇 中山市大涌镇 茂名市电白区沙琅镇 汕头市潮阳区海门镇 湛江市廉江市安铺镇 肇庆市鼎湖区凤凰镇 潮州市湘桥区意溪镇 清远市英德市连江口镇
20	广西壮族自治区	10	河池市宜州市刘三姐镇 贵港市港南区桥圩镇 贵港市桂平市木乐镇 南宁市横县校椅镇 北海市银海区侨港镇 桂林市兴安县溶江镇 崇左市江州区新和镇 贺州市昭平县黄姚镇 梧州市苍梧县六堡镇 钦州市灵山县陆屋镇
21	海南省	5	澄迈县福山镇 琼海市博鳌镇 海口市石山镇 琼海市中原镇 文昌市会文镇

续表

序号	省（区、市）	认定数量	特色小镇列表（建制镇）
22	重庆市	9	铜梁区安居镇 江津区白沙镇 合川区涞滩镇 南川区大观镇 长寿区长寿湖镇 永川区朱沱镇 垫江县高安镇 酉阳县龙潭镇 大足区龙水镇
23	四川省	13	成都市郫都区三道堰镇 自贡市自流井区仲权镇 广元市昭化区昭化镇 成都市龙泉驿区洛带镇 眉山市洪雅县柳江镇 甘孜州稻城县香格里拉镇 绵阳市江油市青莲镇 雅安市雨城区多营镇 阿坝州汶川县水磨镇 遂宁市安居区拦江镇 德阳市罗江县金山镇 资阳市安岳县龙台镇 巴中市平昌县驷马镇
24	贵州省	10	黔西南州贞丰县者相镇 黔东南州黎平县肇兴镇 贵安新区高峰镇 六盘水市水城县玉舍镇 安顺市镇宁县黄果树镇 铜仁市万山区万山镇 贵阳市开阳县龙岗镇 遵义市播州区鸭溪镇 遵义市湄潭县永兴镇 黔南州瓮安县猴场镇
25	云南省	10	楚雄州姚安县光禄镇 大理州剑川县沙溪镇 玉溪市新平县戛洒镇

续表

序号	省（区、市）	认定数量	特色小镇列表（建制镇）
25	云南省	10	西双版纳州勐腊县勐仑镇 保山市隆阳区潞江镇 临沧市双江县勐库镇 昭通市彝良县小草坝镇 保山市腾冲市和顺镇 昆明市嵩明县杨林镇 普洱市孟连县勐马镇
26	西藏自治区	5	阿里地区普兰县巴嘎乡 昌都市芒康县曲孜卡乡 日喀则市吉隆县吉隆镇 拉萨市当雄县羊八井镇 山南市贡嘎县杰德秀镇
27	陕西省	9	汉中市勉县武侯镇 安康市平利县长安镇 商洛市山阳县漫川关镇 咸阳市长武县亭口镇 宝鸡市扶风县法门镇 宝鸡市凤翔县柳林镇 商洛市镇安县云盖寺镇 延安市黄陵县店头镇 延安市延川县文安驿镇
28	甘肃省	5	庆阳市华池县南梁镇 天水市麦积区甘泉镇 兰州市永登县苦水镇 嘉峪关市峪泉镇 定西市陇西县首阳镇
29	青海省	4	海西州德令哈市柯鲁柯镇 海南州共和县龙羊峡镇 西宁市湟源县日月乡 海东市民和县官亭镇
30	宁夏回族自治区	5	银川市兴庆区掌政镇 银川市永宁县闽宁镇

续表

序号	省（区、市）	认定数量	特色小镇列表（建制镇）
30	宁夏回族自治区	5	吴忠市利通区金银滩镇 石嘴山市惠农区红果子镇 吴忠市同心县韦州镇
31	新疆维吾尔自治区	7	克拉玛依市乌尔禾区乌尔禾镇 吐鲁番市高昌区亚尔镇 伊犁州新源县那拉提镇 博州精河县托里镇 巴州焉耆县七个星镇 昌吉州吉木萨尔县北庭镇 阿克苏地区沙雅县古勒巴格镇
32	新疆生产建设兵团	3	阿拉尔市沙河镇 图木舒克市草湖镇 铁门关市博古其镇

参考文献

[1] 习近平在中国共产党第十九次全国代表大会上的报告[EB/OL].(2017-10-28)[2018-04-23]. http://cpc.people.com.cn/n1/2017/1028/c64094-29613660.html.

[2] 我国人口迁移和城镇化的新特点[EB/OL].[2018-04-23]. http://news.163.com/13/0204/15/8MSKM1UK00014JB6_mobile.html.

[3] 国土资源部，农业部. 关于进一步支持设施农业健康发展的通知:国土资发[2014]127号[A/OL].(2014-10-17)[2018-04-23]. http://www.mlr.gov.cn/zwgk/zytz/201410/t20141017_1332632.htm.

[4] 国务院办公厅. 关于推进农村一二三产业融合发展的指导意见:国办发[2015]93号[A/OL].(2016-01-04)[2018-04-23]. http://www.gov.cn/zhengce/content/2016-01/04/content_10549.htm.

[5] 住房城乡建设部　国家发展改革委　财政部. 关于开展特色小城镇培育工作的通知:建村[2016]147号[A/OL].(2016-07-01)[2018-03-23]. http://www.mohurd.gov.cn/wjfb/201607/t20160720_228237.html.

[6] 费孝通. 小城镇四记[M]. 北京：新华出版社，1985.

[7] 特色小镇的起源和探索历程[EB/OL].(2016-10-24)[2018-03-25]. http://history.people.com.cn/n1/2016/0912/c393599-28710443.html.

[8] 浙江省人民政府. 关于加快特色小镇规划建设的指导意见：浙政发[2015]8号[A/OL].(2015-05-04)[2018-03-25]. http://www.zj.gov.cn/art/2015/5/4/art_32431_202183.html.

[9] 温家宝. 中共中央关于制定国民经济和社会发展第十一个五年规划的建议[M]. 北京：人民出版社，2005.

[10] 中共中央国务院. 关于推进社会主义新农村建设的若干意见:中发[2006]1号[A/OL].(2005-12-31)[2018-03-25]. http://www.gov.cn/gongbao/content/2006/content_254151.htm.

[11] 韩长赋. 国务院关于推进新农村建设工作情况的报告[EB/OL].(2014-12-23)[2018-03-25]. http://www.npc.gov.cn/npc/xinwen/2014-12/23/content_1890469.htm.

[12] 着力改善农村人居环境加快建设生态美丽乡村[EB/OL].(2013-12-04)[2018-03-26]. http://www.sdx.js.cn/art/2013/12/4/art_6426_47756.html.

[13] 国家发展改革委. 关于印发国家新型城镇化综合试点方案的通知:发改规划[2014]2960号[A/OL].(2014-12-29)[2018-03-26]. http://www.ndrc.gov.cn/zcfb/zcfbtz/201502/t20150204_663078.html.

[14] 国务院. 关于积极发挥新消费引领作用加快培育形成新供给新动力的指导意见: 国发[2015]66号[A/OL].(2015-11-23)[2018-03-27]. http://www.gov.cn/zhengce/content/2015-11/23/content_10340.htm.

[15] 特色小镇：激活发展新引擎[EB/OL].(2016-12-06)[2018-03-27]. http://www.xinhuanet.com/city/2016-12/06/c_129392549.htm.

[16] 中共中央国务院关于落实发展新理念加快农业现代化实现全面小康目标的若干意见[EB/OL].(2016-01-27)[2018-03-27]. http://www.xinhuanet.com/2016-01/27/c_1117916568.htm.

[17] 国务院印发《关于深入推进新型城镇化建设的若干意见》[EB/OL].(2016-02-06)[2018-03-27]. http://www.gov.cn/xinwen/2016-02/06/content_5039979.htm.

[18] 中华人民共和国国民经济和社会发展第十三个五年规划纲要［EB/OL］.（2016-03-17）［2018-03-27］. http://www.xinhuanet.com/politics/2016lh/2016-03/17/c_1118366322.htm.

[19] 住房城乡建设部. 关于做好2016年特色小镇推荐工作的通知:建村建函［2016］71号［A/OL］.（2016-08-03）［2018-03-27］. http://www.mohurd.gov.cn/wjfb/201608/t20160803_228412.html.

[20] 住房城乡建设部. 关于开展2016年美丽宜居小镇美丽宜居村庄示范工作的通知：建办村函［2016］827号［A/OL］.（2016-09-07）［2018-03-27］. http://www.mohurd.gov.cn/wjfb/201609/t20160914_228907.html.

[21] 国家发展改革委. 关于加快美丽特色小（城）镇建设的指导意见：发改规划［2016］2125号［A/OL］.（2016-10-08）［2018-03-27］. http://www.ndrc.gov.cn/zcfb/zcfbtz/201610/t20161031_824855.html.

[22] 住房城乡建设部. 关于公布第一批中国特色小镇名单的通知:建村［2016］221号［A/OL］.（2016-10-11）［2018-03-27］. http://www.mohurd.gov.cn/wjfb/201610/t20161014_229170.html.

[23] 国家发展改革委. 关于印发《全国农村经济发展“十三五”规划》的通知:发改农经［2016］2257号［A/OL］.（2016-10-27）［2018-03-27］. http://www.ndrc.gov.cn/zcfb/zcfbghwb/201611/t20161117_826973.html.

[24] 中央和地方特色小镇资金支持政策汇总［EB/OL］.（2016-11-26）［2018-03-28］. https://www.sohu.com/a/119949515_488901.

[25] 住房城乡建设部，中国农业发展银行. 关于推进政策性金融支持小城镇建设的通知: 建村［2016］220号［A/OL］.（2016-10-10）［2018-03-28］. http://www.mohurd.gov.cn/wjfb/201610/t20161014_229169.html.

[26] 国家发展改革委. 关于实施“千企千镇工程”推进美丽特色小（城）镇建设的通知：发改规划［2016］2604号［A/OL］.（2016-12-22）［2018-03-28］. http://www.ndrc.gov.cn/zcfb/zcfbtz/201612/t20161213_829940.html.

[27] 住房城乡建设部，国家开发银行. 关于推进开发性金融支持小城镇建设的通知：建村［2017］27号［A/OL］.（2017-01-24）［2018-03-28］. http://www.mohurd.gov.cn/wjfb/201702/t20170204_230485.html.

[28] 国家发展改革委，国家开发银行. 关于开发性金融支持特色小（城）镇建设促进脱贫攻坚的意见:发改规划［2017］102号［A/OL］.（2017-02-08）［2018-03-29］. http://www.gov.cn/xinwen/2017-02/08/content_5166536.htm#1.

[29] 住房城乡建设部，中国建设银行. 关于推进商业金融支持小城镇建设的通知：建村［2017］81号［A/OL］.（2017-04-01）［2018-03-29］. http://www.mohurd.gov.cn/wjfb/201704/t20170410_231429.html.

[30] 贵州省人民政府办公厅. 关于印发贵州省100个示范小城镇建设2013年工作方案的通知：黔府办发［2013］10号［A/OL］.（2013-03-01）［2018-03-29］. http://gzsrmzfgb.gzgov.gov.cn/show.aspx?id=8008.

[31] 西藏自治区人民政府办公厅. 关于印发西藏自治区特色小城镇示范点建设工作实施方案的通知:藏政办发［2015］29号［A/OL］.（2015-05-08）［2018-03-29］. http://www.xizang.gov.cn/zwgk/xxgk/201609/t20160928_88779.html.

[32] 浙江省人民政府办公厅. 关于加快特色小镇规划建设的指导意见: 浙政发［2015］8号［A/OL］.（2015-05-04）［2018-03-29］. http://www.zj.gov.cn/art/2015/5/4/art_32431_202183.html.

[33] 海南省人民政府办公厅. 关于印发全省百个特色产业小镇建设工作方案的通知:琼府［2015］88号［A/OL］.（2015-10-19）［2018-03-29］. http://xxgk.hainan.gov.cn/hi/HI0101/201510/t20151022_1690404.htm.

[34] 北京“十三五”城乡一体化发展规划正式发布［EB/OL］.（2016-07-29）［2018-03-29］. http://www.ndrc.gov.cn/fzgggz/dqjj/qygh/201607/t20160729_813181.html.

[35] 陕西省发展改革委关于加快发展特色小镇的实施意见［EB/OL］.（2017-06-19）［2018-03-30］. http://www.sndrc.gov.cn/newstyle/pub_newsshow.asp?id=1025700&chid=100055.

[36] 重庆市人民政府办公厅关于培育发展特色小镇的指导意见［EB/OL］.（2016-06-17）［2018-03-30］. http://ghs.ndrc.gov.cn/zttp/xxczhjs/ghzc/201707/t20170725_855374.html.

[37] 福建省人民政府办公厅关于开展特色小镇规划建设的指导意见［EB/OL］.（2016-06-03）［2018-03-30］. http://ghs.ndrc.gov.cn/zttp/xxczhjs/ghzc/201707/t20170725_855377.html.

[38] 辽宁省人民政府办公厅. 关于推进特色乡镇建设的指导意见：辽政发［2016］53号［A/OL］.（2016-11-09）［2018-03-30］. http://jiuban.moa.gov.cn/zwllm/zcfg/dffg/201611/t20161109_5359093.htm.

[39] 甘肃省人民政府办公厅. 关于推进特色小镇建设的指导意见：甘政办发［2016］114号［A/OL］.（2016-08-02）［2018-03-30］. http://www.gansu.gov.cn/art/2016/8/2/art_4786_281990.html.

[40] 关于印发天津市加快特色小镇规划建设指导意见的通知［EB/OL］.（2017-03-14）［2018-03-30］. http://cx.xinhuanet.com/2017-03/14/c_136127060.htm.

[41] 中共河北省委，河北省人民政府. 关于建设特色小镇的指导意见：冀发［2016］30号［A/OL］.（2016-09-01）［2018-03-31］. http://www.hbdrc.gov.cn/web/web/ghc_tsxz_zcwj/4028818b56610e0c0156e507a3a13137.htm.

[42] 安徽省住房城乡建设厅，安徽省发展改革委员会，安徽省财政厅. 关于开展特色小镇培育工作的指导意见:建村［2016］169号［A/OL］.（2017-05-22）［2018-03-31］. http://xxgk.bozhou.gov.cn/openness/detail/content/59225084da3293ca7fab43dc.html.

[43] 山东省人民政府办公厅. 关于印发山东省创建特色小镇实施方案的通知：鲁政办字［2016］149号［A/OL］.（2017-02-20）［2018-03-31］. http://www.qfwhjssfq.gov.cn/html/2016/tongzhigonggao_0926/1771.html.

[44] 内蒙古自治区人民政府办公厅关于特色小镇建设工作的指导意见［J］. 内蒙古自治区人民政府公报，2016（20）：25-27.

[45] 湖北省人民政府关于加快特色小（城）镇规划建设的指导意见［J］. 湖北省人民政府公报，2017（6）：3-6.

[46] 江西省人民政府. 关于印发江西省特色小镇建设工作方案的通知：赣府字［2016］100号［A/OL］.（2016-12-27）［2018-03-31］. http://xxgk.jiangxi.gov.cn/fzgh/fzgh/201612/t20161227_1306266.htm.

[47] 四川省确定“十三五”特色小城镇发展目标[EB/OL].(2017-02-07)[2018-03-31]. http://www.chinadevelopment.com.cn/news/zj/2017/02/1120360.shtml.

[48] 江苏省发展改革委. 省政府印发《关于培育创建江苏特色小镇的指导意见》: 苏政发[2016]176号[A/OL].(2017-04-26)[2018-03-31]. http://tsxz.jschina.com.cn/news/201704/t20170426_4005211.shtml.

[49] 云南省人民政府. 关于加快特色小镇发展的意见: 云政发[2017]20号[A/OL].(2017-04-01)[2018-03-31]. http://www.yn.gov.cn/yn_zwlanmu/qy/wj/yzf/201704/t20170401_29000.html.

[50] 大数据图标[EB/OL].(2018-03-31)[2018-03-31]. http://www.51towns.com/bigdatas-detail.html?id=11.

[51] 申报特色小镇申报条件及流程[EB/OL].(2017-12-18)[2018-04-01]. http://www.sohu.com/a/211227111_114835.

[52] 住房城乡建设部. 关于公布第一批中国特色小镇名单的通知: 建村[2016]221号[A/OL].(2016-10-11)[2018-04-01]. http://www.mohurd.gov.cn/wjfb/201610/t20161014_229170.html.

[53] 国务院. 关于印发“十三五”旅游业发展规划的通知: 国发[2016]70号[A/OL].(2016-12-26)[2018-04-01]. http://www.gov.cn/zhengce/content/2016-12/26/content_5152993.htm.

[54] 杨朝睿. 特色小镇COD模式与旅游特色小镇孵化[J]. 旅游学刊, 2018, 33(5): 6-7.

[55] 乌镇概述[EB/OL].[2018-04-01]. http://www.wuzhen.com.cn/web/introduction?id=2.

[56] 乌村[EB/OL].[2018-04-01]. https://baike.baidu.com/item/乌村/5108643?fr=aladdin.

[57] 中青旅控股股份有限公司2015年年度报告[EB/OL].(2017-04-18)[2018-04-01]. https://max.book118.com/html/2017/0414/100342189.shtm.

[58] 平遥古城位置境域[EB/OL].[2018-04-01]. http://www.pingyao.gov.cn/zjpy/pygl/5776.shtml.

[59] 平遥经济文物旅游[EB/OL].[2018-04-01]. http://www.pingyao.gov.cn/zjpy/pyjj/wwly/491907.shtml.

[60] 丽江古城[EB/OL].[2018-04-01]. https://baike.baidu.com/item/丽江古城/304665?fromtitle=%E5%A4%A7%E7%A0%94%E5%8F%A4%E5%9F%8E&fromid=9163375&fr=aladdin.

[61] 李程. 国庆"袁家村们"有的比兵马俑人还多，秘密是啥?[EB/OL].(2015-10-12)[2018-04-02]. http://xianyang.hsw.cn/system/2015/1012/11895.shtml.

[62] 礼泉县袁家村特色农业休闲旅游成功经验调查报告[EB/OL].(2015-09-26)[2018-04-02]. https://wenku.baidu.com/view/7132d771856a561252d36fa8.html.

[63] 拈花湾[EB/OL].[2018-04-02]. https://baike.baidu.com/item/拈花湾/17725495?fr=aladdin.

[64] 莫干山镇[EB/OL].[2018-04-02]. https://baike.baidu.com/item/莫干山镇/5970977?fr=aladdin.

[65] 莫干山镇：开创"洋家乐"为代表的民宿经济[EB/OL].(2017-04-11)[2018-04-02].http://money.163.com/17/0411/00/CHMU0V2U002580S6.html.

[66] 德清县人民政府办公室德清县民宿管理办法[EB/OL].(2014-05-13)[2018-04-02]. http://huzdq.zjzwfw.gov.cn/art/2014/5/13/art_21809_1305.html.

[67] 贵州平塘克度镇：蜕变中的"天文小镇"[EB/OL].(2016-09-26)[2018-04-05]. http://mini.eastday.com/mobile/160926190124398.html.

[68] 唐骏垚. 从无人知晓到名扬世界云栖小镇打造四大产业生态[EB/OL].(2017-10-11)[2018-04-05]. http://zzhz.zjol.com.cn/xww/csjs/201710/t20171011_5328649.shtml.

[69] 2016杭州·云栖大会拉开帷幕[EB/OL].(2016-10-13)[2018-04-05]. http://news.163.com/16/1013/04/C37S78UU00014AEF.html.

[70] 克度镇[EB/OL].[2018-04-05]. https://baike.baidu.com/item/克度镇/4362722.

[71] 李腾群. 平塘县:"中国天眼"引爆科普旅游热[EB/OL].(2017-07-31)[2018-04-05]. http://www.qiannan.gov.cn/doc/2017/07/31/892913.shtml.

[72] 横沔古镇[EB/OL][2018-04-05]. https://baike.baidu.com/item/横沔古镇.

[73] 上海市人民政府办公厅. 关于印发《上海市旅游业改革发展"十三五"规划》的通知:沪府办发[2016]53号[A/OL].(2016-11-25)[2018-04-05]. http://www.shanghai.gov.cn/nw2/nw2314/nw2319/nw12344/u26aw50560.html.

[74] Varosha, Famagusta[EB/OL]. [2018-04-05]. https://en.wikipedia.org/wiki/Varosha, _Famagusta.

[75] 好消息!塞浦路斯拉纳卡港和码头开发步入正轨![EB/OL].(2017-08-29)[2018-04-05]. http://www.sohu.com/a/168104013_675188.

[76] 重磅规划出台!007电影取景?又是塞浦路斯[EB/OL].(2017-05-02)[2018-04-05].http://www.sohu.com/a/137685155_434731.

[77] 良渚文化村[EB/OL].[2018-04-05]. https://baike.baidu.com/item/良渚文化村/3436344?fr=Aladdin.

[78] 说说古北水镇特色小镇融资案例[EB/OL].(2017-09-22)[2018-04-05]. https://www.sohu.com/a/193880775_498851.

[79] Business Model Generation[EB/OL]. [2018-04-07]. https://en.wikipedia.org/wiki/Business_Model_Canvas.